Wirtschaftskriminalität

Probleme im Gespräch
Band 4

Probleme im Gespräch

In dieser Schriftenreihe erscheinen in Buchform Referate, Diskussionen und Ergebnisse der Studientagungen des Gottlieb Duttweiler-Instituts, Rüschlikon bei Zürich.
Der vorliegende Band bringt die Ergebnisse der Tagung vom 8. und 9. Oktober 1970

Band 4
Wirtschaftskriminalität

Verlag Herbert Lang & Cie AG
Bern und Frankfurt/Main
1972

Wirtschaftskriminalität

Mit Beiträgen von:

H. Baer, jr., J.W. Crane, H. Egli, K. Gemmer, J. Frilloux, P.-D. Klingenberg, B. Köhler, H. Langen, A. Mergen, A. Messerli, N. Schmid, W. Ulrich, A. Windolph

Verlag Herbert Lang & Cie AG
Bern und Frankfurt/Main
1972

ISBN 3 261 00715 X

Druck: Lang Druck AG, Liebefeld/Bern (Schweiz)

Inhaltsverzeichnis

Die Autoren

Harold Baer, jr.
First Deputy Assistant, US Attorney and Chief of Criminal Division,
US Court House, New York, USA

James W. Crane
Commander, New Scotland Yard, Metropolitan and City Police,
Company Fraud Branch, London, GB

Heinz Egli
Dr. jur., Rechtsanwalt, Büro für Betriebsschutz AG, (BBS), Zürich, CH

Jean Frilloux
Commissaire principal, Direction Centrale de la Police Judiciare, Paris, F

Karlheinz Gemmer
Dr., Regierungskriminaldirektor, Bundeskriminalamt, D

Peter-Dieter Klingenberg
Dr. jur., Rechtskonsulent, Schweizerischer Bankverein, Zürich, CH

Berthold Köhler
Rechtsanwalt, Geschäftsführer, Deutsche Zentralstelle zur Bekämpfung der Schwindelfirmen e.V. Pro Honore, Verein für Treu und Glauben im Geschäftsleben e.V. Hamburg, D

Heinz Langen
Prof. Dr., Wirtschaftsprüfer und Steuerberater, Berlin, D

Armand Mergen
Prof. Dr., Johannes Gutenberg-Universität, Rechts- und Wirtschaftswissenschaftliche Fakultät, Mainz, D

Alfred Messerli
Freier Journalist, Kriminalberichterstatter, Tages-Anzeiger, Zürich, CH

Niklaus Schmid
Dr. jur., LL.M., Bezirksanwalt, Bezirksanwaltschaft, Zürich, CH

Willy Ulrich
Leutnant, Chef des Spezialdienstes, Kantonspolizei, Zürich, CH

Albert Windolph
Dr., Abteilungsleiter, Auskunftei W. Schimmelpfeng-Deutsche Auskunftei GmbH., Frankfurt/M., D

Begrüssung und Einführung in das Thema

Heinz Langen

Ich begrüsse Sie sehr herzlich im Namen des GDI für wirtschaftliche und soziale Studien zur Studientagung über das Thema "Wirtschaftskriminalität".

Es ist eine wahrhaft internationale Tagung, die hier heute und morgen stattfindet; es sind 170 Personen anwesend, und zwar aus elf Nationen. Schon dieses bunte Gemisch weist auf die internationale Bedeutung des Problems der Wirtschaftskriminalität hin.

Am Beginn einer derartigen Tagung sollte vielleicht der Versuch einer Verständigung darüber stehen, was wir überhaupt unter Wirtschaftskriminalität verstehen. Während der Vorbereitungsarbeiten schrieb Herr Dr. Egli an das GDI, um zu erreichen, dass wir eine derartige Definition des Begriffes der Wirtschaftskriminalität vorlegen würden. Zuständigkeitshalber kam dieser Brief an mich, und ich muss Ihnen gestehen, dass ich einigermassen in Verlegenheit gewesen bin. Ich weiss nicht, ob diese 170 Teilnehmer sich alle auf eine Definition des Begriffs der Wirtschaftskriminalität einigen könnten, ich glaube nicht. Wenn wir 170 Teilnehmer sind, so würden möglicherweise mehr als 170 Definitionen dabei herauskommen. Woran liegt das eigentlich? Es hat verschiedene Gründe: Zunächst einmal weichen die positiven Strafrechtssysteme der verschiedenen Staaten auf dem Gebiet der Wirtschaftskriminalität sehr erheblich voneinander ab; aber in die Wirtschaftskriminalität hinein spielen auch gewisse ethische Auffassungen darüber, was nicht nur unrecht oder recht, sondern was vielleicht schon Verbrechen oder noch nicht Verbrechen ist. Und diese Situation wird widergespiegelt in der vielfältigen Literatur.

Ich möchte deshalb nicht versuchen, Ihnen eine Definition zu offerieren, die wie ein "Rocher der bronze" dasteht, sondern als "Façon de parler" möchte ich Ihnen einen Vorschlag machen, damit wir wissen, worüber wir sprechen. Man könnte also Wirtschaftskriminalität etwa umschreiben als die Gesamtheit aller strafbaren Handlungen, die die wirtschaftliche Ordnung dadurch stören oder gefährden, dass der Täter, erstens das im wirtschaftlichen Verkehr übliche oder erforderliche Vertrauen der Wirtschaftssubjekte ausnutzt und missbraucht, oder zweitens Vorschriften über die Aufrechterhaltung der wirtschaftlichen Ordnung missachtet.

Der erste Teil der Definition bezieht sich auf Delikte wie Untreue, Unterschlagung, Bestechung, Betrug usw., während der zweite Teil deliktische Handlungen wie zum Beispiel Verstösse gegen Preisauszeichnungsvorschriften oder Ordnungswidrigkeiten der Buchführung im Konkursfalle umfasst, für die Vertrauensmissbrauch nicht Voraussetzung ist. Freilich bietet das Bild der Wirtschaftskriminalität eine vielfältige Palette von Vergehensformen, die nur mit Schwierigkeiten in einer logisch einwandfreien und unangreifbaren Begriffsdefinition summiert werden können. Und der mit diesen Straftaten Befasste wird immer wieder mit der Tatsache konfrontiert, dass der Versuch einer solchen Subsumtion, wie er ja für die Verbrechensbeurteilung massgebend ist, scheitert und daher der besonders raffiniert operierende Täter straffrei ausgeht.

Es liegt nahe, die Gründe dafür zu untersuchen. Man könnte den Wirtschaftsstraftäter als Partisan des Verbrechens bezeichnen – etwas emphatisch und etwas philosophisch umschrieben als Partisan des Verbrechens, der gerade durch die Existenz der ihn umgebenden wirtschaftlichen Welt in die Lage versetzt wird, seine Tat zu begehen. Dabei bedient er sich in der Regel der in der Wirtschaft üblichen Methoden und Verfahren, um seinem kriminellen Angriff zum Erfolg zu verhelfen. Krimineller Angriff des Wirtschaftstraftäters und legitime wirtschaftliche Aktivitäten sind äusserlich nur mit Mühe oder überhaupt nicht voneinander zu unterscheiden. Der Grund liegt eben in der Gleichartigkeit kriminellen und legalen Vorgehens über weite Strecken der Wirtschaftsstraftat. Man kann den Wirtschaftsstraftäter geradezu dadurch charakterisieren, dass er in den Vermögensbereich des Geschädigten rechtswidrig eingreift und dabei den Anschein eines legitimen Vorgehens erweckt. Meist führt er dazu noch einen parallelen Angriff vermittels des Informationsstroms der ihn umgebenden wirtschaftlichen Umwelt. Dieser doppelte Angriff des Wirtschaftsstraftäters ist für die überwiegende Mehrzahl der einschlägigen Delikte kennzeichnend. Ich wiederhole: Schädigung des Vermögens eines Dritten, gleichzeitig Manipulation des Informationsstroms.

Für diese letztere, so überaus charakteristische Tätigkeit stehen im Prinzip zwei Möglichkeiten zur Verfügung: erstens die Unterdrückung vorhandener Information, und zweitens die Verfälschung oder Fabrikation von Informationen. Der Begriff der Manipulation von Information ist für die Beurteilung des Wesens der Wirtschaftskriminalität von ausserordentlicher Bedeutung. Es ist zwar einfach, die Verfälschung des Informationsstroms durch den Wirtschaftsstraftäter auf diese beiden genannten grossen Gruppen, der Informationsunterdrückung und der Informationsverfälschung, zurückzuführen; die praktische Aufklärung solcher Verbrechen kann aber auch auf erhebliche Schwierigkeiten stossen, weil der äussere Anschein zunächst keine Unterscheidung legaler und verfälschter Informationen erlaubt und im übrigen die Vernichtung von Informationsmaterial nur durch andere Informationen erkennbar gemacht werden kann. Erschwerend wirkt oft das Nebeneinander grosser Mengen legaler und verschwindend geringer Mengen verfälschter oder unterdrückter Information: das berühmte und berüchtigte Problem, eine Stecknadel im Heuhaufen zu suchen! Kriminalisten und Sachverständige können ein Lied singen über die Schwierigkeiten, mit denen sie zu kämpfen haben, wenn bei erheblichem Beleganfall ganze Lastkraftwagen voll Papier nach verfälschtem oder unterdrücktem Material zu untersuchen sind.

Die kriminalistische Untersuchung von Wirtschaftsstraftaten wird in vielen Fällen durch die Aneinanderreihung, Verkettung und Mischung legaler und rechtswidriger Handlungen erschwert; zu dieser speziellen Form von Wirtschaftsstraftaten gehören besonders die internationalen, die nationalen Grenzen überschreitenden Wirtschaftsverbrechen, die ein kompliziertes und systematisch aufgebautes Gefüge krimineller und legaler Aktivitäten darstellen. Hiervon wird in folgenden Referaten wiederholt die Rede sein, z.B. bei Behandlung des in neuerer Zeit sich immer mehr ausbreitenden Akkreditivbetruges. Auf dieser Linie liegen aber auch gewisse Begehensformen des Beteiligungsbetruges etwa in den Fällen, in denen ein Täter oder eine Tätergruppe eine erhebliche Anzahl von Schwindelgründungen durchführen, um auf diese Weise durch die Aneinanderreihung von richtigen Informationen und Informationsfälschungen die kriminalistische Untersuchung und Aufklärung zu erschweren oder unmöglich zu machen. Der Wirtschaftsstrafträger muss über eine gewisse, oft hohe Intelligenz verfügen; das liegt besonders für die letztbesprochenen Begehensformen auf der Hand. Er muss im allgemeinen nicht nur das rechtliche und wirtschaftliche Ordnungsgefüge verstehen können, sondern darüber hinaus Angriffsmöglichkeiten erkennen und realisieren. Er muss – mit anderen Worten – in komplizierten Systemen denken können, und er muss beurteilen und konzipieren, wie man das Rechtssystem unterläuft. Das kriminelle Systemkonzept erstreckt sich bei besonders raffinierten Tätern auch darauf, den Modus operandi als legal darzustellen, das heisst, die in der Tat oftmals flüssige Grenze zwischen noch legitimen Handlungen und den vielleicht schon etwas suspekt wirkenden Möglichkeiten der Marktwirtschaft auszunutzen und die Grenzen zum Verbrechen auf diese Art und Weise zu verwischen.

Intelligenz und Sachkenntnis des Wirtschaftverbrechers erfordern aber eine gleichwertige Organisation der Verbrechensbekämpfung, und auch dieses Thema wird in den folgenden Vorträgen wiederholt anklingen. Sie erfordert eine Kooperation aller Stellen, deren Ziel die Bekämpfung von Wirtschaftsverbrechen ist. Darüber hinaus wird es in wachsendem Masse notwendig, neue, in andern Wissensgebieten entwickelte Methoden im Rahmen der Bekämpfung der Wirtschaftskriminalität einzusetzen. Von einer dieser Methoden möchte ich anhand eines einzelnen, vereinfachten Beispiels wenigstens andeutungsweise sprechen, nämlich von der Netzplantechnik und ihrer Anwendung auf dem Gebiet der Aufklärung von Wirtschaftsverbrechen.

Der Netzplan ist eine grafische, geordnete Darstellung von Handlungen oder Aktivitäten; sie werden durch Pfeile gekennzeichnet. Der Netzplan beginnt mit einem Kreis, der das sogenannte Beginnereignis symbolisiert, und er endet auch mit einem Kreis, dem Endereignis. Der jeweilige Verbindungspunkt aufeinanderfolgender Aktivitäten wird ebenfalls durch einen Ereigniskreis charakterisiert. Eine Aktivität ist eine Handlung, die *Zeit* in Anspruch nimmt: eine Buchung, eine Unterschlagung. Im Gegensatz dazu repräsentieren Ereigniskreise lediglich *Zeitpunkte,* in denen keine Zeit verfliesst. Aktivitäten werden durch Pfeile dargestellt, die die Kreise verbinden.

(Es folgt die detaillierte Erklärung eines Unterschlagungsfalls anhand der Netzplantechnik, die aus verständlichen Gründen hier nicht wiedergegeben werden kann.)

Die grafische Darstellung der legalen Handlungen im Verlauf eines Wirtschaftsverbrechens ergibt das sogenannte Normogramm. Die grafische Darstellung des hypothetischen Ablaufs der kriminellen Handlungen nennt man Kriminogramm; es bedarf der Verifikation oder Falsifikation durch die untersuchende Behörde.

Netzpläne sind ein ausserordentlich nützliches Werkzeug und zwar deshalb, weil man vom Normogramm ausgehen und am grünen Tisch hypothetisch das Normogramm abwandeln kann zu einem Kriminogramm; damit gewinnt man den Ausgangspunkt für die folgende kriminalistische Untersuchung. Die Hauptschwierigkeit der kriminalistischen Untersuchung von Wirtschaftsstraftaten besteht im allgemeinen darin, zunächst einmal das Ziel der Ermittlungsarbeiten zu bestimmen und zu umschreiben. Das kann gelingen – ich drücke mich vorsichtig aus – durch die Abwandlung eines Normogramms in ein oder mehrere Kriminogramme die dann jeweils den Ausgangspunkt einer nachfolgenden kriminalistischen Untersuchung bilden können.

Zum Schluss möchte ich auf eine Problematik eingehen, die auf einer ganz andern Ebene liegt, aber vielleicht hier auch von Interesse sein könnte, und die in der Bundesrepublik jedenfalls eine wichtige Rolle spielt. Es kommt immer wieder vor, dass Vermögensschädigungen eintreten, weil die Geschädigten sich auf gewisse Angaben des Schädigers, Informationen also, verlassen haben; der Schädiger versucht sich dann zu exkulpieren, indem er sagt: "Ich habe diese Information nach bestem Wissen und Gewissen gegeben."

Beispiele solcher Vermögensschädigungen sind etwa verunglückte Beteiligungen, wenn die Beteiliger – oder Gesellschafter – durch Vorspiegelung falscher Gewinn- oder Ertragsaussichten gewonnen wurden. Der Wirtschaftsstraftäter wird sich – wie gesagt – zu exkulpieren suchen, er habe nach bestem Wissen und Gewissen Gewinn- und Ertragsaussichten geschätzt. In vielen Fällen wird ein branchenkundiger Fachmann die Realitätsferne solcher Prognosen ohne weiteres bestätigen können, während der Schädiger sich hinter seiner Schutzbehauptung zurückzieht. In diesen Fällen sollte – nach dem Vorschlag des Frankfurter Wirtschaftsstrafjuristen Wackermann – nach meiner Überzeugung die Möglichkeit gegeben sein, den Schädiger wegen fahrlässigen Betrugs zu bestrafen. Eine Novität? Ich glaube, man sollte sie diskutieren.

Internationale Wirtschaftskriminalität

Karlheinz Gemmer

Nicht nur in Europa zeigt man sich heute über die noch immer steigenden Kriminalitätsziffern beunruhigt. Verbrechensbekämpfung ist ein hochpolitisches Anliegen geworden. Ihr gilt die besondere Aufmerksamkeit der Regierungen ebenso wie der politischen Parteien. Im Mittelpunkt des Interesses stehen, noch vor den Wirtschaftsdelikten, der Gewaltkriminalität und der in den letzten Jahren epidemieartig angestiegenen Rauschgiftkriminalität, die Eigentumsdelikte, die mit durchschnittlich *60% den Hauptanteil der Gesamtkriminalität* bilden. Demgegenüber zeigen die Betrugsstraftaten, jedenfalls in der Bundesrepublik Deutschland, eine leicht rückläufige Tendenz. Nun ist der Betrug ähnlich einem Auffangstatbestand auch Grundlage für die Erfassung der Straftaten im kaufmännisch-wirtschaftlichen Bereich.

Der Laie mag damit zur Auffassung gelangen, dass die Wirtschaftskriminalität, eines der vielen Modeworte der letzten Jahre, mit dem er sowieso nur wenig anzufangen weiss, kein Anlass zu besonderer Sorge sei. Die Kommunikationsmittel tun noch immer nicht viel und, das liegt wohl auch an uns, nichts Systematisches, um den Einzelnen auf die Gefahren hinzuweisen, die ihm und der Allgemeinheit durch den Wirtschaftsstraftäter drohen. Wirtschaftskriminalität verkauft sich schlecht, es sei denn, man findet im Einzelfall einen geeigneten Aufhänger zur Befriedigung des Sensationsbedürfnisses der Öffentlichkeit.

Grosses Spektrum der Erscheinungsformen

Es wäre ein Trugschluss, wollte man die Schäden und Gefahren, die dem Volksvermögen durch Wirtschaftsdelikte drohen, mit einem oberflächlichen Blick auf diese statistische Entwicklung abtun. Eine knappe Analyse zeigt sofort die deutliche Verschiebung der Erscheinungsformen dieser Delikte auf *raffiniert angelegte Methoden des Massenbetruges* mit oft mehreren tausend Opfern sowie auf *wirtschaftlich-kaufmännische Manipulationen im strafrechtlich schwer fassbaren Grenzbereich,* die ihren Urhebern im Einzelfall bereits Millionengewinne einbringen. Die Wirtschaftskriminalität wird zudem durch ein breites Dunkelfeld charakterisiert, dessen Ursachen noch angesprochen werden sollen.

Unsere Kunden – ich darf sie hier einmal so nennen – klügeln immer wieder neue, vielgestaltige Wege, Mittel und Möglichkeiten zur Realisierung eines oft rücksichtslosen Bereicherungsstrebens aus. Das breite Spektrum dieser Erscheinungsformen kann hier nur angedeutet werden. Es muss aber angedeutet werden, um Ihnen die Probleme der Bearbeitung solcher Fälle am Objekt zu zeigen. Ich möchte Ihnen einige praktische Fälle aus der täglichen Arbeit einer wirtschaftskriminalistischen Zentralstelle aufzeigen, wie sie in der Bundesrepublik bei den Landeskriminalämtern, beim Bundeskriminalamt, aber zum Teil auch bei den Kriminaldienststellen der grösseren Städte eingerichtet sind. Sie mögen an diesen Fällen erkennen, dass grosse Coups gerade bei diesem typischen Intelligenzverbrechen von den Initiatoren gründlich und raffiniert vorbereitet, geplant und durchgeführt werden. Man ist fast versucht, das Adjektiv genial zu benützen, da solche Coups sicher dem Vergleich mit der Generalstabsarbeit der in Fernsehen und Presse – in mitunter nicht ganz glücklicher Form – herausgestellten englischen Posträuber standhalten. Es ist ja bestimmend für den bereits besprochenen Modus operandi des Betrügers, dass er nichts – gar noch mit Gewalt – wegnimmt, sondern dass er sein Opfer mittels Täuschung zur Herausgabe von Vermögen veranlasst. Das erfordert aus naheliegenden Gründen nicht nur zur Vorbereitung, sondern auch zur Durchführung der Tat ein hohes Mass kaltblütiger Berechnung und Einfühlung. Dieses hohe Mass an solch "edlen Eigenschaften" haben anfangs vergangenen Jahres einige internationle Geschäftsleute zu wiederholten Malen trefflich bewiesen.

Ein geschickt angelegter Fall von Akkreditivbetrug brachte ihnen die Summe von 500 000 Dollar. Die Hauptstadt einer jungen afrikanischen Republik sowie vier europäische Hauptstädte waren nur einige der Stationen zur Vorbereitung und Ausführung des Projekts. Eine europäische Privatbank hatte einem Import-Export-Unternehmen mit wohlklingendem Namen für den Ankauf von technischen Geräten in Höhe des genannten Betrages ein Zwischenakkreditiv gestellt, nachdem das Deckungsakkreditiv fest zugesagt worden war. Dies geschah selbstverständlich gegen Vorlage der üblichen Dokumente, Rechnungen und bestätigten Versandpapiere. Aus Gründen, die der Bank lange unklar blieben, fiel das Deckungsakkreditiv aus, und es entstand der genannte Schaden.
Ihr Versuch, den Schaden auf dem Wege der Veräusserung der ihr sicherungsübereigneten Ware abzudecken, führte zu der Feststellung, dass der Handelswert der technischen Geräte nur den zehnten Teil ausmachte. Der Käufer der Ware erwies sich als mittellos und die halbstaatliche Firma in Afrika, für die die Sendung bestimmt gewesen sein sollte, existierte nur auf dem Papier. Die mit viel Mühe und erheblichem Zeitaufwand geführten Ermittlungen an den einzelnen Verhandlungsorten brachten das Ergebnis, dass die internationalen Geschäftsleute aus ihrer früheren Betätigung in gleicher "Branche" der Polizei nicht unbekannt waren. Sie hatten unter anonymen Firmenbezeichnungen den Abschluss mit fingierten Wertansätzen arrangiert, wobei sie teilweise gleichzeitig für die Verkäufer- und Käuferseite auftraten. Über die Vermittlung Dritter beschafften sie nicht nur das Zwischenakkreditiv, sondern, natürlich in einem andern Land, auch das Deckungsakkreditiv. Indem sie selbst einen Formfehler in die Fälligkeitsbedingungen hineinmanipulierten und diesen dann beanstandeten, vereitelten sie die Auszahlung des Deckungsakkreditivs. Zuvor hatten sie sich bereits in den Erlös des Zwischenkredits geteilt. Nach besten Kräften erschwerten sie die Aufdeckung der Zusammenhänge, wobei sie u. a. die geschädigte Bank mehrere Monate lang durch Verschleierung des Sachverhalts, Verhandlungen über den Rückkauf der Ware und die Zusage, Schadenersatz zu leisten, von der Erstattung einer Strafanzeige abhielten. Ausserdem wählten sie ihren ständigen oder vorübergehenden Aufenthalt in verschiedenen Staaten und nutzten, in solchen Dingen erfahren, alle prozesstaktischen Möglichkeiten, um den Abschluss der Ermittlungen und die Gerichtsverhandlung hinauszuzögern. Mit leichter Abwandlung der Arbeits-

weise verstanden und verstehen es diese Leute noch immer, ihre einträglichen Betrugsgeschäfte in allen Teilen der Welt fortzusetzen.

Es ist bezeichnend, dass die geschädigten Finanziers oder Käufer in einigen Fällen überhaupt nicht erkannt hatten, dass sie Opfer eines Betruges geworden waren und versuchten, über die zivilrechtliche Geltendmachung von Mängelrügen oder Schlechtlieferung ihre Ansprüche durchzusetzen. Die Beklagten hatten auch diese Prozesse mit allen nur denkbaren Gegeneinreden über Jahre verschleppt und die Zwangsvollstreckung vereitelt.

Typische Arbeitsweisen

Es ist eine gerade für den Wirtschaftsbetrug typische Erscheinung, dass der Täter seine Arbeitsweise *gleich einem Saisongeschäft der Marktlage anpasst.* Sie richtet sich einerseits nach dem Interesse des Kunden, des potentiellen Opfers, andererseits auch nach dem Erfolg der Aufklärung und Beratung der Bevölkerung, schliesslich ganz besonders nach der Wirkung der Abschreckung durch das mehr oder – leider oft minder – rasche und erfolgreiche Einschreiten der Strafverfolgungsbehörden, wobei den ersten einschlägigen Urteilen eine geradezu seismographische Bedeutung zukommt. So breiten sich Spielarten der Wirtschaftskriminalität wellenförmig über die Ländergrenzen aus, um nach Monaten oder Jahren durch andere Erscheinungsformen abgelöst zu werden. Das gilt, um nur einige Deliktsarten aus der neueren Zeit zu nennen, für

- den organisierten internationalen Vertrieb von Grundstücken, Wertpapieren und Ferienheimzertifikaten,

Die Durchführung von Fernlehrgängen, z.B. auf dem Gebiet der automatischen Datenverarbeitung, und – in den letzten Jahren etwas abgeflaut:

- die Einrichtung von Kommissions- oder Auslieferungslagern gegen hohe Kaution,
- den Verkauf von Automaten, Schreib-, Nähmaschinen und Diktiergeräten, teilweise gekoppelt mit der Zusage von Heimarbeit,
- die Betriebs- oder Unternehmensberatung, die Finanzierung bzw. Entschuldung,
- Kettenbriefe nach Art des amerikanischen Roulette u.a.

Die Firmen wählen durchweg ihren Hauptsitz nicht in demjenigen Staat, den sie zum Ziel ihrer Manipulationen bestimmt haben, sondern gründen dort lediglich rechtlich selbständige Vertriebsgesellschaften. Die Rechtsform der GmbH, der AG bzw. SA sowie schwer überschaubare Beteiligungsverhältnisse ermöglichen dem Wirtschaftskriminellen das *Auftreten unter unverfänglichen Firmenbezeichnungen.* Nach aussen gibt er sich zudem den Anschein des seriösen Kaufmannes. Er spielt etwa Tennis mit dem Landgerichtsdirektor am gleichen Platz. Er gleicht seine Geschäftstätigkeit und seine Organisation denen solventer Firmen an und arbeitet, jedenfalls für den Aussenstehenden, zunächst auch gesetzestreu. Weder seine Geschäftsabschluss-Methoden noch die Art, wie er sich neue Kunden, sprich Opfer, erschliesst, unterscheiden sich auf den ersten Blick von denen reeller Unternehmen. Auch diese bedienen sich ja nach den Erkenntnissen der modernen Werbepsychologie mitunter wenig stichhaltiger, marktschreierischer Übertreibungen mit zweifelhaften Qualitätsanpreisungen und Zusicherungen. Den Bemühungen der Strafverfolgungsbehörden, den kriminellen Hintergrund frühzeitig aufzudecken und grösseren Schaden zu verhüten, stellen sich infolgedessen schwierige tatsächliche, wirtschaftliche und rechtliche Probleme.

Der Wechselmissbrauch

Er bietet ein Beispiel für die wellenförmige Entwicklung von Wirtschaftskriminalität. Nachdem die *Wechseltauschvermittlung* den betrügerischen Finanzierungsinstituten über Jahre Milliardenumsätze einbrachte, hat man sich, als die zunächst uneinheitliche höchstrichterliche Rechtsprechung Tauschgeschäfte dieser Art mit Betrugsstrafe bedrohte, etwas Neues einfallen lassen. In mehreren europäischen Städten etabliert sich eine Art *internationaler schwarzer Wechselbörse.* Von dort werden bei unterschiedlicher Arbeitsweise seit etwa zwei Jahren faule Finanzwechsel auf den Markt gebracht. Über Zeitungsinserate oder mittels interner Umfrage suchen die Täter nach Firmen, die ihr Wechselobligo bei den Hausbanken ausgeschöpft und keine sonstigen Sicherheiten haben und demnach dringend der Finanzhilfe bedürfen. Man bietet ihnen flüssige Mittel gegen Blankoakzepte an, wobei ausdrücklich zugesichert wird, dass nur Beträge in mündlich oder schriftlich besonders zu vereinbarender Höhe eingesetzt werden. Man macht die treuhänderisch empfangenen Blankoakzepte dann bankfähig, indem man sich der Namen vermögensloser GmbH bedient, die im Ausland ihren Sitz haben und aus kaum mehr als einem Firmenmantel bestehen. Die Finanzvermittler verschaffen sich durchweg die rechtliche Befugnis, die Gesellschaften als Aussteller oder Indossanten der Wechsel zu verpflichten. Man täuscht damit vor, das Papier habe schon mehrere Handelsstationen passiert und sei demnach ein echter Warenwechsel. Vom Diskonterlös steckt der Vermittler etwa 20% als Provision ein.

In anderen Fällen bringen die Täter entgegen einer Absprache mit dem Akzeptanten schlagartig Wechsel in Millionenhöhe in Umlauf, wobei sie zur Täuschung von Banken und Lieferanten fingierte Rechnungen und Geschäftsbriefe verwenden. Die Wechsel werden zum Diskont gebracht oder zum Einkauf von Ware benutzt, welche dann zu Schleuderpreisen im Ausland abgesetzt wird. Die mehrmonatige Laufzeit der Papiere und die international angelegten Manipulationen verhindern eine frühzeitige Aufdeckung des kriminellen Gesamtplanes.

Anreize für Wirtschaftstäter

Überall, wo öffentliche Einrichtungen mit der Regelung eines *Vergabe- und Erstattungswesens* im Bereich kaufmännischer Geschäftsabwicklung beteiligt sind, bieten sich immer wieder neue Ansatzpunkte für wirtschaftsdeliktische Bereicherungshandlungen, ja oft sogar ein kaum noch vertretbarer Anreiz dazu. Das gilt einmal dort, wo sich kein echter Marktpreis bildet und damit die Selbstkostenerstattung als Berechnungsgrundlage üblich ist. Die Firma, welche den Zuschlag erhält, wird vertraglich verpflichtet, ihre effektiven Kosten offenzulegen. Da diese als Berechnungsbasis für den Gewinnaufschlag gelten, ist es beinahe selbstverständlich, dass man durch Absprachen mit ausländischen Zulieferern, interne Beteiligung an deren Unternehmen und Verlagerung von Preisnachlässen sich selbst mit hohen Kosten zu belasten sucht. So sucht man neben der manipulierten höheren Verdienstspanne über Gewinnabsprachen auch noch an den Preisdifferenzen teilzuhaben.

Ein ähnlicher Anreiz zu kriminellem Handeln besteht bekanntlich im Bereich der *Subventionierung und der Import-Export-Geschäfte,* die in irgendeiner Weise die Erstattungskassen eines EWG-Landes berühren oder der Abschöpfung unterliegen.

So bieten bei fortschreitender Liberalisierung staatliche und überstaatliche Wirtschaftssysteme und Rechtsordnungen dem Wirtschaftskriminellen immer wieder neue breite Lücken. Er nutzt das Fehlen spezieller gesetzlicher Strafbestimmungen aus zu Verhaltensweisen, welche die sozialethische Grundordnung zwar in einem strafwürdigen Ausmass stören, deren Ahndung aber nach dem jeweils anzuwendenden Straf- und Verfahrensrecht nicht möglich ist. Er zieht seinen Vorteil etwa aus der widersprüchlichen und uneinheitlichen Auslegung gültiger Strafvorschriften oder aus der lückenhaften Gestaltung von Gesetzen oder Verträgen wirtschaftsrechtlichen Charakters.
Wir haben damit einen Teil der Probleme, die sich der Strafverfolgungsbehörde bei der Aufklärung und Verfolgung internationaler Wirtschaftskriminalität stellen, bereits angedeutet. Ohne Herrn Prof. Mergen ins Handwerk pfuschen zu wollen, möchte ich ganz kurz sagen: Tiefere kriminologisch-psychologische Ursachen finden wir in der Persönlichkeit, auch im Charakter dieses Tätertyps selbst begründet. Der Wirtschaftsdelinquent versteht es besser als jeder andere Verbrecher, seine Absichten wie überhaupt sein kriminelles Verhalten so zu verdecken, dass es nicht nur seinem oft branchekundigen Opfer, sondern auch den mit der Strafverfolgung befassten Organen oft schwerfällt, die tatsächlichen Zusammenhänge und deren strafrechtlichen Hintergrund zu übersehen. Der Wirtschaftskriminelle zeigt eine beachtliche Anpassungsfähigkeit, er zeigt schillernden Ideenreichtum und dank seinem "Finanztalent" bedient er sich – weit häufiger als die Verfolgungsorgane, denen eher finanzielle und rechtliche Grenzen gesetzt sind, – zur Ausführung wie zur Verdeckung seines Planes stets neuer, durchweg auch recht kostenaufwendiger Mittel und Wege. Sein Tatwerkzeug in unserer Terminologie ist eine ausgezeichnete Menschenkenntnis, eine überdurchschnittliche Intelligenz, gepaart mit einer fundierten Sach- und Rechtskunde, wobei er

sich letztere mitunter durch den Rat auch renommierter Anwälte erkauft. Er kann im Unterschied zu den Straftätern anderer Sparten auch zur Abwehr der Strafverfolgung dieses Tatwerkzeug jederzeit nutzen. Es gehen von der Persönlichkeit eines Wirtschaftskriminellen oft starke Ausstrahlungen aus; noch bei der Begegnung mit dem Kriminalbeamten und natürlich auch mit seinem Richter verbreitet er um sich ein Fluidum, unter dem seine Schilderungen an Überzeugungskraft gewinnen und Unwahrscheinliches noch im Gerichtssaal glaubhaft erscheint. Ich erinnere mich gern an eine recht amüsante Begegnung mit einem für meine Begriffe raffinierten englischen Kaufmann, der vor einigen Jahren in der Bundesrepublik eine GmbH für Sesselfarmen gegründet hatte; amüsant deswegen, weil einer unserer jüngeren Kriminalbeamten glaubte, auf diesem Gebiet einen Nebenverdienst erspäht zu haben. Auch er kaufte damals für den Einstandspreis von 1000 Mark ein Mutterschwein, aber anstelle der erhofften 25prozentigen Rendite aus dem Erlös der Schweinezucht, die die Firma damals für die Käufer zu betreiben versprach, hatte unser Sesselfarmer nach dem Konkurs und der Flucht des Firmenchefs ins Ausland nur den Spott seiner Kollegen auszustehen. Es fing nach seiner Rechnung eigentlich damals alles recht gut an; es schien auch für unseren skeptischen jungen Kriminalisten die Sache narrensicher. Er wurde beispielsweise durch vorgedruckte Postkarten über den Zeitpunkt eines freudigen Ereignisses verständigt und rechnete sich aus, dass der Nebenverdienst ganz erklecklich sein würde. Dass aber nur wenige Schweine existierten, von denen er sich übrigens ein nicht näher bezeichnetes in einem Bauernhof zeigen liess, dass er an einem solchen Vorführschwein mangels der gebotenen Form nie Eigentum erlangte, dass diese Schweine schlecht gefüttert wurden – wobei dem Bauern die Futterkosten nicht bezahlt worden sind –, dass sie sich gegenseitig schliesslich vor Hunger die Schwänze abgefressen hatten und zu schottischen Windspielen abgemagert waren, das illustrierte den Fall für uns eigentlich noch besonders.

Fehlt es einem Gesprächs- oder Verhandlungspartner des Wirtschaftskriminellen auf der Seite der Verfolgungsorgane an Spezialwissen, fehlt es ihm an Erfahrung im Umgang mit solchen Delinquenten, dann ist der klägliche Ausgang mancher Strafverfahren nur zu verständlich. Es verblüfft nach Beobachtungen dieser Art kaum noch, dass Wirtschaftstbetrüger nicht nur ihre oft branchekundigen Interessenten und auch ihre Geldgeber täuschen, sondern dass sie auch die mit ihren Zivilklagen befassten Gerichtsorgane, die um Gewerbeunterschlagung bemühten Behörden, die Industrie- und Handelskammern und natürlich auch die Organe der Strafverfolgung hinters Licht führen.

Probleme der Bekämpfung

Auch bei bester Sachkunde und Erfahrung läuft der Wirtschaftskriminalist immer wieder Gefahr, sich bei der Bearbeitung internationaler Wirtschaftsdelikte im Gestrüpp unzähliger Erschwernisse und Vorschriften materieller und formeller Natur zu verlieren, denn das Strafrecht ist der Taktik der Wirtschaftskriminalität nur ungenügend angepasst. Immer wieder erweist es sich als schwierig, neue Erscheinungsformen wirtschafts-kriminellen Verhaltens mit durchaus strafwürdigem Gehalt durch die zur Verfügung stehenden Straftatbestände zu erfassen. Der Betrugstatbestand, den man für solche Fälle anzuwenden sucht, führt zu erheblichen Beweisproblemen im subjektiven Teil, dem Nachweis rechtswidriger Bereicherungsabsicht des Täters. Es genügt ja nicht allein die objektive Feststellung, dass sich jemand durch Täuschung eines anderen auf dessen Kosten bereichert hat. Jeder Betrüger, der etwas auf sich hält, wird eine Bereicherungsabsicht weit von sich weisen und etwa eine unverschuldete Notlage, sein Personal oder seine juristischen Berater für den Schaden verantwortlich machen. Es bleiben dann meist nur, zudem noch bewusst verschleierte, spärliche Indizien, die es dem Gericht oft nicht erlauben, den Betrugsvorsatz zu unterstellen.

Zwar tut man gut daran, im sowieso mitunter problematischen Grenzbereich wirtschaftsdeliktischen Handelns *nicht alles Fehlverhalten bestrafen zu wollen.* Dadurch würde man die speziellen Vorschriften noch weiter verwässern und zu Kavaliersdelikten ausgestalten. Dennoch ist eine straffere Fassung etwa der Tatbestände eines kaufmännischen Betruges im weiteren Sinne, die Aufnahme bestimmter Spezialtatbestände und einiger Fahrlässigkeitsdelikte, u. a. auch zur Ahndung von Scheck- und Wechselmissbrauch, wie wir das aus dem anglo-amerikanischen Rechtskreis kennen, dringend zu erwägen. Gerade die betrügerische Scheck- und Wechselbegebung lässt sich mit der jetzigen Einordnung unter den allgemeinen Betrugstatbestand nur sehr schwer nachweisen. Darüber hinaus gelangt der Praktiker immer mehr zu der Überzeugung, dass eine überstaatliche Angleichung der Tatbestände geboten ist. Welche unterschiedlichen Motive und Rechtsvorstellungen sprechen heute noch für die teils erheblichen Differenzierungen im Betrugs- oder Untreuestrafrecht benachbarter Länder Westeuropas?

Ungenügen des Verfahrensrechts

Die unterschiedlich gestalteten Prozessordnungen sowie die Verträge über internationale Rechtshilfe errichten, in dem verständlichen Bestreben nach Rechtssicherheit, enge und starre Grenzen, die unser Delinquent dank ausgezeichneter juristischer Beratung zur Verschleierung und Verzögerung zu missbrauchen weiss. Während die Prüfung eines Rechtshilfeersuchens oft Wochen und Monate dauert, hat er die beantragte Aussage schon nach einer kurzen Flugreise mit den Beteiligten abgestimmt. Unsere "Kunden" internationalen Formats wissen nur zu gut, dass sie gegen die durch starre Verfahrensregeln und fiskalische Beschränkungen behinderten Verfolgungsbehörden wichtige Runden gewinnen, wenn sie ihre Beweglichkeit und ihre Auslandsbeziehungen nutzen. Sehen sie keine Aussicht mehr, mit den üblichen Verschleierungs- und Verschleppungsmassnahmen einer drohenden Freiheitsstrafe zu entgehen, verlegen sie ihren Wirkungsbereich ins Ausland. Sie reisen bequem, mitunter sogar im eigenen Flugzeug oder im teuern Wagen, meist aber so schnell und rechtzeitig, dass sie vor den lästigen Nachstellungen der Polizei und der Gerichte verschont bleiben. Den Aufenthaltsort wählt man dann in einem Land, das generell oder wegen der in Frage stehenden Delikte nicht ausliefert, ja sich für das bereitwillig zugesagte finanzielle Engagement am neuen Wohnort noch dankbar erweist.

Schlechte internationale Zusammenarbeit

Die Internationale Kriminalpolizeiliche Organisation Interpol beschränkt sich im wesentlichen auf den Nachrichtenaustausch und die Fahndung. Sie kann die Bekämpfung der internationalen Wirtschaftskriminalität mit ihren Mitteln und Einrichtungen lediglich unterstützen. *Vermisst werden zwischenstaatliche Vereinbarungen,* die neben einer Vereinheitlichung der Verfahrensgrundsätze eine engere Zusammenarbeit der jeweiligen Verfolgungsbehörden zur gemeinsamen Bekämpfung des internationalen Verbrechers zum Ziele haben sollten. Wenn ich recht informiert bin, bestehen solche Abmachungen zurzeit nur zwischen den Benelux-Staaten.
Die Probleme der Bekämpfung von Wirtschaftskriminalität haben ihre Ursachen auch zu einem beträchtlichen Umfange auf der Seite der Opfer. Hier ist zunächst einmal menschliches Fehlverhalten zu erwähnen. Gerade die nähere Untersuchung der neuen Massenbetrugsfälle lehrt, dass die bisherige Aufklärung und Warnung der Bevölkerung bei weitem nicht ausreicht. Die Chance, schnell reich zu werden, ein unwahrscheinlich günstiges Geschäft abschliessen zu können, führt in Verbindung mit der doch recht weit verbreiteten Leichtgläubigkeit dazu, den verlockenden Zusicherungen schnell Glauben zu schenken. Herr Professor Mergen wird dazu noch eine auch psychologisch recht interessante Erklärung beisteuern. Diese Verlockungen sollten eigentlich Anlass sein, sich bei Banken, Industrie und Handelskammern, bei Auskunfteien, Zentralstellen zur Bekämpfung von Schwindelfirmen, Polizei oder Gerichten zunächst über die Seriosität eines solchen Angebotes zu informieren; das geschieht nur selten. Ist es zu einer Schädigung gekommen, so unterbleibt die rechtzeitige Anzeige des Sachverhaltes, bei der Polizei aus mitunter naheliegenden Gründen, die verschiedene Motive haben: der Geschädigte hat z.B. infolge der raffinierten Manipulationen und Vorspiegelungen nicht erkannt, dass er Opfer einer Straftat geworden ist; er verlässt sich zunächst auf den zugesicherten Schadenersatz; er möchte Blamage oder weiteren Kreditschaden für seine Firma vermeiden; er hat schwarzes Geld hingegeben und fürchtet, dass dies den Steuerbehörden bekannt wird; er will durch weiteren Umsatz mit der Firma des Beschuldigten – auch dieses Motiv ist für uns sehr oft in der Praxis bedeutsam – den Schaden ausgleichen; das umständliche Strafverfahren ist ihm lästig. Mit diesen Vorbehalten haben die Polizei und die Gerichte zu rechnen, wenn sie von dem Verdacht der Straftat auf andere Weise Kenntnis erlangt haben und durch die Befragung des Opfers die Zusammenhänge aufzuklären versuchen. Schliesslich hat die Wirtschaftsstraftat in weiten Kreisen der Bevölkerung noch immer

den Anflug eines Kavaliersdeliktes, besonders wenn sie auf Kosten der Allgemeinheit ausgeführt wird. Man belächelt, man bewundert die Tricks, man schüttelt mitunter zu Recht den Kopf, wenn man liest, dass Strafverfahren gegen Wirtschaftskriminelle erst nach langen Jahren mit einem zwangsläufig verwässerten Ergebnis abgeschlossen werden. Mit Lächeln, Kopfschütteln, Resignation oder gar noch Bewunderung ist allerdings nichts erreicht. Wenn die Bekämpfung der Wirtschaftskriminellen wirksamer werden soll – es besteht wohl kein Zweifel daran, dass das nötig ist – dann müssen alle, die dazu beitragen können, gerade auch aus unserm Kreis, wesentlich enger und auch mit mehr Verständnis für die gegenteiligen Sorgen und Probleme und die unterschiedlichen Interessenlagen zusammenarbeiten. Ich meine, diese Studientagung bringt beste Voraussetzungen, indem sie Gelegenheit zu einem Erfahrungs- und Meinungsaustausch bietet; sie sollte aber auch zu Verbesserungen anregen. Wir Kriminalisten vermissen zum Beispiel – um das hier zu erwähnen – das Interesse der Wirtschaft an einer zentralen Selbsthilfe durch Einrichtung von Informations- oder Präventivstellen, die über die Grenzen der Staaten hinaus wirken könnten, und die dann auch nicht an starre Vorschriften gebunden wären, wie das für Strafverfolgungsbehörden zum Teil unvermeidlich scheint.

Ich habe bewusst darauf verzichtet, von der in den letzten Jahren wesentlich verbesserten Ausbildung der Wirtschaftssachbearbeiter der Kriminalpolizei zu sprechen, von der Einrichtung zentraler Spezialdienststellen auch bei Staatsanwaltschaften oder von der Einrichtung von Wirtschaftsstrafkammern bei einzelnen Gerichten, kurz von den Erfolgen und dem Positiven, das trotz aller Erschwernisse gerade in der letzten Zeit dank der Einsicht, der Initiative und dem persönlichen Engagement der Fachleute aller Länder erreicht werden konnte. Es scheint mir eine erste Bedingung zu sein, die Schwächen und Probleme auf jeder Seite offenzulegen. Auswirkungen auf die praktische Arbeit können nur dadurch erzielt werden, wenn wir bei diesen Unzulänglichkeiten ansetzen.

(Anschliessend an den Vortrag von Dr. Gemmer eröffnet Prof. Langen die Diskussion.)

Dr. Schinnerer, Kreditanstalt, Wien:

Sie haben uns in der Gegenüberstellung des Normogramms und des Kriminogramms zwei sehr typische Entwicklungen gezeigt, die ich aber doch glaube ergänzen zu müssen, und zwar wegen der Ausführungen Herrn Direktor Gemmers. Sehen Sie, das Normogramm soll doch sicher darstellen, dass eine geplante Entwicklung gleichzeitig die Sicherung des Ablaufes mit sich bringt, und die kriminellen Eingriffe haben nach meiner Erfahrung die Grundlage, dass diese Organisation verlassen wird. Es ist durchaus richtig, dass diese Fälle, die Sie erwähnt haben, ausgehen vom Akkreditiv; in Wirklichkeit sind sie gar keine Akkreditivfälle mehr. Es werden nämlich in all diesen Fällen Dokumente eingereicht, die nicht akkreditivgemäss sind und die daher sich nurmehr für das Inkasso eignen, und das Inkassodokument hat nicht die Sicherungsfunktion des Akkreditivs. Genau so haben wir z.B., um einen andern Fall zu illustrieren, bei der Factoring-Bank vorgesehen, dass die Schuldner der aufgekauften Forderungen verständigt werden. Nun wird den Factor-Banken immer wieder gesagt, die Zahlung an die Factor-Banken wäre viel zu kompliziert, die ursprünglichen Gläubiger nehmen daher mit stillschweigender Zustimmung diese Forderungen wieder in Anspruch; das spielt sich eine Zeitlang ganz gut ein, bis ein ausreichend grosser Betrag erreicht ist, und dann verschwindet der Betreffende, der diese Manipulation getätigt hat. Ich glaube, dass nicht nur der Eingriff in die Organisation die Grundlage der kriminellen Handlungen ist, sondern vor allem die mangelnde Durchführung dieser Organisationen. Dieses statistische Bild, das Sie uns gezeigt haben, soll ja sicherstellen, dass im Endergebnis durch die Organisation eben eine Kontrollfunktion, eine Sicherungsfunktion erreicht ist. Das wird viel zu oft aus kaufmännischen Erwägungen ausser Acht gelassen, und nun bilden gerade diese Ausserachtlassungsfälle die Möglichkeit für den Eingriff desjenigen der sich betrügerischer Massnahmen bedienen will.

Antwort Prof. Langen:

Sie haben völlig recht: das Normogramm ist natürlich dazu da, die tatsächliche offizielle Organisation darzustellen. Aber das Wesen des Verfahrens, wie ich es darzustellen versuchte, besteht darin, dass das Normogramm dem Kriminogramm gegenübergestellt wird. Das Kriminogramm soll also eine bewusste Abwandlung, eine ins Kriminelle gehende Abwandlung des Normogramms darstellen, und zwar ist die Konzeption eines Kriminogramms in zwei Situationen möglich: zunächst einmal vor Beginn einer kriminalistischen Untersuchung als Hypothese; da kommt es darauf an, am grünen Tisch das Normogramm durch den Untersuchungsführer abwandeln zu lassen, sodass aus dem Normogramm abgeleitet werden kann die mögliche

Konzeption des Kriminogramms, d.h. die entartete oder der normalen Organisation aufgepfropfte, verbrecherische Organisation. Die zweite Möglichkeit der Anwendung des Kriminogramms bietet sich nach Aufklärung des Verbrechens. Bei Gegenüberstellung des Normogramms und des "Ist"-Kriminogramms (im Gegensatz zu den Hypothesen) zeigt sich der Tatverlauf anschaulich und ermöglicht es, Missverständnisse auszuräumen, die sich zwischen der polizeilichen Ermittlungsbehörde auf der einen und den Justizbehörden auf der andern Seite ergeben haben. Dieses wichtige Kommunikationsmittel kann erfahrungsgemäss erhebliche Verständigungsschwierigkeiten zwischen Staatsanwalt oder Richter und der Polizei wegräumen, wenn ein derartiger grafisch dargestellter Tatablauf von der Polizei vorgelegt werden kann. Es ist einfach eine andere, eine bessere Verständigungsmöglichkeit, mehr nicht. Aber das hypothetische Kriminogramm gibt weiter dem Untersuchungsführer wichtige Hinweise, wie die polizeilichen Ermittlungen zu führen sind, wo sie ansetzen können und wo ein Ermittlungsansatz nicht ratsam ist. Angesichts des überquellenden Materials an Informationen hilft es der Ermittlungsbehörde, zu entscheiden, auf welche Teile des Informationsstromes sie ihre Untersuchungen richten soll.

Ergänzung durch Dr. Gemmer:

Herr Dr. Schinnerer hat insoweit recht, wenn er sagt, dass die kaufmännische Routine bei einer an sich intakten Organisation sehr oft Ansatzpunkte für solche wirtschaftskriminelle Manipulationen bildet; man meint eben, es müsste alles funktionieren, und so ähnlich erklärt sich auch der etwas ausführlicher geschilderte Beispielfall. In andern Fällen stellen wir fest, dass Lücken in der Organisation und im System Ansatzpunkte bilden. Wie Prof. Langen richtig betonte, haben wir oft Mühe, an einen umfangreichen Komplex heranzugehen, denn die wesentliche Aufgabe besteht darin, das Wichtige – vielleicht unter Beiseitelassen von Nebendelikten – gemeinsam mit dem Staatsanwalt so zu konzentrieren, dass das Verfahren in absehbarer Zeit abgeschlossen und das Ergebnis nicht verwässert werden kann.

Dr. Tintner, Polizeidirektion Wien:

Ich möchte zur Überlegung stellen, ob es nicht gerade vielleicht durch die Interpol möglich wäre, Avise oder Warnungen generell herauszugeben über verschiedene Tatverhalte, über den Modus operandi verschiedener Täter, weil die Erfahrung gezeigt hat, dass gewisse Betrugshandlungen einmal in Deutschland, dann in der Schweiz, dann in Österreich oder in Frankreich geschehen; wenn nun diese Warnungen rechtzeitig erschienen, könnten Abwehrmassnahmen getroffen werden, man würde aufmerksam und könnte vorbeugen. Auch den Gerichten könnte man mehr Material an die Hand geben, wenn man wüsste, dass z.B. die Ermittlungsorgane eines Kriminalamtes in der Bundesrepublik solche Handlungen bereits festgestellt haben.

Antwort Dr. Gemmer:

Wir haben ja im Grunde einen Informationsaustausch über Interpol, aber er droht eben auch zur Routine zu werden; er wird durch den etwas langen Meldedienst, das Umsetzen bei der Zentralstelle so verlangsamt, dass die Variationsbreite im Einzelfall doch immer noch gross ist und wir Gefahr laufen, auch mit solchen Informationen noch immer zu späte zu kommen, bis sie in der Hand der Sachbearbeiter sind. Auf dem leider recht langen Instanzenweg geht sehr viel Zeit verloren, das müsste man erheblich beschneiden, um hier zu einer wirkungsvollen Information zu gelangen. Ich stimme Ihrer Anregung zu und werde sie auch aufgreifen und sie dem Zentralbüro in Paris übermitteln.

Oberregierungskriminalrat, Wilhelm Berk, Wiesbaden:

Ich möchte eine kleine Bemerkung zu Dr. Schinnerers Falldarstellung machen; aus dessen Votum konnte der Eindruck entstehen, dass der Akkreditivbetrug heute vorwiegend mit manipulierten Papieren begangen würde. In solchen Fällen wäre es nicht sehr schwierig, die Fälschungen festzustellen und die Täter zu überführen. Nach unseren Erfahrungen liegt die Gefährlichkeit des Akkreditivbetrugs ganz offensichtlich darin, dass mit durchaus akkreditivkonformen Papieren gearbeitet wird, und zwar ist das schon erforderlich, um das Zwischenakkreditiv flüssig machen zu können; die Manipulation liegt erst ganz am Schluss des Akkreditivweges, nämlich dann, wenn das Deckungsakkreditiv fällig werden soll. Dann stellt sich heraus, dass entweder in den Frachtpapieren oder in den Terminen Schwierigkeiten entstehen, indem befristete Akkreditive verfallen, oder dass die Übernahmefirma, meist Acceptance-Firmen, die Übernahme nicht mehr vornehmen. Darin liegt die Schwierigkeit: Sie haben die ganzen Übernahmepapiere vorliegen, man kann sie sicherstellen, die Ware ist auch da und die Papiere sind durchaus akkreditiv-konform gelaufen. Hier besteht eine gewisse Ähnlichkeit mit dem klassischen "Einspon-Betrug": die Ware wird irgendjemandem angedreht, und der bleibt nachher mit seinem Zwischenakkreditiv, wenn es fällig geworden ist, auf der Ware sitzen. In solchen Fällen liegen sehr viele Schwierigkeiten für die Aufklärung durch die Ermittlungsbehörden.

Prof. Langen

weist darauf hin, dass Herr Berk die typische Art, in der Wirtschaftsverbrechen begangen werden und die praktischen Schwierigkeiten, vor denen die Ermittlungsbeamten stehen, sehr treffend geschildert hat:

Es gibt eine Unzahl an Varianten, wie man derartige Straftaten tatsächlich realisieren kann, und es ist für einen Aussenstehenden, beispielsweise auch für einen Wirtschaftskriminalisten, der nicht zufällig einmal mit einem Akkreditivbetrug zu tun gehabt hat, ausserordentlich schwierig, die Tatform zu erkennen und zu übersehen, wo denn nun eigentlich der kriminelle Angriff liegt und welche Verdeckungshandlungen vorgenommen wurden, um den kriminellen Eingriff in die fremde Vermögenssphäre zu ermöglichen. Es drängt sich m.E. hier tatsächlich allmählich die Notwendigkeit auf, ein geeignetes grafisches Instrument zu schaffen, das es auch dem Aussenstehenden und dem mit den ernsten und komplizierten Straftaten nicht Vertrauten erleichtert, in diese Materie einzudringen.

Hans Bollmann, Chefinspektor, Schweiz. Bankgesellschaft:

Ich möchte an jene Betrugsfälle erinnern, die vor zwei drei, Jahren in Deutschland vorgekommen sind; es handelte sich um Millionenbetrügereien eines Italieners auf Grund von gefälschten Zahlungsaufträgen schweizerischer Banken. Jene Betrügereien, die sich über ganz Europa erstreckten, hatten zur Folge, dass die europäischen Banken zu einer stärkeren Sicherung ihrer Zahlungsaufträge für grössere Beträge schritten, und dass sie seither vielleicht etwas verschont geblieben sind. Jene Fälle haben eigentlich mit erschreckender Deutlichkeit gezeigt, dass die Unterschriften und die Formulare selbst nicht mehr eine sehr grosse Sicherheit bieten gegen Fälschungen, und ich möchte gerne die Herren der Kriminalämter darüber um Auskunft bitten, ob es Möglichkeiten gibt, Fälschungen, die durch die nun heute so sehr verbesserten Vervielfältigungsverfahren hergestellt werden, zu entdecken. Es handelte sich damals um Reproduktionen echter Zahlungsaufträge, die in Italien vervielfältigt und dann mit gefälschten Unterschriften und eingesetzten Beträgen verwendet wurden, wobei die gefälschten Unterschriften manchmal noch besser waren als die normalen, wie man anhand des Unterschriftenverzeichnisses feststellen konnte. Die Betrügereien wurden nur aufgeklärt durch eine enge Zusammenarbeit der deutschen Kriminalbehörden mit den Banken, aber die Frage blieb offen, ob es möglich sei, den Praktiken der Fälscher auf dem Gebiet der Vervielfältigung Riegel zu stossen.

Dr. Gemmer antwortet:

Ich darf Ihnen einen interessanten Aspekt unserer Bemühungen in dieser Richtung aufzeigen. Wir haben festgestellt, dass Schecks und Aktien nachgedruckt werden, auch Zahlungsanweisungen, und wir haben uns bemüht, die interessierten Kreise, die Banken, die Herausgeber der Wertpapiere zu einer geldähnlichen Sicherung zu veranlassen, mit andern Worten: sie sollten ihre Wertpapiere so drucken, dass sie all die Sicherheitsmerkmale einigermassen sicheren Geldes aufweisen; aber wir scheinen mit unsern Bemühungen keinen Erfolg zu haben, weil der Druck solcher Papiere zuviel kostet. Es sieht fast so aus in einigen Kreisen, dass man das Risiko in Kauf nimmt, um recht schöne und werbepsychologisch geschickt aufgemachte und attraktive Papiere in Umlauf zu bringen, und dass man dieses Sicherheitsmoment dann nur als zweitrangig ansieht. Leider ist das gerade eine unserer Erfahrungen aus der neuesten Zeit. Es ist eine unterschiedliche Interessenlage festzustellen, wir finden nicht so sehr viel Verständnis für unsere Bemühungen gerade auf der Seite der Industrie und der Wirtschaft; man zeigt sich sehr oft – um das provozierend zu sagen – mehr am Geldverdienen interessiert als an der Unterstützung solcher Sicherheitsbemühungen.

Willy Ulrich, Chef des Spezialdienstes, Kantonspolizei, Zürich:

Ich möchte Herrn Dr. Gemmer fragen, wie er die Klippe umschiffen will zwischen der Information an die Privatwirtschaft und unserm Berufsgeheimnis.

Dr. Gemmer:

Sie zeigen allerdings eine recht riskante Seite unseres präventiven Geschäftes auf, eine Seite, die Sie übrigens auch bei Ihrem morgigen Vortrag in Verlegenheit setzen wird . . (Gelächter) . . Es ist für die Kriminalpolizei schwierig, präventiv zu wirken, ohne konkrete Namen zu nennen. Z.B. "ich warne vor Herbert Meyer, denn er hat in zurückliegenden Fällen mit ähnlicher Verfahrensweise oft betrogen", das gesteht man uns nicht zu und wir werden sehr schnell mit einem Regressanspruch belangt. Wir können warnen davor, dass man etwa Baugelder frei Hand gibt, wir schlagen die Einzahlung auf ein Sperrkonto vor. Wir können heute recht viele Einrichtungen zur Sicherung eines Hauses gegen Einbruch zeigen, technische Einrichtungen; es ist aber für uns noch sehr problematisch, im offenen Gespräch auch in diesem Kreise, ganz bestimmte Personen, die uns als Betrüger bekannt sind, als solche herauszustellen. Aus meiner Erfahrung kann ich nur das vertrauliche Gespräch unter vier Augen vorschlagen, es hilft in einigen Fällen, ausserdem bietet es für die Gegenseite keine gute Beweissituation. . . Ansonsten stehen wir leider sehr oft vor der Notwendigkeit, zu warten, bis mehr Schaden eingetreten ist . . . es ist paradox: die Polizei kann erst wirksam warnen, wenn Schaden eingetreten ist, um sich nicht selbst Regressansprüchen auszusetzen, das ist unser eigentliches Problem. Je früher wir mit der Warnung ansetzen, desto riskanter wird diese, denn es ist für unsern Widerpart auf der andern Seite kein sonderlich grosses Problem, mit einem guten Anwalt nachzuweisen, dass er gerade dieses Geschäft mit reellen Mitteln ausgeführt hätte; und diesem Risiko setzt man sich ungern aus, der Folgen wegen.

(Schluss der Diskussion)

Die Persönlichkeit des Verbrechers im weissen Kragen

Armand Mergen

White-collar-Verbrechen weisen ein erschreckendes Dunkelfeld auf. Werden sie bekannt, dann sind die Täter noch lange nicht überführt und verurteilt. Es stehen dem forschenden Kriminologen daher wenig Kriminelle zur Verfügung. Eigenartigerweise kommt man auch an Aktenmaterial nur schwer heran. Es scheint, als schäme sich die Gesellschaft ihrer Verbrecher im weissen Kragen oder als wolle sie sie entschuldigen, in Schutz nehmen oder gar trotz ihrer Taten respektvoll tabuiert wissen.

Die hier vorgetragenen Ergebnisse stützen sich auf persönliche Untersuchungen, sowohl von überführten Tätern, als auch von psychotherapeutisch behandelten Patienten, welche als Wirtschaftskriminelle nach aussen nicht bekannt waren, ferner auf Aktenmaterial und Lebensläufe respektive Memoiren bekannter Wirtschaftskapitäne.

Der Wirtschaftstäter nach der Definition der Wirtschaftsdelikte

Die akzeptierte Definition des "white-collar"-Verbrechens enthält eine Anzahl von Merkmalen, die sich nicht auf die Tat, sondern auf den Täter beziehen. Es handelt sich dabei um rein phänomenologisch-beschreibende, das Verbrechen mitkonstituierende Merkmale, welche, obwohl sie nichts über die eigentliche Persönlichkeit aussagen, es dennoch erlauben, die Persönlichkeit des Verbrechers im weissen Kragen in einen mehr oder weniger festen Rahmen zu stellen. Die folgende Definition Terstegens scheint mir die umfassendste: "Bei den white collar crimes handelt es sich um sozialwidriges, auf Bereicherung gerichtetes Verhalten, das von Personen in Stellungen von sozialem Ansehen innerhalb ihres Berufes dadurch praktiziert wird, dass sie unter gleichzeitiger Voraussetzung des gesetzestreuen Verhaltens aller übrigen das ihrer Gruppe notwendig entgegengebrachte Vertrauen enttäuschen, wobei sie sich bemühen, im Bereich des Legalen oder wenigstens Schein-Legalen zu bleiben. Dabei ist ihnen und auch der Öffentlichkeit weithin das Kriminelle ihres Tuns entweder nicht bewusst, oder dieses Bewusstsein wird verdrängt. Die Tätigkeit vollzieht sich meist in äusserlich erlaubten Formen, welche die Straftat nicht indizieren. Die Delikte gehören in die Gruppe der mittelbaren abstrakten Intelligenzdelikte."

White-collar-Verbrecher sind demnach Menschen, die einen angesehenen sozialen Status innehaben, der ihnen nicht etwa durch die Qualitäten ihrer Persönlichkeit zukommt, sondern durch die Macht ihres materiellen realen oder vorgetäuschten Besitzes. Sie bejahen in der Tiefenperson die Vorherrschaft der materiellen Werte und kommen so dem Trend der modernen sozialen Wertewelt entgegen, wenn diese materialistische Weltanschauung nicht gar durch sie mitgestaltet wurde. In ihrem Verhalten tragen sie die Macht ihres Habens gerne zur Schau, denn für sie *gilt nur das Materielle als Macht,* und Macht will demonstriert sein. Ideelle Werte zählen nicht, da sie nicht auf primitiv-direkter Ebene sich durchsetzen können. Wo solche Werte vom white-collar-Verbrecher geschätzt werden, stehen auch sie im Dienste des Gelderwerbs oder des raffinierten Verbrechens. Dies gilt vor allem für die intellektuellen Fähigkeiten und ihren Einsatz.

Die Persönlichkeit ist primitiv angelegt und auf der Stufe des egozentrischen "hic et nunc" stehen geblieben. In allen Fällen ist die Entfaltung der Affektivität verhindert, besonders in dem gebenden und nehmenden Ich-Du-Verhältnis. White-collar-Verbrecher sind in der Regel kontaktgestört; sie kennen kaum Fremdwertgefühle; ihre affektiv-emotionalen Regungen bleiben egozentrisch auf die eigene Person bezogen und vermögen nicht den Kreis, der die Person einengt, zu durchbrechen, um sich so auf ausserhalb des "Ichs" existierende "Dus" auszudehnen. Diese Menschen empfinden ihre *kalte Einsamkeit* – denn sie ist die unausweichliche Folge – als Manko und kompensieren dann dadurch, dass sie sich grosszügig geben, zu Mäzenen von Kunst und Wissenschaften werden oder gar selbst karitativ oder sonstwie gebend aktiv werden. Dieses Verhalten ist niemals echt. Im schlimmsten Fall ist es ein unmöglicher Versuch der Kontaktnahme, wenn nicht gar ein wohlüberlegtes Beschwichtigungs- oder Vertuschungsspiel.

White-collar-Verbrecher sind in ihrer Primitivität äusserst dynamisch, beweglich und tatenfreudig. Ihr egozentrischer Optimismus macht sie gefahrenblind, so dass sie Risiken unbesehen in Kauf nehmen. Gegenargumente, welche hemmend wirken könnten, werden als lästig abgetan. Solche vitalen Menschen überzeugen natürlich andere und setzen sich durch, indem sie die anderen überfahren.

Ihre Betätigung liegt ganz vordergründig in der Wirtschaft, gleich welchen Beruf sie erlernt oder nicht erlernt haben. Ich kenne Ärzte, Rechtsanwälte und Ingenieure, die ihren erlernten Beruf nicht ausüben, dafür aber in der Wirtschaft mit viel Erfolg ihr Geld verdienen. Dieses Merkmal – Berufswechsel vom erlernten Beruf zum nicht erlernten in der Wirtschaft – ist sehr wichtig zur Erfassung der Persönlichkeit, denn es zeigt eindeutig, wo der Mensch seine Genugtuung findet, welche Betätigung ihm adäquat ist, und welches seine Ziele sind. Zum anderen ist das Merkmal von Bedeutung, weil es besonders häufig bei Wirtschaftsdelinquenten angetroffen wird. Bleiben die white-collar-Verbrecher in ihrem erlernten Beruf, dann wird der Beruf Mittel zum Zweck und skrupellos so ausgeübt, dass das ihm inhärente Vertrauen ausgenützt wird (z. B. Ärzte, Rechtsanwälte, Pharmazeuten, Ingenieure).

Der white-collar-Verbrecher ist raffiniert, vielleicht auch intelligent, sehr selten auch gebildet. Seine Intelligenz ist auf direkte Erfolge eingestellt und begrenzt. Die kombinatorischen Fähigkeiten übertreffen die abstrahierenden, und die Phantasie arbeitet stets eingleisig. Wo der egozentrische Impuls fehlt, verarmt auch die Phantasie.

White-collar-Verbrecher sind wertblind, wenn es sich nicht um materielle Erwägungen handelt.

Deshalb vermögen sie das Verwerfliche ihres Tuns nicht einzusehen; im Gegenteil, sie fühlen sich – werden sie gerichtlich belangt – ungerecht behandelt. Ihre Taten sehen sie nicht als Verbrechen sondern als Pech im Geschäft.

Wirtschaftsverbrechen sind Kavaliersdelikte

In dieser Einstellung werden sie durch die Mentalität der sozialen und der wirtschaftlichen Umwelt bekräftigt, wo immer mehr der Erfolg die auch asozialen Verhaltensweisen zu legitimieren scheint. Es wird gerne von "Kavaliersdelikten" gesprochen, die Gesetze sind allenthalben so lückenhaft und verworren, dass eine Überführung des Täters erschwert, wenn nicht gar unmöglich ist. Es besteht eine Tendenz, die Wirtschaftsdelikte zu entkriminalisieren. In Deutschland gilt ein eigenes Wirtschaftsstrafrecht, in dem manche white-collar-Verbrechen als Ordnungswidrigkeiten angesehen werden. So wird es dem Verbrecher im weissen Kragen leicht gemacht, nach vollbrachter Tat kein "schlechtes Gewissen" zu haben, da er sich ja im Bereich des Paralegalen oder gar des noch Legalen bewegt. Er setzt keine brutale Gewalt ein, tritt nicht spektakulär in Erscheinung, sondern handelt mit aktiver geistiger Brutalität unter Wahrung des Scheins des Rechts. Und vom Recht hält er nicht viel. Louis Aragon schreibt bereits in "les beaux quartiers" folgenden, für die Mentalität der heutigen Gesellschaft bezeichnenden Satz: "Das was man heute begreifen muss, meine Herren, ist dass . . ., so wie nach 1860 die Grossindustrie das Vorurteil von der freien Konkurrenz, . . . aufgeben musste, (wir) im Jahre 1913 das Vorurteil von der Legalität aufgeben müssen . . . Die Stunde ist gekommen, in der die Industrie, um leben zu können, über das Gesetz gestellt werden muss." Soweit ist es offen noch nicht gekommen. Es ist jedoch feststellbar, dass das Bestreben, ein moralisches Verhältnis zur modernen industriellen Kultur zu finden, erlahmt und dass Materialismen wie Profitstreben und Geltungskonsum sich trotz Pseudowerten wie Freizeitgestaltung oder Hebung des Lebensstandards in *berechnendem Egozentrismus* erschöpfen.

Der heutige Mensch ist orientiert an materiellen Werten, die von aussen auf ihn bestimmend wirken. Riesmann sprach in diesem Sinne vom "aussengeleiteten Menschen". Die "Moral" wird zur "Grenzmoral" (Schöllgen), in der sozialwidriges Verhalten im Bereich des Gewinnstrebens unpräzise irgendwo zwischen Recht und Unrecht lokalisiert ist. Der Wirtschaftskriminelle hat diese sozialen Leitideen nicht nur akzeptiert, sondern seinem Verhalten zugrunde gelegt. Sie haben seine Persönlichkeit entscheidend mitgeformt; er hat sie integriert, und die Gesellschaft hat ihn angenommen oder sich mit ihm abgefunden. Der Erfolgsmensch im Haben wird zum Leitbild, solange mehr gilt, was man hat als was man ist. Schöllgen stellt zu Recht dem white-collar-Verbrecher die

Komplizität der Gesellschaft zur Seite. Dass ganze Kreise von Wirtschaftstätern sich in gegenseitiger Komplizenhaftigkeit abstützen und gezwungen sind, einander gegenseitig zu helfen, bringt als Folge die Gefahr einer Expansion der Korruption.

Das white-collar-Verbrechen kann nur von einem Täter begangen werden, der einer bestimmten Gruppe der bürgerlichen Gesellschaft angehört. Üblicherweise wird ihm Vertrauen entgegengebracht; er lebt als "Ehrenmann" und nutzt seine soziale Stellung aus, um seine Taten zu begehen. Als Mitglied der wirtschaftlichen Oberschicht, welche, mit René König, als Marginalgruppe bezeichnet werden kann, nimmt er für sich in Anspruch, so zu handeln, wie er es für richtig hält, das heisst so, wie es seiner Macht am besten nutzt. Bestärkt wird der Täter in seinem Verhalten dadurch, dass die Mitglieder der Mittelklassen oft geneigt sind, ihm ein Abweichen von für sie gültigen Normen nachzusehen. Noch immer scheint es, als seien für Mittel- und Unterklassen die Oberklassen Repräsentanten der sozialen Werte, und zwar in reiner Vollkommenheit.

Gefährlichster Typ des Kriminellen

All dies – die soziologischen Konstellationen und die psychologischen Persönlichkeitsmerkmale – machen die äusserst grosse Gefährlichkeit des Verbrechers im weissen Kragen aus. "Starke kriminelle Kapazität und starke Anpassungsfähigkeit ergibt in dieser Kombination den potentiell und tatsächlich gefährlichsten Typ. Denn trotz ihrer starken kriminellen Neigungen geben diese Menschen sich nach aussen hin sozial angepasst, stehen mitten im gesellschaftlichen Leben und bekunden niemals offen ihre eigentliche Antisozialität. Der oberflächliche Betrachter sieht in ihnen ehrbare, vom Schicksal begünstigte Bürger." (Mergen, Die Kriminologie, Berlin 1967, S. 386). Nach aussen hin mögen die Verbrecher, die Schöllgen "Pioniere des Bösen" genannt hat, sich heuchlerisch oder berechnend als das Schlechte bekämpfende und das Gute unterstützende Menschen ausgeben; es ist alles Lüge und Mache. Kroeber Kenneth findet einen Grund für das eigentümlich moralisierende Verhalten manches white-collar-Verbrechers: "Nach einem normwidrigen Seitensprung kehrt er rasch, gewissermassen auf der Flucht vor sich selbst, in das schützende Gehäuse der Gesellschaftsmoral zurück und verhält sich fördernd, wohlwollend und wohlgesinnt."

Memoiren hochgeachteter Wirtschaftsverbrecher

In diesen Werken, die triefen von Moralismen, Selbstbeweihräucherung und satter Selbstgefälligkeit, kommt die ganze Verlogenheit und Hypokrisie zum Ausdruck. Die Blindheit für das Eigenverhalten machte es möglich, dass solche Memoiren überhaupt geschrieben wurden, denn die verlogenen Machwerke sind in ihrer Primitivität so durchsichtig, dass sie nur wenig Menschen täuschen können. Die *Gründer der amerikanischen Wirtschaft* waren so mächtige Verbrecher, dass sie aus vielerlei Gründen nicht fassbar, ja tabuiert waren. Dazu gehören auch John Pierpont, Carnegie, Rockefeller und viele andere, heute noch mit Respekt ausgesprochene Namen. (1)

Andrew Carnegie

berichtet in seinen Memoiren bewusst lügend über die Ursachen seiner Erfolge und versucht, seinen Reichtum und die Art, wie er dazu kam, zu rechtfertigen. Er weiss genau, dass sein Satz: "Armut beflügelt zu wirtschaftlichem Einsatz" falsch ist; dass die Story vom Self-made-man, der vom Tellerwäscher zum Millionär aufsteigt, ein billiges Märchen ist. Denn vor seinem spektakulären Aufstieg war Carnegie bereits kein armer Mann. Der Ursprung des Carnegie-Vermögens ist undurchsichtig, liegt aber wahrscheinlich in der raffinierten Ausnutzung der Wirren im amerikanischen Bürgerkrieg. Davon schreibt Carnegie kein Wort.

Grotesk wirken die Ratschläge, die Carnegie dann gibt. Er, der nie gedient hat, schreibt, was der angehende Wirtschaftskapitän zu tun hat, wenn er Erfolg haben will: "Er muss sich von unten hinaufdienen, gewissermassen dem Chef die Semmeln holen", er soll Alkohol meiden und "ein ordentliches Leben führen" usw. Diese Banalitäten könnte man ihm noch schmunzelnd abnehmen. Wenn jedoch der Mann, der sein Leben lang spekulierte, dem angehenden Erfolgsmenschen das Spekulieren verbietet, wenn der Mann, der mehrere seiner Freunde, die für ihn gebürgt hatten, an die Grenze des totalen Ruins gebracht hat, grosssprecherisch rät: "Du sollst keine Bürgschaften leisten", dann wird die moralisierende Heuchelei unerträglich. Carnegie gibt sich als Patriot und fordert in seinen Memoiren auf, dem Vaterland die Treue zu halten. Dabei betrügt er am laufenden Band sein Vaterland, indem er schlechte Ware liefert, Staatsbeamte korrumpiert, Schiffe mit minderwertigen Panzerplatten verkauft usw. Er musste sich sagen lassen: "Man wird nicht eine Stahlplatte mehr von Ihnen nehmen, man wird nicht einen Tropfen Öl mehr von Ihnen kaufen, wenn Sie nicht etwas tun, denn Ihre Verbrechen schreien zum Himmel." Carnegie gründete eine Stiftung.

John D. Rockefeller

Auch er hat, um sich mit dem Prestige des Gönners und Mäzens zu umgeben, um die Art, wie er zu seinem Vermögen gekommen ist und seine Verbrechen zu vertuschen, eine Stiftung ins Leben gerufen. Seine Memoiren sind vollgepfropft von heuchlerischen Moralismen, die durch sein eigenes Leben als Lügen entlarvt werden. Sogar beim Schreiben der Erfahrungen des Gelebten können diese Menschen nicht davon ablassen, das Vertrauen, das ihnen entgegengebracht wird, zu missbrauchen. Sie bieten ihre selbstherrlichen Lügen frech und ungeniert an und zweifeln keinen Augenblick daran, dass sie geglaubt werden – ja, sie sind vielleicht sogar von der Wahrheit ihrer Fantasien überzeugt. Dann wären ihre Aussagen als "pseudologiae phantasticae" anzusehen.

Rockefeller schreibt: "Es gibt überhaupt kein Geheimnis des geschäftlichen Erfolges, es ist also alles anständiges Benehmen." Rockefeller selbst hat sich wohl kaum "anständig" benommen als er mit seinem Geld in fremden Ländern (Mexiko) Revolutionen anzettelte, wegen massiver Korruptionsskandale sich zu rechtfertigen hatte und durch seine unlauteren Machenschaften Behörden und Justiz in Atem hielt. Die amerikanische Antitrustgesetzgebung ist zum grossen Teil aus dem Kampf gegen Rockefeller entstanden. Rockefeller nutzte die Macht seines Geldes zu Korruptionszwecken. Als er einmal zur Zahlung von 29 Millionen Dollar verurteilt worden war, sagte er selbstbewusst, diese Summe würde nie gezahlt werden. Er behielt recht – und zahlte nur die zur Korrumpierung der bestechlichen Beamten erforderliche Summe.

Schein und Sein, Wahrheit und Lüge, Hypokrisie und Ehrlichkeit können wir im Leben so mancher erfolgreichen Kriminellen im weissen Kragen verfolgen, nicht nur in den USA. So ist beispielsweise bekannt, dass der Aufstieg Krupps mit Werkspionage in England begonnen hat. Die englischen Patente wurden ausgekundschaftet und dann in Deutschland nachgemacht. Von den Machenschaften französischer Wirtschaftskapitäne wäre zu berichten, von holländischen oder anderen Reedern, von italienischen Mafiosi und belgischen Geschäftemachern. Der Druck, immer höhere Gewinne erzielen zu müssen, kommt nicht nur von oben, sondern auch von allen Seiten. Vance Packard hat eine Umfrage bei sogenannten Managern gemacht. 4/5 der Befragten sagten: "Um das Geforderte vollbringen zu können, muss man manchmal jeden schmutzigen Trick anwenden."

Die Wirtschaftsdelikte wühlen kaum Affekte auf, und deshalb ist der Täter dem "feed-back" seiner Tat nicht ausgesetzt. Die allgemeine Reaktion auf ein white-collar-Verbrechen ist, gemessen an der Reaktion auf ein Verbrechen des gemeinen Rechts, so gering, dass der Täter die Verwerflichkeit seines Tuns nicht erfährt. Reiwalds Feststellung bleibt auch heute wahr. "Die Gesellschaft will nicht auf den alten, primitiven Verbrecher, an den sie fixiert ist, verzichten, während ihr der moderne Wirtschaftsverbrecher relativ gleichgültig ist. Darum der ungeheuerliche und erfolglose Aufwand gegen den ersten, darum die Vernachlässigung des zweiten." (2) Und an anderer Stelle: (3) "Ein Verbrechen, das Affektivität und Phantasie nicht anspricht, erhält das Prädikat: ungenügend." In diesem Sinne erhält auch der Verbrecher im weissen Kragen für seine so gefährlichen antisozialen Taten das Prädikat "ungenügend". Er bleibt im Hinterhalt und tut alles, um die Gemüter zu beruhigen; er agiert so, dass affektive Erregung möglichst vermieden wird. Er entgeht dem Nimbus des "Verbrechers".

Unkontrollierbare Gier nach materiellem Gewinn

Sie ist das Kernsymptom des Verbrechers im weissen Kragen. Sie ist zur Sucht geworden und bedingt ein echtes süchtiges Verhalten. Der Gewinn-Süchtige versteigert sich in immer grössere kriminelle Unternehmungen. Ihm ist der Reiz erregender Spannung zum Bedürfnis geworden. Er braucht den Stimulus des Ungewissen und die Lösung der Spannung im Gewinn notwendig zum Leben. Damit ist er dem Spieler recht nahe.

Die Persönlichkeit des Wirtschaftstäters ist eingeengt auf die Ziele seiner *Habgier* und seines *Machtstrebens.* Alles andere dringt nicht in die Persönlichkeit ein, sondern prallt, ohne Wirkung zu hinterlassen, ab. Nur sich selbst stellt dieser Mensch stets in den Mittelpunkt. Er ist Massstab für fremdes Verhalten; er ist sich selbstherrlich genug; an ihm ist jede Kritik bereits im Ansatz verfehlt. Dieser *Narzissmus* kommt oft in der Kleidung zum Ausdruck oder auch in den heutigen Statussymbolen wie Auto, Wohnung, Schmuck usw. Wo der klassische Straftäter rücksichtslos gegen den einzelnen Menschen ist, ist es der Wirtschaftskriminelle gegen die Allgemeinheit. Die Sucht nach Gewinn verdeckt meist schwere Versagungen auf affektivem Gebiet. Man findet unter den white-collar-Kriminellen auffallend viele kontaktgestörte Neurotiker, die auch in der sexuellen Sphäre auffällig reagieren. Die Unfähigkeit echter Bindung hat Impotentia coeundi zur Folge, meist aber eine echte Impotentia amoris, eine Liebesunfähigkeit.

Auffallend ist das stetige Bemühen dieser Menschen, sowohl ihre Taten als auch ihre neurotischen Reaktionen und Verhaltensweisen zu rationalisieren. Deshalb ist es so sehr schwierig, an den Kern der Persönlichkeit heranzukommen. Diese Menschen verstehen es ausgezeichnet, sich nach aussen und nach innen abzuschirmen und zu tarnen. Oftmals finden sich Charaktermerkmale, die sich gegenseitig auszuschliessen scheinen, wie rücksichtslose Brutalität neben hypertropher Sensibilität. Die Sensibilität ist dann meist ichbezogen; oder es handelt sich um eine Insel im affektiven Gemütsleben, die verdeckt war und durch die Therapie wieder an die Oberfläche gelangte.

Unbrauchbarkeit der gängigen kriminologischen Forschungsmethoden

Obwohl kein Zweifel daran gelassen werden kann, dass es sich bei den Verbrechern im weissen Kragen um echte Kriminelle handelt, entzieht sich ihre Persönlichkeit dennoch den in der Kriminologie üblichen methodischen Ansatzpunkten der Erforschung. So versagen beispielsweise alle Prognosesysteme, welche für den klassischen Kriminellen Geltung haben. Man kann dem Wirtschaftsverbrecher ein gerütteltes Mass von Aggressivität nicht absprechen, jedoch wirkt sie sich nicht direkt aus, sondern wird auf Umwegen abgeführt. Es bleibt der Mensch, die Gesellschaft angegriffen, jedoch nicht Auge in Auge, sondern durch Praktiken, die an sich keine Aggressivität beinhalten, im Endeffekt aber empfindlich verletzen.

Betrachtet man die Opfer der Verbrecher im weissen Kragen, so findet man immer wieder Persönlichkeitsmerkmale des Täters. Oft hängt es vom Zufall ab, wer Täter und wer Opfer ist, oder es ist eine Frage der Quantität und nicht der Qualität. Das gilt auch für die Gesellschaft, welche durch die individuellen Opfer hindurch stets die Geschädigte ist.

Man kann die Persönlichkeit des Verbrechers nur studieren, wenn man ihn in seiner Umwelt, in der Gesellschaft, beobachtet. Gerade im Werden des Wirtschaftsverbrechers, in der geprägten Ausformung seiner Persönlichkeit, kommt der sozialen Umweltstruktur eine enorm grosse Bedeutung zu. Viel deutlicher als anderswo kommt hier das sich bedingende Wechselspiel von Individuellem und Sozialem zur Geltung. Wenn jemals der Ausspruch von Lacassagne "La société a les criminels qu'elle mérite" Gültigkeit haben soll, dann auf dem Gebiet des white-collar-crime, des Verbrechens, begangen von Kavalieren im weissen Kragen.

(1) Vergl. René König, Vortrag 1967 im BKA
(2) Paul Reiwald, "Die Gesellschaft und ihre Verbrechen", S. 186
(3) Paul Reiwald, a. a. O., S. 182

Wirtschaftskriminalität in England

James William Crane

Es ist unendlich viel leichter, ein Bankkonto zu eröffnen als einen Safe zu knacken. Es ist auch leichter, einige tausend Pfund auf betrügerischem Wege zu ergattern als in eine Fabrik oder ein Lagerhaus einzubrechen, einen Lastwagen zu kapern oder einen Zug auszurauben. Es lohnt sich sehr. Die Gefahr, dafür belangt zu werden, ist geringer. Obwohl die allgemeine Auffassung dahingeht, dass der Verbrecher im weissen Kragen der wirtschaftlich gehobenen Klassen angehörte und bis anhin ehrbar gewesen sei oder doch dafür gegolten habe, verhält sich dies nicht mehr unbedingt so. Die Tendenz geht immer spürbarer dahin, dass *abgefeimte Verbrecher,* die wegen Gewaltverbrechen, Raubes oder Diebstahls vorbestraft sind, Schwindelfirmen organisieren, sich an ihnen beteiligen und sie finanzieren.

In früheren Zeiten wurden Betrügereien in der Regel als persönliche oder bürgerliche Vergehen betrachtet, wobei es dem Einzelnen überlassen blieb, sich dagegen vorzusehen und die ihm geeigneten Schritte zu ergreifen, um Wiedergutmachung zu erlangen. Betrug in dem Sinne, wie wir ihn heute interpretieren, war dem alten englischen "Common Law" praktisch unbekannt. Es wird von einem Lord Justice berichtet, der gefragt haben soll: "Sir, sollen wir einen Mann unter Anklage stellen, weil er einen andern zum Narren gehalten hat? " Doch die Gesellschaft hat sich weiterentwickelt. Die Vergehen gegen das öffentliche Interesse sind *raffinierter* geworden und die gesteigerte Geschäftstüchtigkeit bietet glänzende Gelegenheiten für Missbräuche und Ausbeutung. Das Gesetz trug schrittweise einer Auffassung Rechnung, die im Betrug mehr sieht als bloss Dummheit auf seiten der Opfer. Es begann, die Bestrafung betrügerischer Umtriebe vorzusehen.

Der Aufschwung des Handels und das Auftreten körperschaftlicher Geschäftsbetriebe gaben den Auftakt zur Entstehung der Wirtschaftskriminalität. Vieles was unter diese Rubrik fällt, bewegt sich *auf der Grenze* zwischen Recht und Unrecht. Es umfasst betrügerische Handlungen der Geschäftsleitung zum Nachteil von Kapitalanlegern und Gläubigern, Steuerhinterzug, Wettbewerbsbeschränkungen und Wertpapiermanipulationen. Es ist nicht zu übersehen, dass solche Betrugshandlungen zum Teil von einzelnen oder mit Komplizen operierenden Verbrechern begangen werden, um Einzelpersonen, Regierungsstellen, Banken, Finanzinstitute und andere Geschäftsunternehmen zu täuschen. Ich beschränke mich hier auf jene Betrügereien, die von Geschäftsleitungen zum Schaden von Geldgebern und Gläubigern verübt werden.

In England bedienen sich die Wirtschaftsdelinquenten ausnahmslos der *"Limited Liability Company"* (des britischen Gegenstücks der kontinentalen AG bzw. GmbH), um ihre Zwecke zu erreichen. Entweder tun sie das aufgrund ihrer leitenden oder anderweitigen Anstellung bei einer solchen, oder sie gehen vorsätzlich darauf aus, durch Gebrauch einer Gesellschaft als Fassade von scheinbarer geschäftlicher Integrität Aussenstehende zu täuschen und zu beschwindeln.

Die Strafbestimmungen, die der Bekämpfung dieser Umtriebe gelten, sind zahlreich und vielgestaltig. Wir sind noch nicht zu systematischer Kodifizierung geschritten, wie das in manchen Ländern geschehen ist. Die einschlägige Gesetzgebung ist *langsam* aus den jeweiligen historischen Gegebenheiten heraus gewachsen.

Ein grosser Teil der Gesetze ist entstanden und angeregt worden, weil man die Wiederholung der jeweils neuesten betrügerischen Machenschaften verhindern wollte. Dies hat dazu geführt, dass das Gesetzeswerk alle Anzeichen stückweisen Entstehens zeigt, verbunden mit einer Reihe von Versuchen, Lücken in bestehenden Gesetzen zu schliessen. Es schlägt sich darin auch die grundsätzliche Auseinandersetzung über den angemessenen Ausgleich zwischen der für die Bekämpfung der Missstände erforderlichen Reichweite und dem Bestreben nach geringstmöglicher Einmischung in einwandfreie Geschäfte nieder.

Die "Limited Liability Company" als Tarnung

Es ist bereits gesagt worden, dass der Betrüger unweigerlich unter dem Deckmantel der "Limited Liability Company" operiert. Bevor ich einige wenige Beispiele dafür gebe, wie heutzutage delinquiert und wie das Gesetz angewendet wird, dürfte es sich als notwendig erweisen, eine kurze Beschreibung dieser Gesellschaftsform zu geben. In England haben wir zwei Varianten davon: die *"Private Limited Company"* und die *"Public Limited Company".* Beide sind den Bestimmungen der "Companies Act" unterstellt. Die Anwendung dieses Gesellschaftsrechts ist Sache einer Regierungsinstanz, des "Board of Trade" (Handelsministerium).

Alle Gesellschaften werden gemäss den Companies Acts eingetragen, die zusammen mit weiteren Gesetzen eine Gesetzessammlung darstellen. Diese regelt die Verwendung und Führung von Gesellschaften, die Rechte und Pflichten der Verwaltungsräte, Direktoren, Aktionäre, Gläubiger usw. Sie hält die Bedingungen fest, die bei der Rechnungslegung, in der Buchführung, bei der Aktien- bzw. Obligationenemission, bei Wertpapiergeschäften und bei der Liquidation zu beachten sind. Die grosse Mehrzahl dieser Bestimmungen sehen strafrechtliche Sanktionen für den Fall der Nichtbeachtung vor.

Die Hauptunterschiede zwischen den beiden Gesellschaftsformen bestehen darin, dass die (meist kleinere) "Private Company" mindestens zwei und höchstens fünfzig Gesellschafter aufweisen darf, und dass die Ausgabe von Aktien auf einen Kreis von Personen beschränkt ist, der von den Betriebsvorgängen unmittelbar betroffen ist. Der "Public Company" sind hingegen in Bezug auf die Zahl der Aktionäre keine Grenzen gesetzt (ausser dass es mindestens sieben sein müssen). Ihre Aktien sind voll übertragbar und werden normalerweise an der Börse kotiert.

Die *Vorteile* der beschränkten Haftung sind bekannt: die Aktionäre, auch die Verwaltungsräte solcher Gesellschaften haften für die Schulden der Gesellschaft nur bis zum Nominalwert der Aktien. Der Betrüger fühlt sich zum Gebrauch einer Ltd. hingezogen, weil eine Gesellschaft eine von ihren Mitgliedern oder Aktionären getrennte und unterschiedene Rechtsperson ist. Gläubiger können sich für die Begleichung ihrer Forderungen ausschliesslich an die Gesellschaft als solche halten. Zudem kam sich die Stellung einer Gesellschaft hinsichtlich ihrer Vermögenswerte und Verbindlichkeiten, ihrer Aktionäre, Verwaltungsräte und Geschäftsführer über Nacht ändern, ohne dass die Gläubiger oder andere betroffene Personen das sogleich merken.

Die Arten der Wirtschaftsverbrechen, die sich gerade jetzt besonderer Beliebtheit erfreuen, sind recht vielgestaltig. Bei einigen haben wir es mit bewusst geplanten und ausgeführten *Schwindelunternehmen* zu tun, bei andern handelt es sich um die *"Überbrückung"* einer katastrophalen Geschäftslage. In beiden Fällen richten sich die Methoden bis zu einem gewissen Grad nach der Findigkeit und Geschicklichkeit des Delinquenten.

Der Geschäftsführungsbetrug

Diese Bezeichnung lässt sich auf Fälle anwenden, wo durch *Untreue* und *Missbrauch* seitens leitender Persönlichkeiten von "Public Companies", sei es unmittelbar oder mittelbar, Aktionäre und andere Gläubiger geschädigt werden. Der Missbrauch oder die Veruntreuung von Vermögenswerten einer Gesellschaft werden manchmal mit solchem Raffinement vorgenommen, dass es äusserst schwer fällt, deren Gesetzwidrigkeit zu beweisen.

Einige wenige Fälle sind allerdings *eindeutig kriminell.* In einigen Fällen wird die Aktienmehrheit dadurch erworben, dass Aktiva der Gesellschaft selbst zum Kauf der Aktien verwendet werden. Alles was dazu gewöhnlich benötigt wird, ist ein kurzfristiges Überbrückungsdarlehen zur Finanzierung des Erwerbs der zur Ausübung der Kontrolle benötigten Aktien. Die Rückzahlung erfolgt mittels Griff in die Kasse der Gesellschaft.

Es ist strafbar, das Kapital einer Gesellschaft zum Erwerb von deren Aktien zu benutzen. Die Unangemessenheit der Strafe in England – eine Busse von 100 Pfund für eine ungesetzliche Transaktion, bei der es um Hunderttausende geht – *erübrigt* jeden Kommentar. Aber wenn diese "technische" Straftat dann mit der betrügerischen Verwendung der so erworbenen Vermögenswerte ihren Fortgang nimmt, werden andere Gesetze gebrochen.

Vor einigen Jahren war ein Fall zu verzeichnen, wo zwei Verwaltungsräte, nachdem sie auf solche Weise die Kontrolle von vier Gesellschaften an sich gebracht hatten, Mittel in der Höhe von 550 000 Pfund aus dem Besitze der Gesellschaften missbräuchlich für sich verwendeten. Sie wurden dafür belangt, wegen Unterschlagung verurteilt und mit je 60 000 Pfund gebüsst.

Gelegentlich müssen die, welche sich so gegen das Gesetz vergehen, zu glatter Täuschung und unredlichen Manövern Zuflucht nehmen, um ihr Ziel zu erreichen. In einem Fall wurden zwei Verwaltungsräte einer Versicherungsgesellschaft wegen Abrede zum Zwecke des Betrugs und der Unterschlagung verurteilt. Sie hatten ein gefälschtes Dokument ausgegeben, das eine angebliche Einlage von 500 000 Pfund in einer nahestehenden Gesellschaft in Liechtenstein beweisen sollte. Dazu fälschten sie gewisse Posten in einer Bilanz. Sie bekamen acht bzw. fünf Jahre Gefängnis und Bussen in der Höhe von 30 000 Pfund.

Betrugshandlungen dieser Art sind oftmals *nicht leicht* zu beweisen. In einem Fall, der letztes Jahr vor Gericht abgeschlossen worden ist, wurden drei Verwaltungsräte für schuldig befunden, im Jahre 1963 Falschbuchungen vorgenommen zu haben, um die Aktionäre zu täuschen. Die Fälschung bezog sich auf eine Unterbewertung von Verbindlichkeiten und eine Überbewertung von Aktiven. Dabei ging es um einen Betrag von etwa 780 000 Pfund.

Das Board of Trade hatte 1964 mit seinen Nachforschungen für diesen Fall begonnen; die polizeiliche Untersuchung wurde 1966 eingeleitet. Die Anklageerhebung gegen fünf Beschuldigte konnte erst 1968 erfolgen, nachdem die Polizei intensiv recherchiert hatte. Die Verhandlungen des Gerichtshofs erster Instanz dauerten 115 (Arbeits-)Tage. Die Komplexität des Falls und der riesige Haufen von Unterlagen, der zu behandeln war, gab zu drei einzelnen Verfahren vor dem Central Criminal Court Anlass, die sich monatelang hinzogen. Drei Personen wurden schliesslich verurteilt, wobei der Haupttäter mit insgesamt 30 000 Pfund gebüsst wurde.

Der Investitionsbetrug

Bis anhin gehörten Investitionsbetrugshandlungen zu den *lästigsten Wirtschaftsdelikten.* Die inflationären Aktientransaktionen bei Industrieunternehmen, die Betrug an Einlegern von Sparkassen begingen, sowie die betrügerischen Gesellschaftsgründungen waren für das 19. Jahrhundert kennzeichnend. Auf sie folgten Lebensversicherungsbankrotte und gross angelegte Aktienschwindel. Jetzt ist die Reihe an Sparkassenbankrotten und dem machtvoll um sich greifenden "Franchise-" oder "Agency"-Racket. Eine kaum überblickbare Menge von Methoden ist bisher angewandt worden, um das Publikum um sein Geld zu bringen. Entweder durch Aktienkauf oder durch Darlehen bzw. Spareinlagen.

Man darf annehmen, dass unsere Gesetze ausreichen, um dieser Form von deliktischer Tätigkeit einen Riegel vorzuschieben. Doch muss ich diese Behauptung durch das Eingeständnis beschränken, dass es ***nahezu unmöglich*** ist, eine lückenlose Gesetzgebung gegen Täuschung und Betrug auszuarbeiten. Doch sind in England zwei gesetzliche Massnahmen ergriffen worden, nämlich die "Prevention of Fraud (Investments) Act" und die "Protection of Depositors Act". Es sind dies hervorragende Beispiele für Gesetze, die zum Zwecke der Verhütung von Betrügereien erlassen wurden.

Der Aktienschwindel

Der erste von diesen Gesetzestexten wurde 1939 ausgearbeitet, doch infolge des Krieges trat er erst 1946 in Kraft. Sein Hauptziel ist die Bekämpfung des *Aktienschwindels* und der *Winkelbörsentätigkeit.* Vor dem Inkrafttreten des Gesetzes konnte jeder mit Wertpapieren handeln. Schwindelhafte Missbräuche waren an der Tagesordnung. Man schätzt, dass 1937 allein das Publikum dadurch um mindestens 5 Millionen Pfund erleichtert wurde.

Die "Prevention of Fraud (Investments) Act" räumte tatsächlich mit dem Aktienschwindel auf. Sie schuf ein Registrierungssystem, das die im Wertpapierhandel tätigen Personen unter Kontrolle hält. Nur die hierzu ausdrücklich vom Board of Trade ermächtigten und konzessionierten Mitglieder einer staatlich zugelassenen Börse und Mitglieder einer anerkannten Effektenvereinigung dürfen sich mit dem Wertpapiergeschäft befassen. Es ist unter Strafe gestellt, falsche, irreführende oder auch nur leichtsinnige Angaben, Versprechungen oder Voraussagen zu machen, um jemanden zu einer Geldanlage zu bewegen.

Was gewöhnlich eine Person zu einer Kapitalanlage veranlasst, ist die *Vorstellung künftiger Rendite.* Die Act erklärt die Erweckung solcher Vorstellungen, falls sie falsch sind, zum strafbaren Tatbestand. Die Act bezieht sich ausdrücklich auch auf "leichtsinnige" (reckless) Angaben dieser Art. Die Gerichte haben in diesem Zusammenhang entschieden, dass Leichtsinn nicht unbedingt mit Unredlichkeit gleichbedeutend sein muss.

Schliesslich schränkt die Act die Verteilung von Einladungen zur Zeichnung von Aktien und Obligationen ein. Es spielt dabei keine Rolle, ob in einem derartigen Zirkular betrügerische Angaben gemacht werden. Es ist einfach ungesetzlich, das Publikum zu Investitionen aufzufordern. Es sei denn, es liege eine ausdrückliche Bewilligung vor. Die Behörden haben das Recht, der Polizei Hausdurchsuchungsbefehle zu erteilen, um Zirkulare zu beschlagnahmen, die gegen das Gesetz verstossen.

Der Schutz von Kapitalanlagen und Spareinlagen

Die "Protection of Depositors Act" ist inhaltlich mit jener vergleichbar, bezieht sich jedoch auf Kapitalanlagen oder Spareinlagen bei Finanzgesellschaften. Diese müssen zusätzlich den Anlegern und dem Board of Trade besondere Auskünfte über ihre Finanzlage erteilen.

Die Wirtschaftsdelinquenten sind allerdings die ersten, die allfällige Lücken und schwache Stellen im Gesetz herausfinden und für ihre Zwecke ausbeuten. Neue Methoden oder Abwandlungen alter Methoden werden praktiziert, um das Publikum um sein Geld zu bringen.

Das Franchise-System

Eine Art von Investitions- oder Zeichnungsbetrug, der in den letzten Jahren in aufsehenerregender Weise überhandgenommen hat, ist das "Franchise"- oder "Agency"-Racket.

Wie jedermann weiss, ist eine Franchise das – oft ausschliessliche – Recht, das eine Gesellschaft oder eine Einzelperson verleiht, in einem umschriebenen geographischen Gebiet bzw. in gewissen Räumlichkeiten bestimmte Ware zu verkaufen oder bestimmte Dienste anzubieten. Als *Gegenleistung* ist eine Anzahlung und/oder eine Gewinnbeteiligung zu entrichten.

Die von schwindelhaften Unternehmen angewandten Methoden halten sich in der Regel an ein ähnliches Rezept. Es werden Gesellschaften mit imposanten Namen gegründet, die weltweite Geschäftsverbindungen und finanziellen Rückhalt vortäuschen. Der Verwaltungsrat wird mit prominenten gutgläubigen Vertretern der Theater-, Film- und Sportwelt oder auch mit Trägern von Titeln besetzt.

In den Zeitungen und Zeitschriften erscheinen geschickt formulierte ***Anzeigen,*** in denen Verkäufer- oder Vertreterposten, Freizeitverdienstmöglichkeiten, oder eine sogenannte "leitende" Position angeboten werden. Die Interessenten werden aufgefordert, telefonisch weitere Auskünfte einzuholen. Darauf folgt eine private Unterredung oder eine Einladung, einer Zusammenkunft mit weiteren Bewerbern beizuwohnen. Das geht in einer ***Luxushotel-Suite*** oder in ***wohleingerichteten Büroräumlichkeiten*** vor sich. Das Vorhaben wird erläutert, es werden reich bebilderte Broschüren verteilt, die Tatsachen, Zahlen und Gewinnvoraussagen enthalten. Es wird Gelegenheit geboten, das Alleinverkaufsrecht für eine Anzahl von Verbrauchsgütern oder das Monopol für irgendwelche Dienstleistungen zu erwerben.

Die Kosten, die daraus erwachsen, bewegen sich zwischen einigen Dutzend und einigen hundert Pfund. Angeblich dient diese Zahlung zum Erwerb der ersten Lagerbestände und der Einrichtung mit Warenauslage oder Verkaufsautomaten sowie der Beschaffung des Standorts. Der Rest wird als Kaution behalten.

Natürlich wird *nichts* aus den Versprechen und Gewinnvorspiegelungen. Nach der ersten Lieferung ist keine Ware mehr erhältlich. Das Verkaufs- oder Ausstellungslokal gibt es nicht oder es ist offensichtlich ungeeignet. Wer sich beschwert, wird mit dem Hinweis auf Lieferhindernisse oder Personalmangel abgespeist und mit der Aussicht auf ein anderes Lokal bzw. eine andere Einrichtung vertröstet. Selten oder nie bekommt jemand sein Geld zurück.

Die Gesellschaft stellt ihre Geschäftstätigkeit ein. Die Verantwortlichen verduften oder fangen auf die gleiche Tour von vorne an. Dies tun sie mit der ruhigen Gewissheit, dass die Welt an ein blosses geschäftliches Missgeschick glauben wird und dass ein Betrug schwer nachzuweisen ist.

Der Handelsbetrug

Die letzte Kategorie von Wirtschaftsdelikten – die der Geschäftsbetrügereien – umfasst ***absolut unredliche Machenschaften*** von Berufsverbrechern.

Anzeigen für "Adressbücher"

Adressbuchbetrüger haben eine lange Tradition. Es handelt sich heute noch um ein florierendes Geschäft, da eine Anzahl von dabei angewandten Methoden sich als unverändert erfolgreich erweisen. Auf die eine oder andere Art und Weise werden Geschäftsleute dazu überredet, Beträge zu zahlen, die angeblich für Anzeigen oder Namenseintragungen und dergleichen in Geschäftsadressbüchern bestimmt sind. Wenige oder gar keine Adressbücher werden veröffentlicht. Unterschriften werden gefälscht oder erschlichen für sogenannte Auftragserneuerungen oder für die Zeichnung von Beträgen, die das ursprünglich Bewilligte weit übertreffen. Der neuste Trick besteht darin, einfach eine ***Proforma-Rechung*** zu versenden, entweder für die angebliche Erneuerung eines früheren Auftrags oder in Beantwortung einer (natürlich erfundenen) Anfrage.

Der vielbeschäftigte Direktionssekretär oder Geschäftsinhaber nimmt an, die Angaben seien in Ordnung und zahlt das Geld ein. Schätzungen zufolge sind in England allein ***mindestens*** 80 derartige Adressbuchbetrugsfirmen tätig. Es wird von einem Grossunternehmen berichtet, das im Verlaufe von drei Monaten auf diese Weise um 30 000 Pfund erleichtert worden sei.

Die Mehrzahl dieser Schwindelfirmen hält sich in den *Grenzen des Gesetzes.* Es brauchen nur ein paar Adressbücher gedruckt zu werden. Eine gerichtliche Verfolgung kommt nur in Frage, wenn Fälschung, arglistige Täuschung oder Abrede zwecks Betrugs nachweisbar ist.

Long Firm Fraud – Handelskreditbetrug

Gauner gründen eine kleine "Private Company" oder erwerben eine bereits bestehende für ein paar tausend Pfund, um leicht absetzbare Verbrauchsgüter zu verkaufen. Die Waren werden von den Fabrikanten auf Kredit bezogen, wobei falsche oder wertlose Referenzen benutzt werden. Die Lagerbestände werden dann durch vorher vereinbarte Kanäle zu Schleuderpreisen abgesetzt. Die Lieferanten werden nicht bezahlt und die Verantwortlichen verschwinden von der Bildfläche.

Die im Jahre 1968 vom "Company Fraud Department" von New Scotland Yard untersuchten Betrügereien dieser Art betrafen Waren im Werte von insgesamt 1 128 000 Pfund. 1969 *erhöhte* sich die Deliktsumme auf 6 500 000 Pfund. Die Fehlbaren, bei denen es sich zumeist um Berufsverbrecher handelt, lassen nichts unversucht, um der Entdeckung zu entgehen. Sie bleiben im Hintergrund und verwenden Strohmänner, die scheinbar die Firma leiten. Diese sind oft unbescholten oder lediglich für Bagatellen vorbetraft. Manchmal handelt es sich sogar um Minderjährige. Natürlich haben die Betrüger diese Strohmänner eigens so ausgesucht, dass die Gerichte sie im Falle einer erfolgreichen Strafverfolgung nicht allzu hart anfassen.

Die Verantwortlichen verheimlichen ihre Identität, wobei oft falsche Namen und Adressen benutzt werden; sie operieren in Verkleidung und wechseln Namen und Fahrzeuge. Alles ist bis in alle Einzelheiten organisiert. In einem Fall wurden im Wagen eines Gauners Papiere gefunden, in denen detaillierte Anweisungen für die Verübung eines "Long-Firm"-Betruges aufgefunden wurden.

Wenn es zur Entdeckung kommt, werden die Verantwortlichen – gewöhnlich aber *Strohmänner* – wegen Abrede zwecks Betrugs, wegen arglistiger Täuschung oder wegen ähnlicher Vergehen verurteilt.

Schlussfolgerungen

Nachdem hier in aller Kürze einige der in England heute am häufigsten verübten Wirtschaftsdelikte erwähnt und klassifiziert worden sind, stellt sich die Frage, ob die Strafen angemessen und abschreckend genug sind.

Es steht mit modernen Strafurteilstheorien im Einklang, dass eine Höchststrafe festgesetzt wird, die auch für die ärgsten Fällen ausreichend ist, auch wenn sie selten zur Anwendung kommt. Das lässt dem Gerichtshof eine breite Ermessensspanne.

Die aufgezählten Vergehen werden mit Gefängnis geahndet, wobei die maximale Strafdauer zwischen zwei und zehn Jahren liegt.

Es folgt daraus, dass die Bestrafung der Schuldigen *höchst uneinheitlich* ist. Dafür gibt es viele Gründe, beispielsweise den Charakter der Angeklagten, die Schwere des Vergehens, die nach dem Deliktbetrag bemessen sein kann, aber auch nach den Auswirkungen des Betruges auf besonders schutzbedürftige Teile der Öffentlichkeit. Andere Gründe sind Wiedergutmachungsversprechen, Aussichten für eine Besserung und Resozialisierung. Das Gericht kann aber auch ein Exempel statuieren, um vor der Nachahmung eines Vergehens abzuschrecken.

Die Gerichte folgen innerhalb des durch die Höchststrafe gesteckten Rahmens ihrem eigenen Ermessen. Sie können Gefängnisstrafen oder Bussen verhängen, den bedingten Strafvollzug und Bewährungsfristen gewähren oder Gefängnisstrafen während einer bestimmten Zeitspanne suspendieren. Die abschreckende Wirkung von Gefängis- und anderen Strafen ist umstritten und wird es stets bleiben.

Meines Erachtens erfordert die Wirtschaftskriminalität heutzutage Massnahmen auf anderen Gebieten, nämlich denen der *Verhütung* und der *Aufdeckung.*

In England verfügt das Board of Trade über – kürzlich erweiterte – Kompetenzen, jede Firma zur Vorlage und Erläuterung der Bücher und Akten zu veranlassen, wenn es glaubt, dass dafür gute Gründe vorliegen. Falls die Umstände die Annahme nahelegen, dass eine Gesellschaft eine betrügerische Tätigkeit entfaltet, kann das Board Inspektoren mit der Untersuchung der Geschäftsvorgänge beauftragen.

Obwohl von diesen Kompetenzen mit wachsendem Erfolg Gebrauch gemacht wird, besteht die Schwierigkeit darin, rasch genug ausreichende Kenntnis von vermuteten Betrugshandlungen zu erhalten, um eine rechtzeitige Untersuchung sicherzustellen. *Blosser Verdacht* genügt nicht, es muss irgend ein greifbares Anzeichen für das Vorliegen von Betrug wahrnehmbar sein.

Es ist vorgeschlagen worden, die Kompetenzen zur Prüfung der Bücher auch auf die Polizei auszudehnen, vorbehaltlich der Anordnung durch eine Gerichtsperson. Es steht ausser Zweifel, dass die Befugnis zum Eingreifen und zur Kontrolle dringend der Stärkung bedarf.

Man kann sich fragen, weshalb die Bestimmungen der Companies Act betreffend Mindestanforderungen an die Zahlungsfähigkeit, die zurzeit nur auf Versicherungsgesellschaften anwendbar sind, nicht auf gewisse andere Firmen ausgedehnt werden können. Das Board of Trade sollte das Recht haben, die Eignung und Vertrauenswürdigkeit der Personen zu prüfen, die solche Unternehmen leiten.

Für eine Ausweitung des Berufsverbotes

Ferner hat das ganze kürzlich von der Regierung eingesetzte Komitee für Firmengesetzgebung vorgeschlagen, dass der Kreis der zur Leitung von Gesellschaften berechtigten Personen weiter eingeengt werden soll. Bisher war es nur nicht-rehabilitierten Bankrotteuren und wegen Vergehen gegen das Gesellschaftsrecht Verurteilten verboten, Posten in einer Gesellschaftsleitung zu bekleiden. Diese Bestimmung sollte nunmehr ausgedehnt werden auf alle wegen betrügerischer oder unredlicher Handlung Verurteilten und auf jene, die sich im Zusammenhang mit den Geschäften einer Gesellschaft als untauglich, leichtsinnig oder unzurechnungsfähig erwiesen haben.

Ein wichtiges abschreckendes Moment ist in den Augen des Delinquenten die *Gewissheit* rascher Entdeckung. Das trifft ganz besonders auf die Wirtschaftsvergehen zu. Wenn die Möglichkeit zu frühzeitigem Einschreiten und Ermitteln gegeben ist, kann auch die umsichtigste Planung eines Verbrechers zunichte gemacht werden. Täuschung ist das eigentliche Wesen des Betruges. Um lukrativere Betrugshandlungen vorzubereiten, zu organisieren und ins Werk zu setzen, braucht es Zeit.

Das "Company Fraud Department" *wusste* über 80 Prozent der "Long Firm"-Manöver, die zurzeit im Gange sind, im voraus Bescheid. Aber es hat nicht das Recht, auf einen blossen Verdacht hin einzuschreiten.

Ab und zu war es der Presse vorbehalten, trotz ihrer starken Behinderung durch die Möglichkeit einer Verleumdungsklage einen Bericht über ein offenbares Betrugsmanöver zu veröffentlichen. Dies veranlasste den Delinquenten oder seine Opfer dazu, polizeiliche Untersuchung zu fordern.

Verhütung strafbarer Handlungen ist die vornehmste Aufgabe der Hüter des Gesetzes. Zuflucht zur Strafe nehmen heisst zugeben, dass man *versagt* hat. Wir müssen die Möglichkeiten frühzeitigen Eingreifens und Ermittelns erweitern, die Gesellschaft auf den Stand der heutigen Geschäftspraxis bringen, die mit der Bekämpfung der Wirtschaftskriminalität betrauten Polizeistellen verstärken und die ehrlichen Geschäftsleute vor den Gefahren warnen. Anders werden wir mit dem Verbrecher im weissen Kragen nicht fertig. Wie schützen wir uns vor dem mit allen Wassern gewaschenen Betrüger? Wenn er zum Beispiel in einer offenen Besserungsanstalt eine Strafe verbüsst und tagsüber in einer Tabakfabrik arbeitet, wo er einen Besucher des Gefängnisses dazu überredet, für ihn eine Gesellschaft zur Auswertung einer genialen Erfindung zu gründen – einer Formel für einen Tabakersatz, der in Tat und Wahrheit aus einer Mischung von Salatblättern besteht? Was machen, wenn es ihm gelingt, die Aktien dieser Gesellschaft einem leitenden Angestellten der Tabakfirma und vielen andern Leuten aufzuschwatzen?

Bewunderung für die *Geschicklichkeit* des Delinquenten oder Mitleid dürfen uns nicht in die Irre führen. Ich möchte mit den Worten schliessen, die ein Aktienschwindler äusserte, als er beschrieben hatte, wie er eine alte Witwe um ihr ganzes Geld gebracht hatte: "Aber ich habe ihr die Augen gelassen, um es zu beweinen."

(Prof. Langen eröffnet die Diskussion nach den Vorträgen von Prof. Armand Mergen und Commander Crane)

Leutnant Ulrich, Kantonspolizei Zürich

möchte Herrn Mergen fragen, ob und in welchem Umfange er differenziert zwischen einem ungerechtfertigten, übertriebenen, durch nichts ausgewiesenen Optimismus, den Ulrich als kriminell bezeichnet, und dem Vorsatz, der nachgewiesen werden muss bei einer Verurteilung.

Prof. Mergen:

Darüber streiten sich die Juristen, – ich bin Kriminologe .. (Gelächter) In den Augen des Kriminologen enthält der ungerechtfertigte Optimismus bereits Momente des Vorsatzes, wie weit er diesen aber entschuldigt, das ist eine zweite Frage. Aber kriminologisch gesehen ist im Optimismus das Merkmal des Vorsatzes gegeben: der Background ist ein anderer, aber der Vorsatz an sich bleibt der gleiche. Auch der Geisteskranke handelt kriminologisch gesehen vorsätzlich, aber strafrechtlich ist das vielleicht anders.

Harold Baer, Chief Criminal Divison, New York:

Professor Mergen, Sie sprachen davon, wie schwierig es ist, Wirtschaftsverbrecher zu entdecken und gaben uns dann ein paar Beispiele, wie man sie tatsächlich von gewöhnlichen Menschen unterscheiden könnte. Ich denke z.B. an den Mann, der seinen erlernten Beruf verlässt, um sich in der Wirtschaft zu betätigen. Commander Crane und andere haben mitgeteilt, dass es in England für den Handel mit Wertpapieren strenge Zulassungs-Reglemente gibt. Leute, die sich damit beschäftigen wollen, werden streng geprüft, das heisst, sie müssen zahlreiche Formulare ausfüllen. Genau so ist es in den USA, wenn man in den Wertpapierhandel einsteigen will, da ja in Amerika und Europa auf diesem Gebiet das Wirtschaftsverbrechen floriert. Ich frage nun, ob es Ihnen möglich wäre, uns noch ein weiteres Formular zu nennen, das wir mit den bereits vorhandenen den Leuten vorlegen könnten. Ich denke an einen Fragebogen, der uns ein Indiz gäbe, dass diese Personen ein Spezialtalent für solche Aktivitäten haben, so dass wir sie entweder nicht zulassen würden oder, falls in einer Firma etwas passierte, gleich wüssten, wem wir auf die Finger sehen müssen.

Prof. Mergen:

Es tut mir leid, ich kann Ihnen nicht geben was Sie sich wünschen. Sehen Sie, die Zeiten Lombrosos sind vorüber. Sie haben das Recht, mir diese Frage zu stellen, aber ich habe keine Antwort darauf.

Dr. Schinnerer, Kreditanstalt, Wien:

Professor Mergen, Sie haben von der Gefahr der Entkriminalisierung gesprochen. Glauben Sie nicht, dass die Kriminalisierung wirtschaftlicher Tätigkeit in all den Fällen, in denen der Staat regelnd eingreift, letzten Endes für die Wirksamkeit strafrechtlicher Massnahmen auch eine beträchtliche Gefahr ist? Ich möchte das an einem Beispiel erläutern: Ich berate beruflich etwa 10 % der österreichischen Industrie, und es ist ungeheuer schwierig, ein Vorstandsmitglied, das 30 Jahre lang gewohnt war, mit einem Konkurrenten zum Zwecke der Ausnützung der Kapazität sich auf wettbewerblichem Gebiet in Absprachen zu bewegen, von einem Tag zum andern wissen zu lassen, dass dieses Vorgehen – in Österreich war es kriminell strafbar – nunmehr straffrei ist. Wenn er sich aber erst einmal daran gewöhnt hat, auf diesem wirtschaftlichen Gebiet sich nicht an das Gesetz zu halten, wobei Preisregelungsfragen ihn mitunter auch zu Ausweichungen führen, so erfolgt nach meiner Erfahrung daraus, dass auch in andern wirtschaftlichen Gebieten das Gewissen weiter wird, umsomehr, als ja eine selbstverständliche automatische Reaktion auf diese Penalisierung nicht eingetreten ist. Und ich sehe mit Bedauern, dass in zunehmendem Umfang die Staaten glauben, mit Hilfe des Strafrechtes ihre Wirtschaftspolitik durchsetzen zu können. Ich glaube, dass die Waffe des Strafrechtes durch die ausserordentliche Ausdehnung ihres Wirkungskreises wesentlich abgeschwächt wird. Man kann nicht ununterbrochen regeln, und der Umfang, in dem der Staat in den wirtschaftlichen Ablauf eingreift, nimmt ständig zu. Er muss zunehmen, weil wir so nahe aneinanderrücken, dass mehr und mehr Regelungen notwendig sind. Aber wenn man alles, was gemacht wird, immer mit einer Strafdrohung versieht, ist es wirklich nur noch dem erfahrenen Kriminalisten und Strafrichter möglich, zu wissen, wo er gegen das Gesetz verstösst. Man darf also nicht nur über die Gefahr der Entkriminalisierung sprechen, sondern muss die Kriminalisierung wirtschaftlicher Tätigkeit ebenfalls als eine echte Gefahr für die Wirkung strafrechtlicher Massnahmen dort sehen, wo sie wirklich eingreifen sollen.

Prof. Mergen:

Sie kennen meine Einstellung, ich bin mit Ihnen vollkommen einig. Wenn ich aber davon gesprochen habe, dass eine Gefahr der Entkriminalisierung besteht, so dachte ich wiederum als

Kriminologe und nicht als Strafrechtler. Natürlich wird in sozialen, in soziologischen Strukturen, in denen wir ja leben, die Tatsache der Entkriminalisierung gleichgesetzt mit der Tatsache des Sozial-Angenommenen, des Sozial-Genormten: da liegt die Gefahr. Ob die Kriminalisierung unbedingt eine strafrechtliche Folge haben muss im Sinne von Sühne oder Strafe, das ist etwas anderes. Aber die soziale Gefahr und besonders die Gefahr im kriminologischen Gebiet besteht doch darin, dass die heutige Gesellschaft dahin tendiert, White Collar Crime zu akzeptieren; das habe ich versucht, im Vortrag zum Ausdruck zu bringen. Man sollte nicht unbedingt Völgens Begriff der Grenzmoral das Wort reden, aber man sollte sich bewusst sein, dass, wenn man zu sehr strafrechtlich reglementiert und nachher gar nicht auf diese Strafgesetze erfolgt, das schlussendlich doch ein Testimonium paupertatis ist, das auch wieder einmal prägend werden kann für den Dynamismus innerhalb der sich schnell wandelnden derzeitigen Gesellschaftsstrukturen. In diesem Sinne hatte ich es gemeint, als ich von der Gefahr der Entkriminalisierung sprach, und als ich dann eben das Wirtschaftsstrafrecht Deutschlands als Beispiel brachte, das sozusagen beinahe nur auf dem Papier besteht.

Teilnehmer aus Österreich:

Ich möchte Dr. Schinnerer widersprechen und ergänzen. Dieser hat in erster Linie die Kartellgesetzgebung aufs Korn genommen. Es ist selbstverständlich, dass nur Gewinnstreben Fortschritt bringt, deshalb muss man das private Gewinnstreben anerkennen; aber man muss ebenfalls sehen, dass es nicht unbedingt immer mit den Interessen der Volkswirtschaft übereinstimmt. Bei der Kumulation der Grossunternehmen, die über Kontinente hinwegreichen, muss auch der Gesellschaft ein gewisser Schutz eingeräumt werden, und diesen Schutz gewährleistet die Kartellgesetzgebung. Es ist zweifellos richtig, dass vielleicht der Unternehmer nichts Strafbares sieht oder sehen will, aber ohne Zweifel bestehen da Gefahren für die Gesamtwirtschaft, deshalb ist es meiner Meinung nach notwendig, dass der Staat etwas unternimmt.

Dr. Maibach, Staatsanwalt, Stuttgart:

Professor Mergen, Sie sagten, das Opfer der Betrüger weise häufig gleiche Charaktereigenschaften auf wie der Täter; ich möchte Sie hierzu fragen: Beruht diese Ihre Aussage auf umfangreichen Prüfungen und Untersuchungen? Die Erfahrungen der Praxis lassen heute zum mindesten vermuten, dass diese These unzutreffend und auch gefährlich ist. Unzutreffend deshalb, weil es ein Heer von Betrogenen gibt, das sich zusammensetzt aus Angehörigen aller Bevölkerungsschichten und sicherlich Leuten mit ganz verschiedenen Charaktereigenschaften; sie zeichnen sich vielleicht alle dadurch aus, dass sie halt – was heute in der Natur der Sache liegt und akzeptiert wird – ein bisschen gewinnstrebend sind. Gefährlich ist die These deshalb, weil sie der Meinung entgegenkommt, die Betrogenen seien doch nicht so schutzwürdig, deshalb brauche man auch der Straftat nicht konsequent nachzugehen.

Prof. Mergen:

Meine Untersuchungen der Täter/Opferbeziehungen gehen zurück auf 1950, ich habe sehr viel Material in dieser Hinsicht untersucht. Es wurden auch Doktorarbeiten bei mir geschrieben, beispielsweise "Der Betrug" von Lenz, einem meiner Schüler, der dort mein Material verarbeitet hat. Ich habe natürlich kein "umfassendes Material", wie man es nennt, aber ich glaube, dass es für eine solche Aussage repräsentativ ist und genügt. Wenn ich immer wieder bemerkt habe, dass ich Charaktermerkmale beim Opfer wiederfinde, die ich beim Täter festgestellt habe, so ist in der Tat das Gewinnstreben eines der ersten; das zweite ist die Tendenz des Risikos, dann auch das Süchtige, nach dem Spieler hin Tendierende, das so weit geht, dass manche Opfer beinahe bewusst mitspielen und gerne das Risiko auf sich nehmen. Damit soll aber nicht der Eindruck erweckt werden, dass das Opfer nicht geschützt werden sollte von uns – im Gegenteil! Man sollte alle potentiellen Opfer schützen, indem man sie vor sich selbst schützt; das geschieht ja auch zum Teil in der Presse oder in Publikationen. Ich würde sogar noch einen Schritt weiter gehen und vorschlagen, dass man auch versuchen sollte, die White Collar Criminals vor sich selbst zu schützen, das wäre eine präventive Aufgabe. Sie haben völlig recht, wenn Sie mich darauf aufmerksam machen, dass vielleicht durch meine Ausführungen ein falscher Eindruck entstanden ist; ich will also nicht verallgemeinern, ich berufe mich nur auf mein Material, das – wie ich glaube – repräsentativ genug ist, um diese Aussage zu machen.

Adolfo Bader, Anwalt und Notar, Lugano

Commander Crane, hat Scotland Yard Erfahrungen mit Delikten im Zusammenhang mit Credit Cards wie Diners Club, American Express etc? Haben Sie Erfahrungen mit jenen schottischen Schwindelfirmen, die Darlehen auf zwei bis drei Jahre aufnehmen und versprechen, diese allmonatlich zu 10 % zu verzinsen?

Commander Crane

antwortet auf die zweite Frage, dass er nie von solchen Firmen gehört hat; aber in Anbetracht der

Sorgfalt, mit der die Schotten ihr Geld verwalten, glaubt er nicht, dass da grosser Schaden entstehen kann. Credit Card-Betrügereien gehören zum täglichen Brot der lokalen Kriminalpolizei; sie können kaum verhindert werden trotz den vielen Vorsichtsmassregeln, die von den Geschäften angewandt werden. Sie bilden aber kein eigentliches Problem der Wirtschaftskriminalität: die erwischten Betrüger werden meist wegen Urkundenfälschung, Täuschung und kleineren Delikten abgeurteilt.

Dieter Robbert, Wirtschaftsredakteur, Norddeutscher Rundfunk

Mr. Crane, Sie sagten, der beste Schutz vor Wirtschaftsverbrechen sei die Schnelligkeit in der Verfolgung und Aufklärung. Darf ich mir den Umkehrschluss gestatten, nämlich, dass das langsame Arbeiten der staatlichen Verfolgungsbehörden die Blüte der Wirtschaftskriminalität erzeugt hat? Das ist eine Feststellung, die mir logisch erscheint, aber meine Frage möchte ich anders formulieren: ist es nicht im englischen Rechtsgebiet durch die starke Ausprägung des Persönlichkeitsschutzes erst möglich geworden, dass das Wirken der grossen Zahl von Schwindelfirmen zu solchen Schäden führte? Wir werden wahrscheinlich im Laufe der Tagung noch mehr über Möglichkeiten des Schutzes durch eine konkrete und konsequente Auskunftserteilung erfahren. Ist eine solche Auskunftserteilung oder die Einholung einer Auskunft zum Schutz vor Schwindelfirmen im englischen Rechtsgebiet nicht praktisch unmöglich? aus Gründen des Persönlichkeitsschutzes? Und ist nicht – was Mr. Crane später erwähnte – die Gefahr der "In-Regress-Nahme" einer presse- oder öffentlichkeitsnahen Institution wiederum der beste Schutz für Wirtschaftskriminelle? Und sollte man nicht überlegen, ob wir nicht hier in Mitteleuropa diese aus dem englischen Rechtsgebiet hereinfliessenden Ideen abbauen sollten, zu Lasten der persönlichen Freiheit, aber zum Schutz der Gesellschaft?

Commander Crane:

Ich danke Ihnen, dass Sie meinen Vorstoss für frühes Eingreifen unterstützen. Natürlich weiss der Wirtschaftsverbrecher, dass die Maschinerie der Untersuchung und Rechtssprechung manchmal ungeheuer langsam arbeitet. In England sind aber jetzt Verfahren in Kraft, von denen wir hoffen, dass sie Untersuchung und Strafverfolgung beschleunigen. Ich erinnere mich an eine Bemerkung Dr. Gemmers, man solle in Zukunft eine komplexe und verwickelte Betrugsaffäre nicht bis zum letzten i-Pünktchen untersuchen, sondern die Untersuchungsbehörden und der Staatsanwalt sollten sich im Gewirr der Delikte auf bestimmte Hauptvergehen beschränken, für die dem Täter ewige Haft oder sonst eine dem Verbrechen entsprechende Strafe gewiss sei. Sie fragten ferner, ob ich nicht auch der Meinung sei, dass schleppende Untersuchungs- und Strafverfolgenungsverfahren von den Wirtschaftsverbrechern zu ihrem Vorteil ausgenützt würden. Ich kann das nicht verneinen, obgleich ich damit mein eigenes Departement kritisiere. In meiner Stellung verlange ich immer wieder mehr Vollmachten, um das Verfahren zu beschleunigen, und ich schlage auch für die Polizei eine Erweiterung ihrer Befugnisse vor.

Ihr zweiter Vorschlag betraf die Auskunftserteilung und die Information von Land zu Land. Augenblicklich findet in Brüssel die Generalversammlung der Interpol statt, der Dr. Gemmer seinen Vorschlag für besser funktionierende Information unterbreiten will. Interpol ist ja die einzige internationale Organisation auf diesem Gebiet, aber ich glaube, Wirtschaftskriminalität steht nicht auf der Tagesordnung. Möglicherweise werden in Zukunft alle Länder wirtschaftskriminologische Nachrichtenbüros einrichten – wie wir seit zwei Jahren eines in New Scotland Yard haben – und diese Büros werden dann im Rahmen der internationalen Polizeiorganisationen untereinander mehr direkten Kontakt haben. Ich versuche sehr, dies zu fördern; es sind auch einige Vertreter solcher Büros hier, mit denen wir schon bei Untersuchungen zusammengearbeitet haben.

(Schluss der Diskussion).

Probleme der Untersuchungsführung

Niklaus Schmid

Die Strafbestimmungen sind oft kompliziert formuliert und setzen für eine Strafbarkeit des Täters weit mehr voraus, als dies bei andern Gebieten des Strafrechts der Fall ist. Erschwerend wirkt sich vor allem aus, dass sie weniger auf den Erfolg als auf die Absicht, die Gesinnung des Täters abstellen, ein naturgemäss schwer erfassbares subjektives Moment. Nehmen wir als Beispiel den Tatbestand des Betruges. Ein solcher liegt nach Art. 148 des schweizerischen Strafgesetzbuches dann vor,

> wenn jemand in der Absicht, sich oder einen andern unrechtmässig zu bereichern, jemanden durch Vorspiegelung oder Unterdrückung von Tatsachen arglistig irreführt oder den Irrtum eines andern arglistig benutzt und so den Irrenden zu einem Verhalten bestimmt, wodurch dieser sich selbst oder einen andern am Vermögen schädigt.

Ein Betrug ist also lediglich dann anzunehmen, wenn das Verhalten des Täters *arglistig* ist; einfache Lügen und Täuschungen genügen demgemäss nicht. Ich brauche nicht näher auszuführen, wie schwierig die Abgrenzung zwischen einem einfachen täuschenden und dem qualifizierten täuschenden, also arglistigen Verhalten im konkreten Fall, in dem Betrug zur Diskussion steht, ist. Praktisch gesehen wirkt sich die Schwierigkeit, zwischen einfachem täuschendem und qualifiziert täuschendem Verhalten eine Grenze zu ziehen, vor allem darin aus, dass unter Umständen eine langwierige Untersuchung aufgezogen werden muss, deren Ergebnis schliesslich darin besteht, dass das Verhalten als einfache Lüge einzustufen ist und das Vorliegen eines Betruges verneint werden muss. Handelt es sich um einen Fall mit einem Geschädigten, so mag dies noch angehen. Geht es aber um zahlreiche, vielleicht Hunderte oder Tausende von Geschädigten – wie dies z. B. bei Untersuchungen im Zusammenhang mit der Ausgabe von dubiosen Wertschriften ohne weiteres der Fall sein kann –, so sieht die Sache anders aus.

Grundproblem: Verhalten im Grenzbereich

Ein oberflächlicher Betrachter z. B. des angeführten Betrugstatbestandes könnte nun leicht dazu kommen, zu sagen, es sei der Fehler des Gesetzgebers, Gummiartikel zu schaffen, anstatt die Grenzlinien klar zu ziehen. Die Gründe dafür, dass der Gesetzgeber gerade beim angeführten Tatbestand des Betruges die Strafbarkeit von einigen Wenn und Aber abhängig gemacht hat, liegen aber tiefer und weisen auf die Grundprobleme der Wirtschaftsdelikte hin. Das Grundproblem der Wirtschaftskriminalität liegt darin, dass diese in ausgesprochenem Masse Verhalten im Grenzbereich darstellt zwischen dem im wirtschaftlichen Sektor Erlaubten und dem nicht mehr Erlaubten.

Dies gilt vorerst im *moralisch-ethischen Bereich.* Wenn wir uns nämlich vergegenwärtigen, was die vorherrschende Moral und Ethik im wirtschaftlichen Bereich zulassen, so können wir leicht erkennen, dass deren Massstäbe recht eigentümlich anmuten und dass diese nicht mit dem übereinstimmen, was man gemeinhin als die Grundlagen der abendländischen Kultur bezeichnet. So wird niemand bestreiten können, dass wirtschaftlicher Erfolg eines der wesentlichsten, wenn nicht das wichtigste Lebensziel darstellt. Die herrschende Ethik und Moral verhalten sich dabei den zu diesem Ziel eingesetzten Mitteln und Wegen gegenüber sehr tolerant. Der wirtschaftlich Erfolgreiche geniesst die Bewunderung eines wesentlichen Teils seiner Umgebung, selbst wenn bekannt ist, dass der Erfolg auf rücksichtsloses Draufgängertum, gewagte Spekulationen oder gerissene Geschäftemacherei begründet ist.

Unserer Wirtschaftsordnung wohnt ein beträchtliches Mass an Täuschung, Übervorteilung und Ausbeutung der Schwächen anderer inne, ohne dass der durchschnittliche Bürger von Skrupeln befallen oder gar nach strafrechtlicher Ahndung rufen würde. So wird beispielsweise in der Werbung nicht selten geschwindelt, wie ein renommierter Werbemann kürzlich sagte: "In der Werbung soll man nie die Unwahrheit, aber auch nicht immer die Wahrheit sagen." Auch stehen bei gewissen Produkten, z. B. in der Reinigungs- und Kosmetikbranche, der Wert des verkauften Materials häufig in keinem vernünftigen Verhältnis zum Verkaufspreis. Darüber regt sich kaum jemand auf. Man gewinnt manchmal den Eindruck, dass die Welt wirklich betrogen sein wolle.
In der Regel setzt jedoch von einer gewissen Krassheit des Verhaltens an die moralisch-ethische Missbilligung ein, bei eigentlichen Missbräuchen dann auch die strafrechtliche. Letzteres ist dann der Fall, wenn beispielsweise die Täuschungen des Täters arglistig sind. Ähnliches gilt für den Tatbestand des Wuchers. Er ist nach hiesigem Strafrecht nur gegeben, wenn zwischen der Leistung des Bewucherten und derjenigen des Wucherers ein offensichtliches Missverhältnis besteht. Die Liste liesse sich verlängern.

Keine gesellschaftliche Ächtung

Viele in den Kreis der Wirtschaftsdelikte fallende Verfehlungen sind eigentliche Kavaliersdelikte oder bilden sogar eine Art Volkssport. Ich erinnere an das Steuer- und Zollstrafrecht sowie das landläufige Beschummeln der Versicherungsgesellschaften bei Schadenfällen. Man ist, wenn man sich all dies vor Augen hält, versucht zu sagen, dass nicht nur die Wirtschaftsverbrecher unter uns sind, sondern dass der Hang zum Wirtschaftsverbrechen, vielleicht nur im Kerne, in uns allen vorhanden ist.

Mit diesem Exkurs versuchte ich anzudeuten, wie schwierig die Aufgabe des Strafrechtes ist, die Grenze zwischen dem im Wirtschaftsleben Erlaubten und dem nicht mehr Erlaubten zu ziehen, weil bereits Ethik und Moral Schwierigkeiten haben, die Grenzpfähle richtig zu stecken. Die

Schwierigkeiten der Abgrenzung haben aber naturgemäss die Strafverfolgungsbehörden zu meistern, die sich in den konkreten Fällen mit der Frage nach dem Erlaubten und Unerlaubten konfrontiert sehen.

Es ist schon viel darüber geschrieben und diskutiert worden, dass den Strafverfolgungsbehörden in der Regel die zur Ahndung dieser Art von Delinquenz notwendigen spezifischen Kenntnisse abgingen und es hat auch nicht an Versuchen gefehlt, diesen Mangel auszugleichen. Als Beispiele seien erwähnt: die Schaffung von sogenannten "Schwerpunktsstaatsanwaltschaften zur Verfolgung der Wirtschaftskriminalität" und von Wirtschaftsstrafkammern in Deutschland. In der Schweiz gibt es, soweit ich sehe, nur in Basel-Stadt auf Wirtschaftsdelikte spezialisierte Staatsanwälte. Diese Spezialisierung ändert nichts daran, dass auch die Wirtschaftsstrafsachen in jenen prozessualen Formen abgewickelt werden müssen, die auf die Kriminalität im landläufigen Sinne, also vorab die klassischen Delikte wie Tötungsdelikte, Diebstahl usw., zugeschnitten sind, auf Verbrechen, die in ihrer Struktur und hinsichtlich Persönlichkeit der Täter und Opfer von den Wirtschaftsverbrechen, vollständig abweichen. Wie wenig die bestehende Behördenorganisation den Wirtschaftsdelikten angepasst ist, kann ich mit einem Beispiel aus dem Kanton Zürich belegen. Hier werden schwere Verbrechen, worunter auch die Vermögensdelikte, mit einem Deliktsbetrag über Fr. 10 000.–, durch ein Geschworenengericht beurteilt, soweit der Angeklagte nicht geständig ist. Wirtschaftsdelikte fallen damit sehr häufig in die Kompetenz des Geschworenengerichtes. Es liegt nun auf der Hand, dass dieses grösstenteils aus juristisch wie auch kaufmännischen Laien bestehende Gremium kaum geeignet ist, Sachverhalte zu beurteilen, die tatbeständlich wie auch rechtlich so schwer zu erfassen sind.

Die Anwendungsschwierigkeiten des Wirtschaftsstrafrechts und die mangelnde Eignung der Strafverfolgungsbehörden in ihrem heutigen Aufbau erscheinen mir als Grundprobleme. Daraus ergeben sich zahlreiche weitere Probleme und Schwierigkeiten, auf die im folgenden teilweise eingegangen werden soll.

Unübersichtlichkeit des Sachverhalts

Es ist am Anfang oft unklar, ob überhaupt Straftatbestände vorliegen und welcher Art sie sind. Oft liegen nur vage Strafanzeigen, oft nur ein Verdacht des die Finanzpresse verfolgenden Kriminalisten oder ein Hinweis einer andern Amtsstelle vor, z. B. eines Konkursamtes. Diese Unübersichtlichkeit kann bis weit über das Einleitungsstadium hinaus bestehen bleiben, besonders, wenn sich der Untersuchungsbeamte vor die Aufgabe gestellt sieht, aus einer Wagenladung von Geschäftsakten das Wesentliche zu subtrahieren. Ich sah mich einmal in der Situation, eine Strafuntersuchung durchführen zu müssen, bei welcher am Anfang nur ein sehr unbestimmter Deliktsver-

dacht bestand, weil eine Person über Strohmänner mehr als fünfzig Aktiengesellschaften gegründet hatte, die fast alle in Konkurs gefallen waren. Bald ergab sich, dass keine Buchhaltung und fast keine verwertbaren Unterlagen vorhanden waren, dass aber Liegenschaftsgeschäfte in Millionenbeträgen getätigt wurden. Unübersichtlichkeit besteht in solchen Fällen naturgemäss auch hinsichtlich des Personenkreises der Täter und der Opfer. Trotz dieser Unübersichtlichkeit und Ungewissheit muss der Untersuchungsbeamte im Anfangsstadium die Weichen stellen.
Der die Untersuchung Führende muss sich darüber klar werden, wie er die Untersuchung anpacken will, im Bewusstsein, dass mit dem richtigen Anpacken alles oder mindestens sehr vieles gewonnen werden kann. Ein Idealrezept gibt es nicht, da kein Fall dem andern entspricht. Ich habe eigentlich nur die Erfahrung gemacht, dass es gefährlich ist, sich allzusehr auf in früheren Verfahren vielleicht erfolgreich angewandte Untersuchungsmethoden zu verlassen. Die Gilde der Wirtschaftskriminellen sucht und findet nämlich stets neue Ränke und Schliche, und die Strafverfolgungsbehörden können ihnen nur dann erfolgreich entgegentreten, wenn sie ebenfalls bereit sind, ständig neue Möglichkeiten und Wege zu prüfen. Vor allem müssen sie sich immer wieder den Gegebenheiten des konkreten Falles anpassen. Leider sind die Gesetzesbrecher in dieser Beziehung beweglicher.

Auch über sie muss in dieser ersten Phase der Untersuchung entschieden werden. Es handelt sich zumeist um sichernde Massnahmen wie Verhaftung, Beschlagnahmung, Hausdurchsuchung usw., Massnahmen, welche regelmässig für die Betroffenen einschneidend sind und demgemäss für den Verfügenden eine grosse Verantwortung beinhalten. Man muss sich vor Augen halten, dass sich die Untersuchung in dieser Phase regelmässig in einem Vorstadium befindet und dass Straftatbestände nur ausnahmsweise schon feststehen. Im Kanton Zürich müssen die Entscheide über Inhaftierung und andere Zwangsmassnahmen im wesentlichen vom Bezirksanwalt in eigener Verantwortung getroffen werden. Welche psychische Belastung solche Entscheide oft bedeuten, brauche ich wohl nicht näher darzulegen. Jedenfalls zeigt die Erfahrung, dass grössere Strafuntersuchungen auf diesem Gebiet nur von Leuten mit überdurchschnittlicher psychischer und physischer Widerstandskraft geführt werden können.

Umgang mit dem Angeschuldigten

Ist die Untersuchung erst einmal angelaufen, so werden sich regelmässig Probleme ergeben, wenn sich der Untersuchungsbeamte mit den Beteiligten des Deliktes, vor allem dem Angeschuldigten, herumschlagen muss. – Da sich die Wirtschaftskriminalität äusserlich in den Bahnen des Erlaubten bewegt, geben sich die Straftäter den Anstrich von Anständigkeit und Seriosität. Oft finden sich in dieser Gilde Personen mit Rang und Namen und entsprechendem Ansehen in der Öffentlichkeit. Wenn man sich nun vor Augen hält, dass es in solchen Fällen im Anfangsstadium zumeist unklar ist, ob überhaupt ein strafrechtlich relevantes Verhalten vorliegt, wird klar, dass es dem Untersuchungsrichter oft nicht leicht fällt, mit der gleichen Energie wie bei andern Verbrechen durchzugreifen. Die Erfahrung zeigt, dass die Wirtschaftskriminellen oft vor nichts zurückschrecken, um die Untersuchung zu erschweren, in die Länge zu ziehen oder gar zu torpedieren. Es kommt vor, dass sie sogar versuchen, den Untersuchungsrichter abzuschiessen, wenn er ihnen die Maske vom Gesicht reissen will. In Zürich wurden in jüngster Vergangenheit von seiten solcher Angeschuldigter eigentliche Pressekampagnen gegen Untersuchungsrichter angezettelt. Ja, es wurde sogar versucht, die Wiederwahl von Bezirksanwälten zu verhindern.

Schwierigkeiten mit den Opfern

Ein Uneingeweihter würde vielleicht zur Annahme neigen, dass diese das Eingreifen der Untersuchungsbehörden regelmässig begrüssen und sie in ihren Bemühungen entsprechend unterstützen würden. Dem ist aber oft nicht so. Häufig sind die "Geschädigten" selbst irgendwie angeschlagen, sei es, dass sie als Mitglieder der Finanzunterwelt bekannt, vielleicht schon einschlägig vorbestraft sind, sei es, dass ihr Verhalten im konkreten Fall selbst nicht über alle Zweifel erhaben ist. Diese Situation trifft man oft bei Untersuchungen in jenen Kreisen an, die Wechselreiterei betreiben, sich mit dem Vertrieb von dubiosen Zertifikaten oder von nachrangigen, wertlosen Grundpfandtiteln (sogenannten Schwanzbriefen) beschäftigen. Solche Strafuntersuchungen scheitern nicht selten daran, dass es nicht gelingt, einigermassen zuverlässige Zeugen zu finden. Oft befürchten solche Opfer, selbst in Strafuntersuchung gezogen zu werden. Aber sogar durchaus ehrenwerte Geschädigte zögern zuweilen mit der Unterstützung der Strafverfolgungsbehörden, ja, wollen diese gar nicht eingeschaltet wissen.

So fällt generell auf, wie *wenig Strafanzeigen* auf diesem Gebiet eingereicht werden. Das Zögern vieler Geschädigter ist darauf zurückzuführen, dass sie sich von einem Strafverfahren nichts versprechen, welche Annahme (in finanzieller Hinsicht) auch meistens zutrifft. Sie fürchten im Gegenteil oft, ein Strafverfahren zerschmettere den Täter, so dass dieser dann überhaupt nicht mehr in der Lage sei, dem Opfer irgendwie Ersatz zu leisten. Andere wollen nach dem Schaden nicht auch noch den Spott haben. Oft lassen sich die Opfer, obwohl sie ihre Pappenheimer eigentlich kennen sollten, mit Versprechen hinhalten. Ein immer wieder anzutreffender Opfertypus kommt erst dann zur Besinnung, wenn er selbst Bankrott gemacht hat oder in Strafuntersuchung gezogen wurde. Häufig kommt es vor, dass Wirtschaftsstraftäter ihre Opfer zu immer neuen Leistungen bringen können, indem sie ihnen nach altbekannter Hochstaplermanier vorgaukeln, die Situation könne nur mit noch mehr Geld aufgefangen werden.

Dieses Spiel kann groteske Formen annehmen. Ich habe in einem Fall erlebt, dass sich der Geschäftsführer einer kleineren Bank durch eine Schwindlerbande derart einseifen liess, dass er immer grössere Darlehen von schlussendlich über 10 Mill. Franken gewährte. Zur Beschaffung dieser Mittel musste er schliesslich selbst Delikte begehen. Da der Zusammenbruch der Bank nicht aufgehalten werden konnte, kamen die Delikte des Geschäftsführers und seiner "Kunden" zum Vorschein. Das Erstaunliche war dabei, dass selbst nach der Katastrophe jener Geschäftsführer immer noch glaubte, seine "Kunden" hätten es ehrlich gemeint, was natürlich zur Folge hatte, dass diese strafrechtlich nicht belangt werden konnten.

Oft gelingt es den Tätern, über die Presse oder andere Massenmedien die Öffentlichkeit für sich zu mobilisieren, so dass die Justiz auch noch von dieser Seite unter Beschuss genommen wird. Sie können damit rechnen, dass die angegriffene Behörde wegen ihrer Geheimnispflicht auf die Angriffe nicht antworten kann und dass, auch wenn sich diese als ungerechtfertigt herausstellen, an ihr etwas hängen bleibt. Besonders wenn grosse Namen im Spiele sind, finden sich leicht Ausgangspunkte für polemisch gehaltene Attacken. Schreitet die Behörde nämlich nicht so entschlossen ein, wie es der Angreifer für tunlich hält, so heisst es bald, dass man die Kleinen hänge, die Grossen aber laufen lasse. Greifen die Strafverfolgungsbehörden aber hart zu, so hört man leicht den Vorwurf, diese seien darauf aus, den Angeschuldigten zu vernichten oder sie seien neidisch, kleinlich oder gar beschränkt. Ich erinnere hier an die Pressepolemiken gegen die Justiz des Kantons Graubünden im Zusammenhang mit dem Strafverfahren gegen den Bestsellerautor von Däniken.

Pflicht zur Orientierung der Öffentlichkeit

Die heikle Frage, ob und inwieweit eine solche Orientierung vorgenommen werden soll, stellt sich naturgemäss regelmässig im Anfangsstadium der Untersuchung, also dann, wenn meistens noch keine Klarheit darüber besteht, ob überhaupt Delikte gegeben sind. In Untersuchungen gegen Bankorgane wird man sich vor Augen halten müssen, dass eine Pressemitteilung über eine eingeleitete Untersuchung gegen Bankorgane einen Run auf die Bankschalter und damit möglicherweise den Zusammenbruch des Instituts bedeuten kann. Anderseits müssen sich die Justizbehörden darüber klar sein, dass ihnen unter Umständen später der Vorwurf gemacht werden könnte, dass sie durch ihr Schweigen eine Fortsetzung des deliktischen Verhaltens und damit eine Schädigung weiterer Personen ermöglicht hätten. Da das Untersuchungsverfahren im Kanton Zürich und anderswo geheim ist und der Kriminalfall, wenn etwas daran ist, später ja in der öffentlichen Gerichtsverhandlung zur Sprache kommt, sollten Orientierungen der Öffentlichkeit meines Erachtens zurückhaltend erfolgen.

Die Beziehungen zu andern Behörden, Stellen oder zu privaten Firmen, auf deren Mitarbeit die Strafverfolgungsbehörden angewiesen sind, bieten oft Probleme, vor allem dort, wo die Straftaten über den eigenen Zuständigkeitsbereich hinausreichen, indem sich die strafbare Aktivität über mehrere Kantone oder Staaten erstreckt. Bei grössern Wirtschaftsstraffällen ist dies die Regel. Es sei erwähnt, dass sich nach meiner Erfahrung mit jenen Staaten, deren Rechtssystem dem unsrigen gleicht, Österreich und Deutschland z. B., kaum Schwierigkeiten ergeben. Recht schwierig gestalten sich jedoch die Beziehungen mit Staaten des angelsächsischen Rechtskreises. Die Einvernahme eines Zeugen auf dem Wege der internationalen Rechtshilfe, wie dies zwischen kontinental-europäischen Ländern gang und gäbe ist, kann aus jenen Ländern kaum oder höchstens über ein kompliziertes Verfahren (z. B. unter Einschaltung eines Rechtsanwaltes als Einvernahmeperson) erreicht werden. Berichte von Polizeistellen, z. B. des FBI, dürfen, entgegen hiesiger Praxis, nicht im Prozess verwendet werden. – In den Beziehungen zu Banken ergeben sich nach meiner Erfahrung praktisch nie Schwierigkeiten. Bei Strafuntersuchungen geben die hiesigen Banken über ihren Verkehr mit den Angeschuldigten stets Auskunft.

Wie die Kriminalität im allgemeinen, so ist die Wirtschaftskriminalität im besonderen ein *soziales Problem,* ein Problem, das die Aufmerksamkeit und verantwortungsvolles Mittragen aller erheischt. Im Deutschen Bundestag wurde einmal von einer Kapitulation vor dem Wirtschaftsverbrechen gesprochen. Auch wenn wir noch nicht so weit sind, so kann es doch so weit kommen, besonders, wenn die Strafjustiz in ihrem Kampf allein dasteht. Für diesen Fall müssen wir uns vor Augen halten, dass eine solche Kapitulation leicht zu einer Kapitulation der staatlichen Ordnung schlechthin führen kann.

Schützt das schweizerische Bankgeheimnis den Wirtschafts-Straftäter?

Peter-Dieter Klingenberg

Mit der im Titel genannten Frage wird dem Bedenken Ausdruck gegeben, das Bankgeheimnis, wie es in der Schweiz verstanden wird, stelle für Strafverfolgungsbehörden und Strafrichter eine unüberwindbare Schranke dar. Immer wieder wird der Verdacht geäussert, Transaktionen der Wirtschaftstäter, die über Banken abgewickelt würden, könnten nicht abgeklärt werden und der bei Banken liegende Erlös solcher strafbarer Handlungen sei dem Zugriff der Strafverfolgungsbehörden entzogen.

Der zivilrechtliche Schutz des Bankgeheimnisses

Als "Bankgeheimnis" bezeichnet man die *Pflicht der Banken, ihrer Organe und aller Angestellten, Wahrnehmungen, die in Ausübung der beruflichen Tätigkeit gemacht werden, geheim zu halten.* Diese Geheimhaltungspflicht wird in der schweizerischen Gesetzgebung, im Gegensatz zu einzelnen ausländischen Rechtsordnungen, nicht ausdrücklich statuiert. Sie ergibt sich nach allgemeiner Ansicht aus den vertraglichen Beziehungen zwischen der Bank und ihren Kunden, die in erster Linie dem Auftragsrecht unterstehen. Darüber hinaus wird diese Pflicht auf die Bestimmungen unseres Rechtes über den Persönlichkeitsschutz gestützt. Die Verletzung des Bankgeheimnisses gibt dem betroffenen Kunden einen zivilrechtlichen Anspruch auf Unterlassung weiterer Verletzungen und auf Schadenersatz.

Der privatrechtliche Schutz des Bankgeheimnisses ist nicht eine spezifisch schweizerische Lösung. Der Schutz findet sich in zahlreichen anderen Rechtsordnungen. In keinem Land kann man auf der Bank, bei der ein Verwandter, Bekannter, Geschäftspartner oder dergleichen Kunde ist, vorsprechen, um sich uneingeschränkt über die von der Bank für den fraglichen Kunden verwahrten Vermögenswerte, die Art der Vermögensanlage, die Beanspruchung von Krediten usw. zu erkundigen.

Der strafrechtliche Schutz

Typisch für die schweizerische Rechtsordnung scheint jedoch die Tatsache zu sein, dass die Verletzung des Berufsgeheimnisses des Bankiers und seiner Mitarbeiter speziell unter Strafe gestellt wird. Die bekannte Bestimmung von Art. 47 unseres Bankgesetzes vom Jahre 1934 hat folgenden Wortlaut:

> "Wer vorsätzlich
>
> ....
>
> b) als Organ, Beamter, Angestellter einer Bank .... die Schweigepflicht verletzt, wer ihn dazu verleitet oder zu verleiten sucht,

wird mit Busse bis zu Fr. 20 000 oder mit Gefängnis bis zu 6 Monaten bestraft. Die beiden Strafen können verbunden werden.
Handelt der Täter fahrlässig, so ist die Strafe Busse bis zu Fr. 10 000."

Diese spezielle Bestimmung wird ergänzt durch Straftatbestände des schweizerischen Strafgesetzbuches. So kann die Weitergabe von Wahrnehmungen, die im Rahmen der beruflichen Tätigkeit in einer Bank gemacht werden, an ausländische Staaten oder an ausländische Privatpersonen die Voraussetzungen des verbotenen wirtschaftlichen Nachrichtendienstes im Sinne unseres Strafgesetzbuches erfüllen.
Der besondere strafrechtliche Schutz des Bankgeheimnisses beruht auf der in der Schweiz weit verbreiteten Überzeugung, dass, wie der Bundesrat kürzlich in einer Botschaft an das Parlament festgestellt hat,

> ... auch in der modernen Wirtschaft der Bürger mehr denn je einen legitimen Anspruch auf Schutz seiner Persönlichkeit und seiner Privatsphäre (hat).

Art. 47 des Bankgesetzes wurde denn auch seinerzeit nicht auf Betreiben der Banken ins Gesetz aufgenommen. Regierung und Parlament wollten vielmehr den damals im Auftrag ausländischer Regierungen tätigen Schnüfflern, die nach in der Schweiz verwahrten Devisen von Ausländern suchten, nach Möglichkeit das Handwerk legen.

Beschränkungen des Bankgeheimnisses nach schweizerischem Recht

Nun muss aber sogleich mit allem Nachdruck darauf hingewiesen werden, dass das Bankgeheimnis nach schweizerischem Recht *nicht uneingeschränkt* gilt. Diesen Umstand übersehen inländische und vor allem ausländische Kritiker des schweizerischen Bankgeheimnisses immer wieder. Für Leser, die mit den schweizerischen Verhältnissen nicht vertraut sind, muss ich hier eine kleine Einschaltung machen. In der Schweiz wurden bisher das materielle Zivil- und Strafrecht sowie das Zwangsvollstreckungsrecht durch Erlasse des Bundes vereinheitlicht. Das Zivil- und das Strafprozessrecht fallen hingegen in die Zuständigkeit der Kantone. Jeder Kanton normiert daher seine Zivil- und Strafverfahren unabhängig und autonom. Zivil- und Strafprozessordnungen des Bundes kommen nur in den seltenen Verfahren zur Anwendung, die in die ausschliessliche Zuständigkeit des Bundes fallen. Das Verwaltungsrecht und die entsprechenden Verfassungsnormen werden vom Bund und von den Kantonen unabhängig erlassen, entsprechend der Aufteilung der Verwaltungsaufgaben.

Trotz der dargelegten Selbständigkeit enthalten sozusagen alle Zivil- und Strafprozessordnungen

Bestimmungen, die es Geistlichen, Ärzten, Rechtsanwälten und Angehörigen ähnlicher Berufsgruppen erlauben, Zeugenaussagen über berufliche Wahrnehmungen zu verweigern. Im Gegensatz dazu können sich Banken und deren Angestellte *nicht auf ihr Berufsgeheimnis berufen*, wenn sie als Zeugen einvernommen werden. Die uns hier speziell interessierenden Strafprozessordnungen lassen die Pflicht, als Zeuge auszusagen und Dokumente vorzulegen, fast ausnahmslos dem Bankgeheimnis vorgehen. Die örtlich zuständigen Strafrichter können somit Banken respektive deren Angestellte über den Bankverkehr eines Angeschuldigten als Zeugen einvernehmen, die Vorlegung der entsprechenden Belege verlangen und die auf den Namen des Angeschuldigten verwahrten Werte sperren.

Die anwendbare Strafprozessordnung bestimmt allgemein, wie weit dem *Geschädigten Einsicht in die Akten* eines Strafverfahrens zu gewähren ist und in welchem Umfange er am Verfahren teilnehmen kann. Soweit dem Geschädigten entsprechende Rechte zustehen, kann er sie selbst dann geltend machen, wenn Banken im betreffenden Strafverfahren Auskünfte zu erteilen haben. Das Bankgeheimnis schränkt die gesetzlich vorgesehenen Rechte des Geschädigten nicht ein. Ich erinnere hier an zwei Entscheide des Bundesgerichts vom letzten Herbst, die damals viel besprochen wurden. Amerikanische Lieferanten der amerikanischen Marine hatten übersetzte Rechnungen gestellt. Zur Verdeckung der Übervorteilung des amerikanischen Staates hatten sie Rechnungen von anscheinend zu diesem Zweck in der Schweiz gegründeten "Briefkasten"-Firmen eingereicht. Die nicht durch tatsächliche Lieferungen gerechtfertigten Zahlungen der Marine wurden über Banken in der Schweiz den beteiligten Amerikanern zugeschoben. In der Folge stellten die amerikanischen Behörden wegen der in der Schweiz vorgenommenen Handlungen bei schweizerischen Strafverfolgungsbehörden Strafanzeige wegen Urkundenfälschung, Gehilfenschaft zu Betrug usw. Im Rahmen der entsprechenden Strafuntersuchungen wurden Beamte von Banken in der Schweiz einvernommen und Belege der entsprechenden Banken zu den Strafakten genommen. Das Bundesgericht bestätigte die Stellungnahme der kantonalen Strafverfolgungsorgane, wonach die Vereinigten Staaten in ihrer Eigenschaft als Geschädigte Einsicht in die entsprechenden Zeugeneinvernahmeprotokolle und die Belege nehmen konnten. Dieses auf der anwendbaren kantonalen Strafprozessordnung beruhende Recht geht, wie das Bundesgericht klar darlegte, dem Bankgeheimnis vor.

Nur nebenbei möchte ich bemerken, dass die Entscheide des Bundesgerichts somit nicht einen Einbruch ins schweizerische Bankgeheimnis darstellten, wie seinerzeit in grossen Buchstaben geschrieben wurde. Es ging um die Bestätigung einer allgemeinen Praxis, die vorher schon lange beachtet worden war.

Die Nummernkonti

Wenn eine Bank Beziehungen mit einem neuen Kunden aufnimmt, muss er sich über seine Identität ausweisen. Natürliche Personen legen in der Regel ihren Pass vor. Juristische Personen und Handelsgesellschaften müssen sich durch Auszüge aus den Handelsregistern an ihrem Sitz oder durch ähnliche Dokumente über ihre rechtliche Existenz und die Zeichnungsbefugnis ihrer Organe ausweisen. Diese Punkte klären die Banken im eigenen Interesse ab, um spätere Schwierigkeiten, die sich beim Ableben eines Kunden, bei Auseinandersetzungen innerhalb einer Gesellschaft usw. ergeben könnten, zu vermeiden. Die auf diese Art urkundenmässig nachgewiesenen Namen bzw. Firmen dienen in der Regel zur Identifizierung des Kunden bei den einzelnen Transaktionen, Korrespondenzen usw. Auf allen Belegen und sonstigen Korrespondenzen der Bank, die einen Kunden betreffen, wird sein Name respektive seine Firma angegeben.

Nun ist es möglich, dass anstelle des Namens eine Nummer zur Identifizierung des einzelnen Kunden verwendet wird. Briefe und Belege tragen anstelle von Namen und allenfalls Adresse die dem Kunden zugeteilte Nummer. Es kann dann nicht jeder Angestellte der Bank, der einen Beleg in die Hände bekommt, erkennen, wer der Kunde ist. Dadurch wird die Möglichkeit, dass das Bankgeheimnis trotz zivil- und strafrechtlicher Sanktionen verletzt wird, eingeschränkt. Für die Bank als solche steht aber die Identität des Nummernkunden fest. Eine intern bestimmte Gruppe von Beamten hat jederzeit Zutritt zu dem entsprechenden Kardex, aus dem sich ergibt, für wen eine bestimmte Nummer verwendet wird. Wenn eine Bank im Rahmen einer Strafuntersuchung verpflichtet wird, über die Beziehungen mit einer bestimmten Person oder Gesellschaft Aufschluss zu geben und entsprechende Werte zu sperren, so werden davon auch Konti, Wertschriftendepots, Schrankfächer und dergleichen erfasst, die für den betreffenden Kunden unter Nummer geführt werden. Das also ist das Wesen der oft verdächtigten und bargwöhnten Nummernkonti. Strafvollstreckungsbehörden legen sie keine zusätzlichen Schwierigkeiten in den Weg. Diese Sachlage kann von jedermann festgestellt werden, der sich die Mühe nimmt, die Verhältnisse abzuklären. Ich mache mir allerdings keine Illusionen. Wie das Ungeheuer vom Loch Ness wird das "Swiss numbered account" noch lange durch Zeitungen, Radioreportagen und Televisionsberichte geistern und angeführt werden als "Schutz und Schirm", hinter dem sich alle Arten von Verbrechern und sonstigen lichtscheuen Leuten wirksam verbergen könnten.

Bankgeheimnis und Verwaltungsbehörden

Es lässt sich aus den bisherigen Ausführungen ersehen, dass Ausgestaltung und Handhabung des Bankgeheimnisses in der Schweiz von den Lösungen, wie sie in ausländischen Staaten getroffen wurden, nicht wesentlich abweichen. Zur Abrundung des Bildes möchte ich hier einen besonderen Aspekt behandeln, obwohl er nicht unter das Thema der eigentlichen Wirtschaftskriminalität fällt. Im Unterschied zu den Zivil- und Strafprozessordnungen räumen das Bundesverwaltungsrecht und die Verwaltungsrechtsordnungen der Kantone jedem Träger eines Berufsgeheimnisses das *Recht* ein, *sich gegenüber Verwaltungsbehörden auf die Geheimhaltungspflicht zu berufen,* wenn er als Zeuge einvernommen werden oder wenn er Belege über den Verkehr mit Kunden vorlegen soll. Von grosser praktischer Bedeutung ist es, dass insbesondere Steuerbehörden nicht das Recht haben, bei der Veranlagung eines Steuerpflichtigen Auskünfte von Dritten über deren Beziehungen mit dem Steuerpflichtigen einzuholen. Die Steuergesetze sehen lediglich vor, dass solche Dritte verpflichtet sind, dem Steuerpflichtigen selbst auf dessen Verlangen hin Unterlagen über die gegenseitigen Beziehungen, soweit sie für die Besteuerung von Bedeutung sind, auszuhändigen. Die Steuerbehörden können den Steuerpflichtigen lediglich anhalten, sich diese Unterlagen zu beschaffen und ihnen dann vorzulegen.

Banken sind daher gehalten, den Kunden Konto- und Depotauszüge, Aufstellungen über Kapitalerträgnisse usw. zu übergeben. Sie sind aber nicht verpflichtet, ja es ist ihnen zufolge des Bankgeheimnisses verboten, direkte Anfragen von Steuerbehörden über die Geschäfte eines bestimmten Steuerpflichtigen zu beantworten. Unsere Gesetzgebung kennt auch keine Pflicht der Banken, Verwaltungsbehörden von sich aus und automatisch gewisse Transaktionen einzelner Kunden zu melden.

Hier liegt, wie ich schon gesagt habe, der *wesentliche Unterschied* zwischen der schweizerischen Lösung und den im Ausland geltenden Regelungen. Die schweizerische Besonderheit ergibt sich somit nicht aus der gesetzlichen Ausgestaltung des Bankgeheimnisses, sondern aus der Normierung des Verwaltungsverfahrens im Bund und in den Kantonen. Sie entspricht einer allgemein verbreiteten Überzeugung, die Privatsphäre des Einzelnen sei auch gegenüber den Verwaltungsbehörden so weit als möglich zu schützen. Sicher ist, dass die schweizerische Lösung nicht, wie im Ausland schon behauptet wurde, durch eine angebliche "lobby" der Schweizer Banken bei Regierungen und Parlamenten durchgesetzt wurde.

Spezielle Schwierigkeiten bei der Strafverfolgung

Wenn ich bisher zum Ergebnis kam, das Bankgeheimnis sei keine Schranke für Strafverfolgungsbehörden, die Delikte von Wirtschaftstätern abzuklären haben, so will ich damit nicht sagen, der Bankverkehr dieser Täter biete keine besonderen Probleme. Zusammenhänge können vertuscht werden, wenn Strohmänner, Leute, die mit gefälschten Papieren handeln, Gesellschaften, insbesondere mit Sitz im Ausland, usw. eingeschaltet werden. Hier ist auch daran zu erinnern, dass die Banken immer mehr gezwungen werden, die Geschäftsabläufe unter dem Druck der zunehmenden Geschäftslast, der ein zunehmender Mangel an Personal gegenübersteht, zu vereinfachen. So werden gewisse Transaktionen, die an Kassenschaltern abgewickelt werden, nicht unter dem Namen des betreffenden Kunden erfasst. Die Bank kann in solchen Fällen den Strafverfolgungsbehörden darüber keine Auskünfte geben, auch wenn sie sich bewusst ist, dass sie grundsätzlich zur Auskunftserteilung verpflichtet ist.

Internationale Zusammenarbeit der Verfolgungsbehörden

Bekanntlich sind die Wirtschaftstäter in erster Linie auf internationaler Ebene tätig. Es stellt sich daher die Frage, ob die Abklärung von "Fischzügen", die über mehrere Länder gehen, durch das Bankgeheimnis in der Schweiz erschwert werde. Da die Schweiz auch auf diesem wie auch auf anderen Gebieten zur internationalen Zusammenarbeit bereit ist, kann die Frage zum vorneherein verneint werden.

Die Schweiz hat seit dem letzten Jahrhundert mit zahlreichen Staaten *Auslieferungsverträge* abgeschlossen. Sie sollen in erster Linie die Voraussetzungen dafür schaffen, dass ein Delinquent, der sich im einen der Vertragsstaaten aufhält und im anderen strafrechtlich verfolgt wird, ausgeliefert werden kann. Ein Bundesgesetz betreffend die Auslieferung von 1892 erleichtert insbesondere die Auslieferung von in der Schweiz festgehaltenen Delinquenten an Staaten, mit denen kein entsprechender Vertrag besteht.

Neben der Auslieferung von Straftätern sehen die meisten entsprechenden Verträge die Gewährung der sogenannten *akzessorischen Rechtshilfe* vor. Die Vertragsstaaten sichern sich gegenseitig die Zustellung von Urkunden in Strafverfahren, die Einvernahme von Zeugen, die Beschaffung von weiteren Beweismitteln und eventuell die Sicherstellung des Erlöses strafbarer Handlungen zu. Sodann ist die Schweiz dem im Rahmen der Tätigkeit des Europarates abgeschlossenen europäischen Abkommen über die Rechtshilfe in Strafsachen von 1959, das ausschliesslich die erwähnte akzessorische Rechtshilfe zum Gegenstand hat, beigetreten.

Soweit schweizerische Strafverfolgungsbehörden und Richter im Rahmen solcher Verträge oder Abkommen Beweise abnehmen, sind die Banken zur Auskunfterteilung verpflichtet. Sie können sich nicht auf das Bankgeheimnis berufen.

Auskunfterteilung auf freiwilliger Basis?

Schwierigkeiten können sich jedoch für die Banken in der Schweiz ergeben, wenn sie auf Ersuchen eines Staates Auskünfte geben sollen, mit dem keine vertragliche Vereinbarung über die Gewährung der akzessorischen Rechtshilfe in Strafsachen getroffen wurde. Ein Bundesgesetz, das diese Materie regeln soll, steht zwar in Vorbereitung. Solange es aber nicht in Kraft getreten ist, kann die Rechtshilfe durch die schweizerischen Behörden in solchen Fällen nur auf freiwilliger Basis gewährt werden. Die Anwendung prozessualen Zwanges ist ausgeschlossen. Der schweizerische Untersuchungsrichter, der auf Ersuchen eines ausländischen Staates, mit dem keine Rechtshilfevereinbarung getroffen wurde, Beziehungen des Angeschuldigten mit Schweizer Banken abzuklären hat, wird sich daher mit einem Schreiben, das etwa folgenden Inhalt haben wird, an die betreffenden Banken richten:

> "Dem in Fotokopie beiliegenden Telex-Rechtshilfegesuch des Criminal Investigation Department in . . . . . . sollte entsprochen werden, da es sich um einen internationalen Riesenbetrug im Ausmasse von rund Sfr. 20 Mill. handelt. – Pflichtgemäss muss ich aber darauf hinweisen, dass die Schweiz mit (dem fraglichen Staat) keinen Auslieferungsvertrag abgeschlossen hat und somit unsererseits keine strafprozessualen Zwangsmassnahmen bei Verweigerung des Zeugnisses ergriffen werden könnten. – Die Schweiz will diese Rechtshilfe auf der Basis von Gegenrecht leisten, weshalb ich Sie ebenso dringlich wie höflich ersuche, diesem Rechtshilfegesuch im Interesse der internationalen Verbrechenbekämpfung vollumfänglich zu entsprechen, selbstverständlich unter Wahrung unseres Bankgeheimnisses gegenüber unbeteiligten Dritten."

Was soll die angeschriebene Bank in solchen Fällen tun? Gewährt sie die Auskunft, so dürfte eine Bestrafung wegen Verletzung des Bankgeheimnisses ausgeschlossen sein. Wird sie aber ihrem Kunden gegenüber schadenersatzpflichtig, insbesondere falls er im ausländischen Strafverfahren in der Folge gar nicht verurteilt werden sollte? Ich kann diese Frage hier nur aufwerfen, ohne sie zu beantworten. Das Beispiel zeigt, wie wichtig es ist, dass das in Vorbereitung stehende Bundesgesetz über Rechtshilfe in Strafsachen möglichst bald erlassen wird.

Ablehnung der Rechtshilfe im Verwaltungsstrafrecht

Vor allem bei Steuer- und Devisendelikten lehnen die schweizerischen Behörden die Gewährung der Rechtshilfe ab.

Die schweizerischen Steuerbehörden müssen sich bei der Abklärung des Umfanges der Steuerpflicht des Einzelnen allein auf die Mitwirkung des Steuerpflichtigen stützen. Sie haben keine

Möglichkeit, direkt von Dritten Informationen über deren Beziehungen zum Steuerpflichtigen einzuholen. Unter diesen Umständen ist es verständlich, dass es Schweizer Behörden ablehnen, Informationen zuhanden ausländischer Steuerverfahren unter Anwendung von Zwangsmitteln von Dritten zu beschaffen. Hier sei daran erinnert, dass das schon erwähnte europäische Rechtshilfeabkommen von 1959 ausdrücklich vorsieht, die im Vertrag vorgesehene Rechtshilfe könne für fiskalisch strafbare Handlungen abgelehnt werden. Dies zeigt, dass die schweizerische Ansicht in Europa noch allgemein verbreitet ist. Nur der Vollständigkeit halber ist darauf zu verweisen, dass die schweizerischen Steuerbehörden eine inhaltlich allerdings stark beschränkte Rechtshilfe zu gewähren haben im Rahmen der von der Schweiz mit zahlreichen Staaten abgeschlossenen Abkommen zur Vermeidung der internationalen Doppelbesteuerung.

Keine Rechtshilfe gewährt die Schweiz sodann bei der Abklärung der Verletzung von Devisenvorschriften. Devisenbewirtschaftung ist bei uns unbekannt. Es wäre höchst unbefriedigend, wenn Strafbehörden Zwangsmittel einsetzen würden zur Abklärung von Sachverhalten, die bei uns nicht mit Strafe bedroht sind. Das mehrfach erwähnte europäische Rechtshilfeabkommen hat allerdings auf die bisher stets ausdrücklich verlangte Voraussetzung verzichtet, es müsse die verfolgte Tat nicht nur im ersuchenden, sondern auch im ersuchten Staat strafbar sein. Diese neue Entwicklung erscheint aber als unbefriedigend, weshalb ihr die schweizerische Praxis bisher nicht gefolgt ist.

Mit diesen kurzen Hinweisen zum Problem der Rechtshilfe bei Fiskal- und Devisendelikten möchte ich es bewenden lassen. Es ergibt sich daraus, dass sich die bestehenden Schranken nicht aus der Ausgestaltung des Bankgeheimnisses ergeben, sondern die Folge der allgemeinen Praxis unserer Bundesbehörden und kantonalen Behörden sind.

- *Zusammenfassend* lässt sich mit dem Bundesrat sagen:

  "dass keine zwingenden Gründe bestehen, das Prinzip und die wesentliche Ausgestaltung des Bankgeheimnisses in Frage zu stellen, da es weder im Inland noch im Ausland die Abklärung verbrecherischer Handlungen behindert oder erschwert."

Die Abklärungen können zudem erleichtert und beschleunigt werden durch Erlass des mehrfach erwähnten Bundesgesetzes über die Rechtshilfe in Strafsachen und durch den Abschluss weiterer zwischenstaatlicher Verträge. Von seiten der Banken wird solchen Bestrebungen nichts in den Weg gelegt werden.

Wirtschaftskriminalität in den USA

Harold Baer, jr.

"Crime in the United States", eine angesehene Publikation, die alljährlich vom FBI herausgegeben wird, erwähnt das, was wir als "white collar crime" definieren würden *mit keinem Wort.* Der Akzent liegt auf den sogenannten Gewaltverbrechen, für die Presse und Publikum sich ausnahmslos interessieren. Die Statistik, die über die jährliche Zu- und Abnahme von Verbrechen Auskunft gibt, zählt nur die folgenden – durch die Opfer oder im Falle eines Mordes durch die Entdecker – bei lokalen Polizeistationen gemeldeten Verbrechen auf: Mord, Notzucht, schwere Körperverletzung, Raub, Einbruch, Diebstahl von 50 $ und mehr, Autodiebstahl. "White collar crime" ist ein Gattungsbegriff, kein konkretes Verbrechen, und kann deshalb nur mit einigem Spürsinn in diesem Jahrbuch gefunden werden. Es wird zwar aufgeführt, aber weder in derselben Breite noch mit den grafischen Darstellungen und Statistiken, die jene zahllosen Fälle illustrieren, die der Polizei oder dem FBI Anlass zu Haftbefehlen gaben. Weitere Straftaten wie Steuerbetrug, Unterschlagungen, Beamtenkorruption und Bestechung werden durch andere Ermittlungsbehörden verfolgt. Dazu gehören die Grenzgebiete, wo organisiertes Verbrechen und erlaubte Transaktionen ineinander übergehen.

Die üblichen Fälle von Wirtschaftskriminalität in den USA

Ich habe eine Anzahl von Fällen herausgezogen, die sich alle im Southern District of New York ereignet haben. Dies ist mein Arbeitsgebiet und zugleich der belebteste Federal District (1) der Vereinigten Staaten, dem die Counties New York, Bronx und Westchester angehören. Ich beabsichtige nicht, einen vollständigen Katalog zusammenzustellen. Aber es handelt sich bei den einzelnen Schilderungen jedesmal um wirkliche Fälle, in denen es im Verlaufe der letzten paar Jahre zu einer Verurteilung gekommen ist. Sie sind so gewählt, dass sie uns einige Anhaltspunkte dafür geben, was wir als *"white collar crime"* bezeichnen. Bei einigen Beispielen, wo dies sachdienlich schien, habe ich auch das vom Gerichtshof gefällte Urteil angeführt.

Veruntreuung und Falschbuchungen

Ein Angeklagter wurde zu 2½ Jahren Gefängnis und einer Busse von 5000 Dollar verurteilt. Er wurde im Sinne der Anklage für schuldig befunden, in seiner Eigenschaft als Kassiergehilfe einer New Yorker Bank 93 000 Dollar unterschlagen zu haben. Er veruntreute Bargeld, das der Bank als Zahlung für Bank- oder Kassenschecks übergeben worden war. Er vertuschte seine Unterschlagung durch Falschbuchungen im Zusammenhang mit Schecks, die die Bank als Zahlung für von ihr diskontierte Wechsel vereinnahmt hatte. Er gab zu, dass er den grössten Teil des Geldes für Wetten bei Pferderennen ausgegeben habe.

Meineid und betrügerischer Bankrott

Im Gefolge eines Verfahrens vor einem Geschworenengericht wurde ein Angeklagter wegen Meineids und betrügerischen Bankrotts verurteilt. Er wurde in Untersuchung gezogen, als er einen *Konkurseröffnungsantrag* einreichte, der fast eine Million Dollar Schulden und fast gar keine Aktiven auswies. Die Vereinigten Staaten als Gläubiger erhoben gegen die Aufhebung der Schuldverpflichtung Einspruch aufgrund der Tatsache, dass der Angeklagte in einem Gesuch um ein Darlehen in der Höhe von 120 000 Dollar von der Small Business Administration falsche Angaben über seine finanzielle Situation gemacht hatte. Denn er hatte seine unbeglichenen Schulden verschwiegen.

Nachdem wir unsere Einwände geltend gemacht hatten, förderte der Angeklagte eine Urkunde zutage, die er *vordatiert* hatte, um den Anschein zu erwecken, dass die Schuld vor der Einreichung des Gesuches bei der Small Business Administration erlassen worden sei. Später legte der Angeklagte dieses Dokument dem Konkursrichter vor. Im Verlaufe des Verfahrens wies der öffentliche Ankläger nach, dass die Schreibmaschine, mit der die Urkunde geschrieben worden war, fast ein Jahr nach dem betreffenden Datum die Fabrik verlassen hatte.

Falsches Zeugnis über Provisionen

In diesem Fall wurde ein amerikanischer Exporteur vor Gericht gestellt, weil er im Zusammenhang mit durch das Auslandhilfeprogramm finanzierten Verkäufen fälschlich bezeugt hatte, es seien

(1) ***Bundesgerichtsbezirk und Sitz eines Federal Court.***

keine Provisionen oder Schmiergelder ausbezahlt worden. Die angeklagte Firma erklärte sich in drei Punkten der Anklage schuldig und wurde mit der höchsten statutarisch zulässigen Busse – 10 000 Dollar je Anklagepunkt – belegt. Ein Stellenleiter der Firma erklärte sich ebenfalls schuldig und wurde mit 7500 Dollar gebüsst. Eine mitangeklagte Firma und deren Generaldirektor wurden beide verurteilt und mit Bussen von 24 000 Dollar bzw. 5000 Dollar belegt.

Telegrammbetrug

Der Angeklagte wurde in diesem Fall wegen *Telegrammbetrugs* und wegen Transports von ertrogenem Geld von einem Staat in den andern verurteilt. Er führte ein Manöver aus, bei dem er sich als

Vertreter einer in den Bahamas domizilierten Versicherungsgesellschaft ausgab, die angeblich über Aktiven in der Höhe von 21 Millionen Dollar verfügte. Diese Firma erklärte von sich, dass sie über Gelder für grosse Hypothekendarlehen verfüge, deren Kosten sich für den Darlehensnehmer auf 6 Prozent des Nominalwertes belaufen würden, wovon 3 Prozent als Vorauszahlung und der Rest bei Abschluss fällig sein sollten. Der letztere fand natürlich nie statt. Auf diese Weise bezog der Angeklagte etwa 50 000 Dollar in Form von Vorschüssen für Darlehen, die in Wirklichkeit nie gewährt wurden. Er wurde zu einer Gefängnisstrafe von drei Jahren verurteilt.

Betrug mit Kundenkreditnummer

Ein notorischer Hochstapler wurde wegen *Postbetrugs* zu drei Jahren Gefängnis verurteilt. Sein System war verhältnismässig einfach. Er beobachtete Kunden in bekannten Warenhäusern, während sie einen Kauf tätigten. Er notierte sich deren Namen und Kundenkreditnummer. Dann gab er sich telefonisch beim Warenhaus als Kunde aus und bestellte grosse Geschenkgutscheine, die auf fingierte Namen und Adressen lauteten, unter denen der Angeklagte operierte. Traf ein Geschenkgutschein ein, so begab dieser sich in das Warenhaus, kaufte eine Kleinigkeit ein und bekam den Restbetrag in bar ausbezahlt.

"Kostenlose" ärztliche Behandlung

Dieser Angeklagte, ein Chiropraktiker, rief Männer und Frauen an, um ihnen mitzuteilen, dass er in der Lage sei, *kostenlose ärztliche Behandlung* zu vermitteln. Wenn die Patienten in der Praxis des Angeklagten vorsprachen, wurden sie veranlasst, Verträge für künftige Behandlungen zu unterzeichnen, weil der "Doktor" eine bisher unbemerkte Krankheit diagnostiziert hatte. Wenn sie diese Behandlungen nicht bezahlten, erhielten sie Briefe mit der unwahren Angabe, dass eine Regierungsstelle die Ausstände des Angeklagten eintreibe und dass ihr Leben in Gefahr sei, wenn sie die Rechnungen nicht bezahlten.

Verkauf von unkotierten Aktien

Dieser Angeklagte wurde als führender Kopf einer Verschwörung verurteilt, die dazu bestimmt war, dem Publikum *unkotierte Aktien* für etwa 250 000 Dollar zu verkaufen. Er hatte sich während vieler Jahre im illegalen Wertpapiergeschäft als "Finder" betätigt. Er operierte über ein Netz von Mittelsmännern und tätigte Transaktionen durch Makler und Banken, die weit von seinem

Wohnort entfernt waren, und entging damit jahrelang der gerichtlichen Verfolgung. Als man ihn schliesslich verurteilte, wanderte er für 2½ Jahre ins Gefängnis.

Neben den Verfahren im engeren Sinne, bei denen Männer und Frauen tatsächlich vor Gericht gestellt werden, gibt es in den Vereinigten Staaten von Zeit zu Zeit eine Einrichtung, die man *"the commission"* nennt. Das ist eine Gruppe von Rechtsanwälten und Fahndungsbeamten, die im allgemeinen unter dem Vorsitz prominenter Bürger tagt. Die "commissions" werden vom Gouverneur eines Staates oder von einem Bürgermeister ernannt, wenn sich in ihrem Amtsbereich ein grösserer Skandal ereignet hat. Oft decken diese Gruppen Vergehen auf, deren gerichtliche Aufklärung auf Schwierigkeiten stossen würde. In solchen Fällen wird ein Bericht verfasst.

Bei einer ziemlich erfolgreichen Untersuchung wurde das Publikum auf *Beamtenbestechungen* in der Verwaltung von New York City aufmerksam gemacht. Solche Missbräuche gehören definitionsgemäss auch in die Kategorie der Wirtschaftsvergehen. Ich möchte hier einen Auszug aus dem Schlussbericht wiedergeben, den die "New York State Commission of Investigation" vor fast zehn Jahren, im Juli 1961, unterbreitete. Dies nicht nur deswegen, weil dadurch die Korruption unter die uns beschäftigenden Tatbestände eingereiht wird, sondern weil so die Hindernisse klar sichtbar werden, die der Verfolgung des "white collar crime" im Wege stehen. Es geht daraus auch hervor, dass diese Hindernisse heute noch genau so bestehen wie vor zehn Jahren.

"Eigentliche Korruption zu beweisen ist schwerer, als es sich anhört. Schmiergelder werden gewöhnlich in bar und ohne Augenzeugen oder Unterlagen bezahlt. Gewöhnlich ist es nur dann möglich, wirklich den Nachweis für eine solche Zahlung zu erbringen, wenn irgend ein Buchhalter den Fehler begeht, sie als Geschäftsspesen zu verbuchen. Das geschieht selten. Wenn es aber vorkommt, bildet es einen Ausgangspunkt, von dem aus sich ein Geschäftsmann in die ungemütliche Lage versetzen lässt, entweder mit der Wahrheit über die Zahlung herauszurücken oder mit der Möglichkeit eines Meineids rechnen zu müssen.

Während unserer Untersuchungen verschwanden viele Zeugen oder sie zeigten Erinnerungslücken oder aber sie erfanden unglaubwürdige Geschichten. Die bestechlichen Stadtangestellten geben den Empfang von Schmiergeldern nie zu, wenn sie befragt werden. Die meisten haben gelernt, nicht durch einen allzu hohen Lebensstandard aufzufallen. Angesichts dieser Beweisschwierigkeiten hatte die Ermittlungsinstanz ihre begrenzten Kräfte auf ausgewählte Beispiele zu konzentrieren. Wir trafen auf Anzeichen für Bestechung in einem Dutzend verschiedener Stadtbehörden, aber wir beschränkten unsere Bemühungen in der Hauptsache auf deren drei. Wo immer wir Nachschau hielten, schien etwas faul zu sein. Obwohl die Stadtverwaltung zahllose ehrliche, rechtschaffene Beamte beschäftigt, sind die meisten Leute, die mit der Stadt zu tun haben, offenbar zur Überzeugung gelangt, dass nur dann etwas geschieht, wenn man zahlt." (Seite 5, 6, 7, Juli 1961)

Schneeballeffekt der Wirtschaftsdelikte

Meines Erachtens hätten bei geeigneter Gesetzgebung und Gesetzesanwendung nicht nur die Wirtschaftsdelikte, sondern auch ein grosser Teil der Strassenverbrechen wie tätliche Angriffe und Raubüberfälle in den USA nicht die beklagenswerten Formen angenommen, wie wir sie heute feststellen. Man mag sich fragen, wie das kommt, was für ein Zusammenhang besteht zwischen einem Wallstreet-Finanzmann, der nichtsahnenden Kunden unkotierte Aktien verkauft, und einem gewöhnlichen Ganoven und Schwindler.

Die wirtschaftlich schwächeren Gesellschaftsschichten haben seit Generationen für abgekartetes Spiel ("fix", "deal", "contract", wie man das im Umgangsjargon nennt) ein feines Gespür gehabt und ihrem Missfallen laut Ausdruck verliehen. Jeden Tag erfahren unsere jungen Leute aus der Zeitung eine andere Geschichte, wie ein Schurke im weissen Kragen es fertiggebracht hat, entweder gar nicht vor Gericht gestellt zu werden oder mit einer ganz geringfügigen Strafe davonzukommen. Wirtschaftsdelikte machen *Schlagzeilen* in unsern Tageszeitungen, weil die Übeltäter Hunderte von Mitbürgern um sehr viel mehr Geld zu schröpfen verstehen als die halbwüchsigen Rowdies und Taschendiebe. Den Jugendlichen wird kaum ein gutes Beispiel geboten, das ihnen Anregung für einen konstruktiven, ehrlichen Lebenswandel bieten würde. Die Geschichten über Korruption in den höheren Sphären und über gerissene Strafverteidiger haben zum allermindesten auf die Beeinflussbareren ihre Wirkung nicht verfehlt.

Die "New York Times" brachte neulich in einem Artikel den bitteren Vergleich zwischen der gewöhnlichen Spielart von Verbrecher und dem hochgezüchteten Wirtschaftskriminellen. Einer der Hauptverantwortlichen einer New Yorker Börsenfirma wurde für schuldig befunden, beim illegalen Wertpapierhandel in fünf Jahren 225 000 Dollar in Gebühren plus Profite erschwindelt zu haben; dazu kam noch ein schwerwiegender Meineid. Er wurde zu einer Busse von 30 000 Dollar und bedingter Haft verurteilt. Ein stellenloser Speditionsarbeiter erschien vor demselben Richter, weil er einen 100 Dollar-Fernsehapparat gestohlen hatte; er bekam ein Jahr unbedingte Haft. Diese Rechtsungleichheit hat bis zu einem gewissen Grad den Verbrechen unter den benachteiligten Bevölkerungsschichten Vorschub geleistet. Es hat sich in den letzten Jahren schneeballartig vermehrt, nur nimmt es hier öfter die Gestalt von Tätlichkeiten und Raubüberfällen an. Der Grund dafür ist, dass *nur wenige Bürger* in der Lage sind, die raffinierten Betrügereien, die den "White Collar Criminal" charakterisieren, auszuhecken und durchzuführen.

Vor hundert Jahren, in der Blütezeit des Kapitalismus, als die Räuberbarone des letzten Jahrhunderts ihre Vermögen anhäuften, herrschte ein vollständig anderes moralisches und ethisches Klima. Biographischen Aufzeichnungen ist zu entnehmen, dass jemand wie Colonel Vanderbilt bei einer bestimmten Gelegenheit die Frage an eine Gruppe von Leuten richtete: "Sie werden doch nicht etwa erwarten, dass eine Eisenbahnlinie betrieben werden kann, wie's im Gesetzbuch steht, oder? " Von A.D. Stickney, einem andern Eisenbahnbaron ist überliefert, dass er sechzehn Generaldirektoren von Eisenbahnen, die 1890 im Hause J.P. Morgans versammelt waren, ins Gesicht sagte: "Ich habe für Sie alle den grössten persönlichen Respekt, meine Herren, aber als Eisenbahndirektoren traue ich Ihnen zu, dass Sie mir die Uhr aus der Tasche klauen."

Einer der grössten Humoristen Amerikas, Will Rogers, sagte als er hörte, dass ein Luftpostkontrakt wegen Schiebungen annulliert wurde: "Hoffentlich machen sie nicht gleich jeder Branche den Garaus, wo Gauner den Ton angeben." Und Elmer Davis, einer der bekanntesten Kommentatoren, soll dazu gesagt haben: "Da müssten sie überall schliessen." Das Widerwärtigste an jener Epoche ist, dass solche Leute nicht nur von der Justiz hübsch in Ruhe gelassen wurden, sondern sogar neben ihren Vermögen auch noch *öffentlichen Respekt* genossen. Nachsicht gegenüber einer solchen Einstellung ist bis vor verhältnismässig kurzer Zeit gang und gäbe gewesen. Dazu trug der gesellschaftliche Status des Geschäftsmannes, die allgemeine Tendenz zur Abkehr vom Strafdenken und die organisatorische Unartikuliertheit des Abscheus bei, den das Publikum für das "white collar crime" empfindet.
Zwei Beispiele aus neuester Zeit sollen das illustrieren. Ein Bundesrichter, der einen Spielautomatenkönig zu Gefängnis verurteilte, sagte: "Ich habe das Gefühl, Sankt Niklaus ins Gefängnis zu schicken, denn, obgleich er im verbotenen Glücksspiel Geschäfte machte, scheint er tief religiös und unermesslich wohltätig zu sein und keine Laster zu haben." Und in einem New Yorker Fall aus letzter Zeit verglich der Verteidiger die Vergehen seines Klienten, eines New Yorker Börsenmaklers, der wegen Meineids und riesiger illegaler Gewinne angeklagt war, mit der Verletzung von Verkehrsvorschriften. Hier sehen wir die klare Tendenz, die gesellschaftliche Stellung des Geschäftsmannes zu berücksichtigen und seine Verbrechen entsprechend zu beurteilen. Obgleich diese oft viel mehr materielle Schädigung verursachen als geringere Delikte, ist dafür gesorgt, dass die Strafe wesentlich milder bemessen wird als im Falle gemeiner Verbrechen.

Zum Teil liegt der Fehler bei den vorhandenen Gesetzen, obgleich unter anderm auch ein Trend zu niedrigeren Strafen besteht. Vor allem aber fehlt eine mächtige "Pressure Group", die gegen "white collar crimes" kämpfen würde.

Aber der auffälligste und wahrscheinlich mächtigste Faktor, der eine wirkungsvolle Gesetzgebung hintertreibt, ist die *Geistesverfassung der Gesetzgeber* selbst. Häufig entstammen diese dem gleichen Milieu, haben die gleiche Wertvorstellung und geniessen die gleiche Stellung in der Gesellschaft wie jene Männer und Frauen, gegen welche die Gesetze gerichtet sein müssten. Ein Gesetz zu verabschieden, das auf den eigenen Nachbarn gemünzt ist, wäre für jeden von uns eine sehr unangenehme Aufgabe. Dazu kommt, dass Parlamentarier im allgemeinen Geschäftsleute bewundern und hochachten. Sie brauchen diese, weil sie ohne deren Beiträge zum Wahlfonds nicht mehr ins Parlament einziehen würden.

Unsere Gesetzgeber können sich ohne weiteres einen Ruf als Gegner des Verbrechens schaffen, indem sie mit grossem Lärm verkünden, wie der *arme Teufel* zu bestrafen sei, der eine Postsendung aus einem Briefkasten stiehlt. Das ärgste an der gegenwärtigen Lage ist, wie ich schon andeutete, dass der Wirtschaftsdelinquent, wenn er überhaupt ins Gefängnis muss, auf baldige Freilassung rechnen kann und oft alsbald wieder am gleichen Schreibtisch anzutreffen ist, ohne dass sich die Öffentlichkeit darüber gross ereifert.

Beispielshalber sei ein Fall zitiert, bei dem kürzlich eine Anzahl leitender Angestellte wegen Betrügereien verurteilt wurde oder hätte verurteilt werden sollen. Einer der angesehensten Psychiater Amerikas, Carl Menninger, beschreibt in seinem neulich erschienenen Buch "The Crime of Punishment" (Das Verbrechen der Bestrafung) die Szene weit besser, als ich es vermöchte. Er sagt wörtlich:

"Manchmal versagt das System irgendwie, und die üblichen Vorrechte spielen nicht. Ein Beispiel dafür ist die Verurteilung von sieben leitenden Angestellten sehr bekannter Industrieunternehmen, die im Jahre 1961 stattfand. Obwohl sie schwerwiegender Vergehen für schuldig befunden wurden, mussten sie nur ganz kurze Haftstrafen antreten. Zwanzig weitere kamen in den Genuss der Strafaussetzung. Alle waren geachtete Bürger; viele von ihnen bekleideten Ämter in ihren Kirchen, einer war Präsident der örtlichen Handelskammer, einer ein Bankdirektor. Jeder einzelne von ihnen wurde von seinem Anwalt als ehrenwerter Mann hingestellt. Die Vergehen waren nach den Worten des Generalstaatsanwaltes 'so eindeutig vorsätzlich und so krass, dass . . . strengere Bestrafung am Platze gewesen wäre.'

'Es ist keine weitere Strafe nötig, um dafür zu sorgen, dass diese Männer das, was sie getan haben, je wieder tun', sagte einer der Anwälte. 'Diese Männer sind keine habgierigen Halsabschneider. Sie opfern viel von ihrer Zeit und ihrem Geld der Öffentlichkeit.' Ein anderer Anwalt setzte zu einem Generalangriff auf den Antrag des Staates an, Gefängnisstrafen zu verhängen. Er verkündete, die Anklagevertreter seien 'kaltblütig' und es gehe ihnen jedes Verständnis dafür ab, was für einen Mann wie Herr X. X. bedeute, mit gewöhnlichen Verbrechern zusammen eingesperrt zu werden, die Unterschlagungen oder andere schwere Verbrechen begangen haben.'
Es stimmt natürlich, dass auch eine kurze Haftstrafe für diese Männer etwas Schreckliches war. Das ist für jedermann etwas Schreckliches. Der wirkliche Sinn dieser Protestrufe ist aber der, dass es bei uns ein 'Gentlemen's agreement' gibt, wonach Leute mit Geld, gutem Namen und hochgestellten Freunden, wenn sie erwischt werden, nicht so behandelt werden sollen wie arme Leute, die nicht bekannt sind und keine einflussreichen Freunde besitzen." (S. 210)

Wahrscheinlich der wichtigste Faktor bei der ständigen Zunahme der Wirtschaftskriminalität ist die moderne Technologie. Ihre Wirkung ist eine zweifache; einesteils wächst in der Wohlstandsgesellschaft die "white collar"-Klasse ständig, so dass sie in den meisten westlichen Ländern mehr Menschen zählt als die sogenannte Arbeiterklasse; andernteils haben die letzten 15 Jahre eine Explosion von Kommunikationsmitteln und eine erhöhte Mobilität der Bevölkerung gebracht, Faktoren, welche *"white collar crime"* erleichtern, nicht Gewaltverbrechen. So stehen wir nicht nur einer erhöhten Zahl von – möglichen – Wirtschaftskriminellen, sondern auch der Verbesserung der technischen Mittel gegenüber, die ihre Aktivitäten erleichtern. Und so hat sich die Wirtschaftskriminalität mehr und mehr international ausgedehnt.

Ich bin zuversichtlich genug anzunehmen, dass sich seit einiger Zeit *ein Wandel* abzuzeichnen beginnt. Jedenfalls geben mir die in meinem Gerichtshof gefällten Urteile recht. Leider hat der Kampf eben erst begonnen. Vielleicht rührt der wirkliche Anstoss dazu von der Tatsache her, dass die Bundesregierung nun wirklich mit der Anwendung des Gesetzes Ernst zu machen beginnt und einen Teil der Last übernimmt, die bis jetzt die Distrikt-Staatsanwälte und ihre Mitarbeiter ganz allein zu tragen hatten.

Obwohl es den Bundes-Gesetzesvollzug seit dem Entstehen unserer Nation gegeben hat, wurde der Kampf gegen die Wirtschaftskriminalität auf nationaler Ebene *erst* im zweiten Drittel unseres Jahrhunderts richtig aufgenommen. Erst seit verhältnismässig kurzer Zeit bemerken wir bei unseren Parlamentariern und Richtern die Art von Mut, die zu wirksamen Gesetzen und einigen exemplarischen Urteilen geführt hat. Aber auch so ist das Problem nur noch grösser geworden.

Während der ersten sechs Monate dieses Jahres hatten wir im Southern District of New York allein 300 Anzeigen wegen Bankunterschlagungen zu verzeichnen. Natürlich sind die Vergehen nicht alle von gleicher Schwere. Gelegentlich stellt sich heraus, dass ein Computer-Fehler und nicht eine Veruntreuung im Spiel ist. Aber das ist selten der Fall.

Abhilfe ist dringend und möglich

Um die Schlacht gewinnen zu können, müssen wir fortfahren, den Instanzen, die dem Gesetz Nachachtung verschaffen, *weiteres Personal* zur Verfügung zu stellen, wo immer dies nötig ist.

Zudem müssen wir ständig auf *neue* und *bessere* Gesetze zur Bekämpfung des Betrugs drängen und zugleich dahin wirken, dass unsere Gerichte die bereits bestehenden extensiver auslegen.

Ferner wäre es von einem internationalen Standpunkt aus von grösster Bedeutung, beim Abschluss von internationalen Abkommen Bedingungen für die Bekämpfung von Wirtschaftskriminalität einzuschliessen. Das kürzlich abgeschlossene Rechtshilfeabkommen zwischen der Schweiz und den

Vereinigten Staaten bildet einen wichtigen Schritt in dieser Richtung. Zusammen mit substantiellen Änderungen in der nationalen Gesetzgebung der USA wird diese Vereinbarung zweifellos ein wirksames Instrument in der Verfolgung oder Prävention von "white collar crime" sein.
Im letzten Drittel des zwanzigsten Jahrhunderts, das uns so viele übermenschliche wissenschaftliche Errungenschaften beschert hat, müssen wir zu neuen Mitteln der *Menschenbehandlung* greifen, oder wenigstens mit ihnen experimentieren. Das gilt auch für die Abschreckung vor deliktischen Handlungen.

In der heutigen Praxis in den Vereinigten Staaten schärft der Richter den *Geschworenen* bei der Anklageerhebung ein, dass die Frage der Bestrafung nicht zu ihrem Aufgabenbereich gehöre, dass sie nur über Tatsachen zu befinden hätten und dass jede Erörterung der Bestrafung bei ihren Beratungen zu unterbleiben habe. Meines Erachtens könnte die Abwendung von diesem Grundsatz nur von gutem sein.

Dies aus folgenden Gründen: Geschworene werden auf Grund der Liste der eingetragenen Wähler ausgelost, was dazu führt, dass die Jury oft aus Angehörigen der mittleren und bescheidenen Einkommensklassen besteht. Das sind Leute, die fest davon überzeugt sind, dass die Grossbetrüger niemals richtig für ihre Gesetzesübertretungen bestraft werden. Es sind dies aber auch die Männer und Frauen, die sich mit guten Gründen Gedanken über die Unverletzlichkeit des Rechtsstaates machen. Hätten sie das Wort, so würden die Befürchtungen zerstreut, Gesetz und Ordnung gewännen neue Achtung.

Vom Standpunkt des künftigen Angeklagten aus, der im voraus weiss, dass nicht nur der Schuldspruch, sondern auch die Strafbemessung bei den Geschworenen liegen wird, scheint es mir klar zu sein, dass das vor kriminellen Umtrieben abschrecken wird. Schliesslich weiss der potentielle Fehlbare, dass gerade die über ihn zu Gericht sitzen werden, welche aus dem Milieu der Geschädigten stammen.

Die Sanktionen wirken sich zu wenig aus

Ein anderer Aspekt desselben Problems sind die ungenügenden Sanktionen, die unsere Gesetze für Vergehen dieser Art vorsehen. Das heute geltende Postbetrugsgesetz, das im Bundesgerichtssystem zur Anwendung kommt, sieht eine Busse von höchstens 1000 Dollar vor. Das Konkursrecht schreibt für Verheimlichung von Aktiven, für unwahre Angaben und dergleichen eine Busse von maximal 5000 Dollar vor, und das Unterschlagungsgesetz eine solche von höchstens 10 000 Dollar. Diese Strafen stehen *in keinem Verhältnis* zur Schwere des Vergehens, zur Zahl der betrogenen Personen oder zum Deliktsbetrag. Es ist geradezu an der Zeit, dass wir die Strafe dem Verbrechen anpassen.

Meines Erachtens könnte das auf zweierlei Weise geschehen: Sobald der Schuldspruch gefällt ist, könnte der Gerichtshof die Ermittlung des Nettowerts anordnen. Nachdem dieses vollzogen ist, würde die Jury erneut einberufen, es würden Exemplare des Berichts verteilt und die Geschworenen würden eine *angemessene Busse* festsetzen. Auf diese Art wäre die Jury wenigstens in der Lage, die Vermögenslage des Angeklagten zu berücksichtigen und eine sinnvolle Strafe zu verhängen statt an die künstlichen Plafonds des Gesetzestexts gebunden zu sein. Wieso sollte der schlechtestbezahlte Hilfskassier, der sechs oder acht Kinder zu ernähren hat und 100 Dollars bei seiner Bank entwendet, mit derselben Maximalbusse von 1000 Dollar belegt werden wie der Generaldirektor der Bank, der seit Jahren Millionen unterschlagen hat, die aus der gleichen Quelle stammen?

Das andere Verfahren, das man sich überlegen sollte, bestände darin, dass die Strafbestimmungen die zulässige Busse *aufgrund der Deliktsumme* festsetzten, d. h. des Betrages, um den das Publikum betrogen worden ist. Diese Summe ist nicht in allen Fällen feststellbar, aber da, wo sie es ist, gäbe sie für den Richter (oder die Geschworenen) einen guten Massstab ab.

Ich habe mich hier nicht mit den *ungerechten Gefängnisstrafen* befasst, die nach dem geltenden Recht zu verhängen sind. Aber auch diese sollten natürlich in einem vernünftigen Verhältnis zum Nachteil stehen, welcher der Öffentlichkeit erwachsen ist. Ihre Festsetzung würde ich weiterhin dem Gerichtshof vorbehalten. Meines Erachtens wiegt für den Wirtschaftsdelinquenten der finanzielle Verlust, den er erleidet, wenn er erwischt wird, am schwersten.

Ich möchte hoffen, dass solche Veränderungen ein sittliches Wiedererwachen mit sich bringen werden. Unsere Bürger sind berufen, mitzuwirken und nicht nur zu beobachten. Sie werden ihren Anteil an der Aktion haben. Auf diesem Wege müssen wir weiterfahren, um dem Zynismus entgegenzutreten und die öffentliche Teilnahme an der Durchsetzung des Rechts zu fördern und gleichzeitig den Verbrecher im weissen Kragen von weiterem Tun abzuhalten.

(Prof. Langen eröffnet eine kurze Frageperiode im Anschluss an die vorhergehenden Referate von Dr. Schmid, Dr. Klingenberg und Mr. Baer)

Dr. Heinrich Tintner, Leiter der Wirtschaftspolizei, Wien

fragt Mr. Baer, worin der Unterschied besteht zwischen einem gerichtlichen Verfahren und dem Untersuchungsausschuss des Repräsentantenhauses, und ob das Ergebnis einer Untersuchung des Repräsentantenhauses durch die Gerichte weiter verfolgt wird.

Mr. Baer:

Beim Gerichtsverfahren steht am Ende ein Urteil, entsprechend dem Beschluss der Geschworenen oder des Richters; das bedeutet für den Angeklagten eine Busse oder Gefängnis oder beides. Ein Untersuchungsausschuss des Repräsentantenhauses oder des Senats hat absolut keine solche Kompetenz, er kann nur die Anschuldigungen an die zuständigen Behörden weiterleiten, wie z.B. an mich in New York, und wir müssen auf der Basis dieser Empfehlungen die Sache untersuchen, und entweder mit einer Strafklage verfolgen, wenn genügend Gründe gegen ein Individuum sprechen, oder die Sache auf sich beruhen lassen; in Amerika kann man nur nach einer förmlichen Strafklage verurteilt werden. Das Geschworenengericht setzt sich aus 23 Männern und Frauen zusammen, die den Schuldspruch zu fällen haben.

Karl Heinz, Abteilungsdirektor Länderbank, Wien

Frage an Dr. Klingenberg: Aufgrund des schweizerischen Bankgeheimnisses erhalten die Steuerbehörden von den Banken keine Auskunft; gilt dies auch für den Fall, dass ein Steuerstrafverfahren hängig ist? Denn dann würde tatsächlich der Schutz dieser Gruppe von Wirtschaftsverbrechern durch das Bankgeheimnis garantiert.

Dr. Klingenberg

Ich möchte nochmals wiederholen: es handelt sich nicht um den Schutz des Bankgeheimnisses: die Steuererhebungs- und veranlagungsverfahren sind durch Bund und Kantone so geordnet, dass die Steuerbehörden eben nicht zu den Banken gehen dürfen. Das ist nicht der Schutz des Bankgeheimnisses. Sie können auch nicht zu einem andern Geschäftspartner gehen und fragen:

Was haben Sie mit Herrn Müller gemacht? Es gibt bei uns zwei Stufen: Erstens, wenn die Steuerbehörden merken, dass einer seine Steuern unrichtig deklariert hat, gibt es ein sogenanntes "Verfahren betreffend Nach- und Strafsteuern"; der Festgestellte hat nicht alles erklärt, was er hätte erklären sollen, nun wird die nicht bezahlte Steuer erhoben plus ein Mehrfaches des Betrages. Zweitens: ein eigentliches Strafverfahren wird nur unter qualifizierten Voraussetzungen durchgeführt, wenn die Steuererklärung, die zu falscher Veranlagung führte, mit qualifizierten Urkundendelikten oder ähnlichen Sachen verbunden ist; das ist der sogenannte Steuerbetrug, der im Bundessteuerrecht nicht vorgesehen ist, aber in zahlreichen Kantonen. Diese eigentlichen Steuerbetrugsverfahren werden dann von den ordentlichen Strafverfolgungsbehörden, in Zürich also der Bezirksanwaltschaft, unter Aufsicht der Staatsanwaltschaft durchgeführt, aber praktisch sind diese Verfahren bedeutungslos. Aber wenn ein solches Verfahren einmal durchgeführt wird, dann müssen die Banken den ordentlichen Strafverfolgungsbehörden Rede und Antwort stehen.

Wilhelm Berk, Oberregierungskriminalrat, Wiesbaden

Herr Klingenberg, Sie sprachen von der selbstverständlichen Identitätspflicht bei der Einrichtung von Nummernkonten. A: Welche rechtlichen Verpflichtungen bestehen dazu, und B: Wie weitgehend ist diese Verpflichtung, (Beispielsweise bis zur Festhaltung der Art und Nummern der Personaldokumente?), und schliesslich C: sind Sanktionen angedroht und welche (bei Verstössen dagegen)?

Dr. Klingenberg:

Diese Pflicht der Prüfung der Identität des Kunden, das ist nicht die Folge des Bankgesetzes oder eine strafrechtliche Pflicht, sondern das machen die Banken im ureigensten Interesse. Ich kenne das von gewissen deutschen Strafuntersuchungen: wenn man den Versicherungen deutscher Banken nicht die Nummer des Personalausweises sagen kann, erklären sie, sie würden nicht haften, obwohl meines Erachtens das für den Eintritt des Schadens meistens keine kausale Grundlage ist. Wenn wir auf einen gefälschten deutschen Pass hereinfallen, kommt es nicht mehr darauf an, ob man die Nummer hat oder nicht.

W. Berk:

Bei einem gefälschten vielleicht nicht, aber bei einem andern.

(Prof. Langen schliesst die Diskussion und kündigt das Panelgespräch an.)

Paneldiskussion unter Teilnahme von

Harold Baer jr., Chief of the Criminal Division, Southern District of New York;
J.W. Crane, Commander, Metropolitan and City Police, New Scotland Yard London;
Dr. K. Gemmer, Regierungskriminaldirektor, Bundeskriminalamt, Wiesbaden
Dr. P.-D. Klingenberg, Rechtskonsulent, Schweizerischer Bankverein, Zürich
Prof. Dr. Armand Mergen, Johannes Gutenberg-Universität, Mainz
W. Schulz, Kriminalhauptkommissar, Polizeipräsident, Berlin
Prof. Dr. Hans Walder, Bundesanwalt, Schweizerische Bundesanwaltschaft, Bern

Professor Langen

bittet als Leiter des Panels das Publikum um aktive Teilnahme an der Diskussion, die sich nicht auf das Panel beschränken soll. Er eröffnet das Gespräch, indem er ein erstes Problem erwähnt, das er als "heisses Eisen" bezeichnet: das "Managementproblem" der Ermittlungsbehörden:

Vorerst eine ganz kurze Begriffsumschreibung – ich möchte hier keine logischen Kapriolen schlagen – wir wollen unter Management für unsern Zweck hier verstehen: die Orientierung von Menschen auf ein bestimmtes Ziel hin. Das kann auch die Orientierung der Mitarbeiter einer Ermittlungsbehörde auf ein bestimmtes Ziel hin bedeuten, aber wenn wir von Ziel sprechen, taucht sofort ein ganz wesentliches Problem auf: Was wollen wir denn als Ziel einer Ermittlungsbehörde definieren? Ganz bestimmt können wir als Ziel nicht ansehen die gesetzliche Vorschrift. Das ist nämlich kein Ziel im Sinne eines Managementziels. Ein Managementziel ist ein ganz bestimmter, fest umschriebener Zustand, der innerhalb einer angemessenen Frist erreicht werden soll; beispielsweise könnten damit gewisse Aufklärungsquoten, die in Zahlen angegeben werden, oder qualitative Ziele gemeint sein. Heute wurde schon davon gesprochen, dass der intelligente Wirtschaftsstraftäter recht billig wegkommt, während der kleine Dieb oder Zechpreller unverhältnismässig streng bestraft wird. Ist das eigentlich das Ziel der Ermittlungsbehörden und der Justizbehörden? Diese Frage möchte ich zu Beginn zur Diskussion stellen.

Dr. Klingenberg:

Ich sehe ja eben die Wirtschaftsstraftäter meistens, wenn es schon zu spät ist, und da müssen wir versuchen, dass uns die Strafverfolgungsbehörden zu Hilfe kommen. Die Leute von Zürich wissen, dass wir ihnen gegenüber sehr positiv eingestellt sind, trotzdem hat man manchmal das Gefühl, die

Strafverfolgungsbehörden seien bei typischen Wirtschaftsdelikten – bei grossen Delikten, wie sie Kollege Schmid angedeutet hat, mit einem Möbelwagen voll Akten – heute überfordert, und ich glaube, dass bei der Organisation hier in Zürich nicht nur eine Abteilung für Wirtschaftsdelikte, sondern eine spezielle Buchprüfungsstelle mit Spezialisten errichtet werden sollte, was freilich bestimmte Salärprobleme mit sich bringen wird. Aber das ist noch kein Hindernis, eine solche Reorganisation an die Hand zu nehmen.

W. Schulz:

Prof. Langen, Sie haben hier in gewissem Umfange ein Wertungsproblem angetönt, das zum mindesten für den Bereich der Bundesrepublik der Polizei nicht zukommt. Sie verglichen hier den Zechpreller und die Taten eines Wirtschaftskriminellen; gesetzlich ist die Polizei verpflichtet in beiden Fällen mit gleicher Intensität die Aufklärung voranzutreiben, das ist die Theorie; wie die Praxis aussieht, mag zuerst hier jeder bei sich selbst überlegen. Ich meine, auf die Dauer gesehen werden wir diesen an uns gestellten Anforderungen nicht nachkommen können; es zeigt sich immer wieder, dass beispielsweise auch das Haftrecht gerade für die Täter nicht gemacht worden ist, die es an und für sich verdienen.

Prof. Langen

Die Frage bleibt aber doch unbeantwortet, welche Ziele sich die Ermittlungsbehörden stellen sollen, und wie die von ihnen umschriebenen Ziele erreicht werden können.

W. Schulz:

Die Ziele für die Ermittlungsbehörden, soweit es die Polizei betrifft, liegen klar auf der Hand: alle bekannt gewordenen strafbaren Handlungen zu verfolgen und zu ermitteln.

Prof. Langen:

Das halte ich eben für unmöglich! Ich möchte aber gerne dazu einen Beitrag aus dem Auditorium.

Herr Sander, Schwerpunktstaatsanwaltschaft für Verfolgung von Wirtschaftskriminalität in Bochum, im Land Nordrhein-Westfalen:

Wir unterstehen ja in der Bundesrepublik dem Legalitätsprinzip. Es ist also zutreffend – wie eben ausgeführt wurde – dass an sich bei zureichenden Anhaltspunkten für Straftaten jede Straftat mit der gleichen Intensität verfolgt werden müsste. Es wurde eben schon gesagt, das sei Theorie; es ist in der Tat Theorie. Wenn man den Sektor der Bekämpfung der Wirtschaftskriminalität intensivieren will, dann muss meines Erachtens eine Wertung vorgenommen werden, eine Wertung der Fälle nach ihrer Sozialschädlichkeit. Nach dem Gesichtspunkt des Gewichtes und der Sozialschädlichkeit von Verfehlungen muss sich auch die Aufklärungsintensität und dasjenige richten, was an Zeit und Arbeitskraft in einen solchen Fall hineingesteckt werden kann. Sonst wären Behörden, auch Spezialbehörden wie die Schwerpunktstaatsanwaltschaft Nordrhein-Westfalen, nach kurzer Zeit völlig überfordert.

Dr. Peter Pöpperl, Staatsanwaltschaft Hof, Aufklärungsstaatsanwaltschaft in Bayern für Nord-Oberfranken

Die Frage nach der Verwässerung der Verfolgung von Wirtschaftsdelikten ist keine von diesem Auditorium zu beantwortende. Dazu müssten wir uns an die Parlamentarier unserer jeweiligen Länder wenden. Wir hätten im Gebiet der Verbrechensverfolgung und Verbrechensbekämpfung weiter zu unterscheiden – ich spreche für den Bereich der Bundesrepublik – zwischen dem präventiven und dem repressiven Bereich. Nur die Polizeibehörden sind in der Lage, präventiv tätig zu werden, die eigentlichen Strafverfolgungsbehörden, die Gerichte und die Staatsanwaltschaft als deren Nebenorgane sind nach dem Buchstaben des Gesetzes, der für uns alle gilt, dazu nicht befugt. Wenn wir, die Staatsanwaltschaften und deren Beamte, im Einzelfall Auskünfte warnenden Charakters geben, dann handeln wir gegen das Gesetz. Wir können uns dabei nur der Hilfe der Polizei, vor allem der Landeskriminalämter und des Bundeskriminalamtes bedienen, und stehen aber dabei immer mit einem Fuss in einem Amtshaftungsprozess, der auf Schadenersatz gerichtet ist. Ich meine deshalb, die Verbrechensbekämpfung im präventiven Bereich wäre verbesserungsfähig durch eine Änderung der Strafprozessordnung, und das ist nicht unsere Angelegenheit, dazu können wir uns nur an unsere Abgeordneten wenden, mehr ist nicht möglich. Noch ein Wort zur Statistik: es ist natürlich für jede kleine städtische Polizeibehörde, mit der ich es mehrfach zu tun habe, wesentlich lukrativer, zahllose kleine Betrügereien zur Effektenaufklärung zu führen als einen einzigen Wirtschaftsbetrug zur Anklage zu bringen oder anklagereif zu machen. Jeder von uns weiss, welche Arbeit dahinter steckt.

Dr. K. Gemmer:

Ich muss Dr. Pöpperl zum Teil widersprechen. Wir haben schon mit einer vernünftigen und sachgerechten Zusammenarbeit zwischen Kriminalpolizei und Staatsanwaltschaft und bei einer extensiven Auslegung der Strafprozessordnung die Möglichkeit, die Akzente zu verteilen, mit andern Worten, unsere Kapazität nicht beim Zechbetrug zu vergeuden. Wir sind gerade in der Zusammenarbeit mit Schwerpunktstaatsanwaltschaften – wie Sie aus eigener Erfahrung wissen – seitens der Kriminalpolizei – auch nach unserem Ausbildungsstand – durchaus in der Lage, wenn uns der Staatsanwalt unterstützt, die gewichtigen Fälle einigermassen zeitgerecht erledigen zu können. Es hängt also nicht nur an der Gesetzesänderung, es hängt zum Teil auch am persönlichen Engagement der Beteiligten, der Fachleute unter uns, die mitunter durch die Jahre des Arbeitens in dieser Branche, durch die Rückschläge, die sie erleiden, abstumpfen und nicht mehr Kriminalisten, sondern Verwaltungsbeamte sind; und gerade das sollte vermieden werden – dies nur als Randbemerkung.

Dr. Schinnerer, Kreditanstalt, Wien:

Ich möchte nach den verschiedenen Voten von Vertretern der Strafverfolgungsbehörden das Problem als Wirtschaftsjurist beleuchten, der immerhin mit Wirtschaftsfragen zu tun hat und daneben auch als Sachverständiger bei Strafverfahren beigezogen wird. Die These "Die Kleinen hängt man und die Grossen lässt man laufen" ist nicht neu. Heute versteht man unter den "Grossen" Mitglieder des Establishments, und es gehört zum guten Ton, gegen diese vorzugehen, das ist gerade im Zusammenhang mit Wirtschaftsdelikten leicht verständlich. Das Problem liegt aber, wie ich glaube, woanders. Die tägliche Kriminalität ist in ihren Erscheinungsformen dem Richter geläufig; als Sachverständiger finde ich es oft ungeheuer schwierig, vor einem Schöffensenat, der aus einem Richter, der sich mit dem Akt beschäftigt hat, aus einem zweiten, der bei der Verhandlung zum ersten Mal den Sachverhalt hört, und zwei Schöffen (Laienrichtern) besteht, den eigentlichen Vorgang, der letzten Endes dann zum Betrug geführt hat, verständlich zu machen. Ein Beispiel: Ein Kreditinstitut mit einem Geschäftsumfang von zehn Millionen in einem kleinen Ort hat einen Kredit von drei Millionen an eine ganz bestimmte Person vergeben, nachdem diese Jahre hindurch scheinbar wunderbare Geschäfte gemacht hat. In Wirklichkeit waren es gar keine Geschäfte, alle Wechsel von insgesamt 25 Millionen sind in Wirklichkeit vorher zurückbezahlt, also niemals präsentiert worden und dienten nur dazu, den Eindruck zu erwecken: hier ist ein wunderbares Geschäft. Daraufhin gewährte man dem Mann drei Millionen Kredit. Allein die Erklärung des technischen Vorgangs der Wechseldiskontierung und der Nichteinlösung brauchte fast anderthalb Stunden, weil die Richter diesem Vorgang völlig verständnislos gegenüber standen. Das soll kein Angriff gegen die Richter sein, denn welcher Strafrichter hat jemals mit Problemen dieser Art – noch dazu in dieser merkwürdigen Form, der rückgelösten Wechsel – zu tun gehabt? Das führt dazu, dass in solchen Fällen, wenn man als Sachverständiger nicht sehr deutlich und faktisch die Verantwortung für die Verurteilung übernimmt, das Gericht das Gefühl hat, sich auf schwimmendem Boden zu bewegen und aus diesem Grund der Wirtschaftskriminalität in einer anderen Weise gegenübersteht als der täglichen, mit der es auch täglich zu tun hat.

Harold Baer, Chief Criminal Division New York:

Ich wollte nur dem letzten Redner antworten, da mir schien, er habe recht mit seiner Feststellung, dass es Mode geworden sei, auf das Establishment loszuschlagen: man tut das auch kräftig in New York. Ich will aber nicht näher darauf eingehen jetzt, aber wenn Sie sagen, dass hierzulande die Richter Wirtschaftsverbrechen nicht sachgemäss beurteilen, weil sie sie nicht verstehen, so scheint mir dies eine fadenscheinige Entschuldigung. Das wäre eigentlich ein guter Grund, das Establishment anzugreifen. In den USA zum Beispiel – vielleicht ist es hier anders – kommen viele unserer Bundesrichter aus Wallstreet-Rechtsanwaltsfirmen, das heisst, das sie häufig mit Börsenmaklern, Wertpapierhändlern, Banken etc. zu tun gehabt haben (hoffentlich nur in guten Treuen) und deshalb diese Geschäfte von Grund auf verstehen, während sie kein Verständnis für Handtaschenmarder und andere Strassendiebe haben. Wenn dies wirklich ein Problem ist für Richter, so muss man daran denken, sie auszubilden. Wenn wir uns einig sind, dass Wirtschaftsverbrechen schwerer wiegen als Handtaschenraub, so stimmt etwas nicht, wenn wir die Richter nicht nacherziehen.

Prof. Langen

fragt Mr. Baer ergänzend, ob in USA irgendwelche organisatorischen Vorkehrungen bestehen, die dieses Problem in den Staaten zu lösen versuchen.

H. Baer:

In den USA ist dieses Problem weniger dringend als es hier zu sein scheint, mit andern Worten: das FBI übernimmt diese Fälle und bei Wirtschaftsverbrechen sind die Untersuchungsbehörden dann immer Rechtsanwälte und Bücherrevisoren, so dass die erste Aufklärung solcher komplizierter Verbrechen durch Fachleute geschieht, die etwas von der Sache verstehen. Manchmal besteht das grösste Problem darin, einem armen kleinen öffentlichen Ankläger wie mir zu erklären, was die andern aus den Akten herausgefunden haben. Grundsätzlich glaube ich, dass auch wir auf dem

Gebiet der Organisation noch eine Menge zu tun haben. Soweit ich die Sache überblicke, ist es noch nicht möglich, eine komplizierte Wirtschaftsstraftat auf die wesentlichen Punkte und Hauptdelikte hin zu vereinfachen, so dass in nützlicher Frist die Anklage und das Gerichtsverfahren abgeschlossen werden könnten wie ein gewöhnlicher Narkotik- oder Unterschlagungsfall. Wir haben augenblicklich eine Schwindelaffäre vor Gericht in New York, die wahrscheinlich nicht vor Jahresende abgeschlossen wird; vor zwei Jahren hatten wir einen Fall, der 11 Monate dauerte. So kann es einfach nicht weitergehen.

Commander Crane:

Ich bin mit Herrn Baer völlig einig, übrigens sind auch unsere Richter vertraut mit den Verästelungen des Wirtschaftsgefüges. Die Mehrzahl der grösseren Fälle werden durch das Zentrale Kriminalgericht in der Stadt London behandelt. Ich bin überzeugt, dass die grosse Mehrzahl der Richter in England diese komplexen und verwickelten Fälle verstehen. Es wurde freilich die Frage aufgeworfen, ob die Geschworenen sie immer verstehen. Für diesen Fall sollte man Finanzfachleute ins Gericht wählen. Ich kann dazu nicht persönlich Stellung beziehen, aber vielleicht hat jemand aus dem Publikum etwas zu diesem Thema beizutragen. Aber etwas möchte ich noch bemerken: es wurde mehrfach wiederholt, der kleine Mann werde schwerer bestraft und das Establishment komme leichter weg. Dies stimmt nicht immer. Wenn wir für einen Augenblic-nach London zurückkehren, finden wir eine feste Tradition: ich zitiere den Wahlspruch der Börse "ein Mann, ein Wort". Wenn ein Mitglied der Börse, ein Bankier oder sonst jemand der in einer Vertrauensstellung steht, in ein Wirtschaftsverbrechen verwickelt ist, so wird er gewöhnlich viel strenger beurteilt, weil er das in ihn gesetzte Vertrauen missbraucht hat.

Wilh. Berk:

Ich möchte etwas weiter ausholen: wir hören hier viel über die Unzulänglichkeiten der Gesetzgebung, der Organisation und der praktizierenden Kriminalisten, Anwälte, Staatsanwälte und Richter. Wir wissen aber nicht – und ich hatte eigentlich gehofft, dass man das hier erfahren würde im Laufe der Tagung – welches nun die besseren Ausbildungsmethoden, die effektiveren Organisationsformen und welches die besseren Gesetze sind. Wir wissen es von vielen andern Straftatengruppen, wir erfahren von den Kriminologen vieles über die Pathologie der Täter und alle Dinge, die damit zusammenhängen. Aber auf dem Gebiet der Wirtschaftskriminalität vermissen wir doch wohl generell konkrete Ergebnisse der kriminologischen Forschung, die sich vor allen Dingen kriminalpolitisch auswirken können auf die Gesetzgebung und auf bestimmte Organisationsvorschläge. Darüber täuscht nicht hinweg, dass wir inzwischen wissen, dass sich Schwerpunktstaatsanwaltschaften sehr gut dazu eignen, gewisse zentrale Möglichkeiten besser auszuschöpfen. Wir warten aber immer noch auf bestimmte kriminologische Ergebnisse, die uns Praktikern an die Hand gegeben werden können. Da möchte ich nun die Herren Kriminologen vor allen Dingen fragen, was da in Zukunft zu erwarten ist und was auf diesem Gebiete getan wird, um die Praxis zu unterstützen und um der Verbrechensbekämpfung zu mehr Erfolg und zu mehr Durchlagskraft zu verhelfen.

Prof. Mergen:

Herr Berk, Sie haben völlig recht; wir geben uns als Kriminologen sehr viele Mühe, die Wirtschaftskriminalität zu untersuchen, aber man macht es uns furchtbar schwer, und zwar machen es uns die Behörden schwer! Überall da, wo Wirtschaftsstraftäter in Erscheinung treten, handelt es sich eben um Menschen mit einem hohen sozialen Status, und wir brauchen Information, wir müssen diese Menschen und ihre Taten untersuchen. An die Information kommen wir aber nicht heran, das hab' ich immer wieder erlebt! Auf der einen Seite verlangt man von uns, dass wir als Kriminologen Forschungen durchführen sollen, auf der andern Seite verweigert man uns mit einem Lächeln oder mit einer "top secret"-Aussage oder mit rigend einer andern Ausflucht einfach den Zugang zum Material. Das ist eine recht betrübliche Angelegenheit, aber nun etwas anderes, auch ihre Frage betreffend: es wurde hier von meinem Kollegen ein wunderbarer Freud'scher Versprecher produziert, hoffentlich haben Sie es alle gemerkt; es wurde gesagt: "die Kleinen lässt man laufen", und dann wurde korrigiert "die Grossen". Das war abe;nicht nur ein Versprechen, das ist nämlich so: man lässt die Kleinen laufen, aber wir müssen uns fragen: Wer bestimmt nun eigentlich, wer ein Kleiner und wer ein Grosser ist? Hier wird doch die Kriminalpolizei oder jede verfolgende Behörde einfach überfordert, wenn sie vorher bereits ein Werturteil darüber abgeben muss, wer nun ein grosser und wer ein kleiner Schelm ist – wie Sie sagten. Es kann zu Konfliktsituationen kommen. Wenn wir aus dem Bereich der gemeinen Kriminalität solche Fragen vorgelegt bekommen, dann wissen wir, ein Blutdelikt ist etwas anderes als ein kleiner Diebstahl; hier ist es nicht schwer herauszufinden, welches Verbrechen vordergründig verfolgt werden soll. Personal haben wir ja nirgends genug und ausgebildetes Personal noch weniger, das sollte auch einmal gesagt werden. Wenn nun aber auf der einen Seite ein Blutdelikt und auf der andern Seite ein ungeheuerliches White Collar Crime steht, dann bitte, wer ist hier der Kleinere, und wen verfolge ich vordergründig und wen nicht? Das White Collar Crime und alle Wirtschaftsverbrechen entbehren eines wichtigen Merkmals, nämlich der affektiven Besetzung. Die affektive Besetzung ist sehr wichtig, denn wenn eine Tat – ein grausamer Mord, eine Kindesschändung – auch affektives Reagieren hervorbringt, dann kommt auch das soziale Engagement des Publikums. Beim Wirtschaftsverbrechen ist das nicht der Fall, das ist eine sehr wichtige Feststellung, die jetzt bereits ausgenützt werden kann durch die Praxis. Als Kriminologen möchten wir, und wir bemühen uns darum, an das Material herankommen, um es viel gründlicher untersuchen zu können, denn es liegt uns fern, das möchte ich betonen, gerade auf diesem Gebiet der Wirtschaftskriminalität uns auf das Glatteis locken zu lassen, Märchenerzähler zu werden.

Prof. Langen

weist darauf hin, dass Prof. Mergen das Problem der Präferenzenskala der Bekämpfung von Kriminalität schlechthin aufwirft:

In welcher Stelle einer solchen Präferenzenskala sollte die Wirtschaftskriminalität im Vergleich, beispielsweise, mit Bluttaten liegen? Wir haben eine solche Skala nicht, vielleicht könnten die Strafandrohungen des materiellen Strafrechts eine derartige Skala darstellen; es gibt aber hier Konflikte der Zielsetzung, um die wir uns nicht herumdrücken sollten. Ein zweites Problem, auf das von Prof. Mergen hingewiesen wurde und das wir noch vertiefen sollten, ist die Kooperation der Ermittlungsbehörden mit der Wissenschaft. Darauf werden wir später noch in grösserem Zusammenhang zu sprechen kommen.

Herr Adolf Zingg, Schweizerische Auskunftei Novinform AG, Zürich:

Ich spreche als Kaufmann, nicht als Jurist. Ich habe den Eindruck, wir sprechen hier immer nur vom zweiten Teil der Geschichte; die Präventivmassnahmen sind nach meiner Auffassung bedeutend wichtiger. Ich denke hier, um einen ganz krassen Vergleich zu brauchen, an den Konsumentenschutz oder an die Konsumentenaufklärung. Es ist heute das Wort gefallen: "Wir müssen den White Collar Criminal vor sich selbst schützen und auch die Gefährdeten schützen", und das kann man nur durch eine weitgehende Aufklärungskampagne. Es sind Ansätze vorhanden; ich habe beobachtet, dass beispielsweise Herr Messerli einmal im "Tagesanzeiger" eine sehr ausführliche Artikelserie über solche Taten schrieb. Herr Ulrich hat einen Vortrag vor den Buchprüfern gehalten und ihnen seine Sorgen geschildert, und ich glaube, hier liegt eigentlich das Hauptproblem: Wir haben heute verschiedentlich die Feststellung gehört "diese Frage bleibt offen". Das Ziel der Konferenz ist aber, zu einem Beschluss zu kommen, was unternommen werden sollte. Ich glaube, das Hauptanliegen, nebst der Organisation der entsprechenden Untersuchungsorgane, muss die gezielte und breiteste Aufklärung unter Einsatz sämtlicher Mittel wie Presse, Fernsehen und Radio sein, um dem White Collar Crime innerhalb der Kriminalität den Platz anzuweisen, der ihm gebührt.

Prof. Hans Walder:

Seit Jahrhunderten werden Bücher geschrieben über Betrügertricks, und alle diese Bücher haben nicht sehr viel gefruchtet, das heisst, es wurden sogar unter Umständen Rezepte abgeguckt und angewendet. Die ganze Angelegenheit ist zweifellos etwas zweischneidig. Es gibt nämlich nicht nur den geborenen White Collar-Verbrecher, sondern es gibt auch das geborene Opfer, und wir haben es erlebt, dass Personen noch und noch auf gleiche und ähnliche Betrugstricks hineingefallen sind. Die Aufklärung kann meines Erachtens, so intensiv sie ist, nicht alle die dummen Opfer erfassen, die erfasst werden müssten, und wenn sie allzu genau die Rezepte beschreibt – und das müsste sie, damit man den Betrug erkennen könnte –, dann gibt sie möglicherweise dem Verbrecher noch Verbesserungsmittel in die Hand. Ich habe also hier gewisse Bedenken, weil ich sehe, dass schon jahrzehntelange Aufklärung erfolglos ist: die Opfer fallen auf den Charme des Betrügers herein. Da muss ich auch Kollege Mergen widersprechen, wenn er den White-Collar-Verbrecher als häufig kontaktarm schildert. Meine Erfahrung geht dahin, dass es sehr kontaktfähige Personen sind, die es verstehen, die Leute einzuseifen und mit ihrem jovialen Gehaben sich auch bei einem Glas Wein leicht an sie heranmachen. Mit ihrem persönlichen Charme faszinieren sie die Opfer, und alle Aufklärung über die Tricks verblasst neben dem imponierenden Glanz dieser Persönlichkeit.

Prof. Mergen:

Ich gebe Ihnen Recht, die Leute können einen mit ihrem Charme überfahren, aber kontaktarm sind sie dennoch – ich verstehe kontaktarm im psychopathologischen Sinne, Sie sind doch auch auf dem Gebiet Spezialist. Die echte Kontaktnahme ist diesen Leuten wegen ihrer Egozentrizität radikal unmöglich. Das ist auch der Grund, weshalb sie sehr oft zu mir um Hilfe gekommen sind, um therapeutische Hilfe. Wie ich Ihnen sagte, haben sie auch sehr oft in der sexuellen Sphäre Störungen, die auf diese Kontaktarmut zurückzuführen ist. Diese Leute können einfach nicht echt geben, sie können nur nehmen. Zur Frage der Aufklärung gebe ich Ihnen hundertprozentig recht, dass man trotz dieser Aufklärung, und ginge sie auch noch so weit, nicht viel erreichen kann, und zwar aus folgendem Grund: weil die potentiellen Opfer in sehr vielen Fällen – ich denke nicht an hilflose Witwen oder Geistesschwache, aber ich denke an die echten Opfer – ja nicht aufgeklärt werden wollen, denn sie sind ja beinahe mit dem Täter siamesische Zwillinge in charakterlicher Struktur, und deshalb kommt diese Aufklärung, so gut sie auch gemeint ist, in den meisten, vor allem in den grossen Fällen, wo sehr viel Geld dahintersteht, nicht an, weil die Täter-Opfer-Beziehung stärker ist und überwiegt.

Wilhelm Schulz, Berlin:

Vielleicht darf man hier anschliessen, dass bei dem Ausmass von Werbung und Information seitens der Betrüger die Prävention irgendwie zu kurz kommen muss; es sollte möglich sein, an gleicher Stelle mit den gleichen Publikationsmitteln und in gleicher Grösse eine entsprechende Warnung zu veröffentlichen, dann müsste sich eine andere Wirkung zeigen. Als z.B. vor Jahren Ferienheimzertifikate angeboten wurden, hätte die Möglichkeit bestehen müssen, in gleicher Aufmachung Gegenargumente darzustellen; das wäre für meine Begriffe doch wirksamer als verspätet oder zwischendurch vereinzelt irgendwelche Warnungen zu veröffentlichen.

Prof. Langen:

Wir sprachen bis jetzt über den Schutz des Opfers von Wirtschaftsverbrechen, aber, wie Prof. Mergen erwähnte, es sollte der Wirtschaftsverbrecher auch vor sich selbst geschützt werden. Schutzmassnahmen für Täter und Opfer gehören in das Gebiet der Präventive, über das uns Herr Robbert einiges aus der Praxis zu sagen haben wird, da er als Angehöriger des Vereins "Kreditreform" bestens informiert ist.

Dieter Robbert, Norddeutscher Rundfunk, Berlin:

Ich bin zwar nicht als Kreditreformer, sondern in journalistischer Eigenschaft hier. Die grösste Schwierigkeit aller Präventivmassnahmen besteht in der Gefahr der Inregressnahme desjenigen, der präventiv tätig wird. Wer z.B. gegen die IOS präventiv hätte vorgehen wollen, hätte riskiert, einen Millionenprozess an den Hals zu bekommen. Solche Firmen wenden sich immer an Prominente wie z.B. an die nationale Fussballmannschaft, die international bekannt ist, oder an Künstlerpersönlichkeiten, die ihre Fonds verkaufen sollen. Eine Warnung meinerseits quittierte ein Vertreter der Firma mit einer Prozessdrohung. Auch die Behörden sind oft erstaunlich inaktiv und stehen von Warnungen ab, weil sie befürchten müssen, in Regress genommen zu werden. Journalisten einer deutschen Wirtschaftszeitung griffen vor einigen Monaten ein sehr interessantes Problem auf. Es handelt sich um die Förderungsmassnahmen des Staates – Berlinhilfebestimmungen, Industrieanlagen, Schiffsbau und andere Unternehmen innerhalb der Bundesrepublik. Wie leichtfertig der Staat bei derartigen Subventionsgesuchen vorgeht, und wie gut derartige Subventionsobjekte von intelligenten Menschen ausgenützt werden können, dafür existieren Hunderte von Beispielen. Wie inaktiv aber dann die Strafverfolgungsbehörden sind, weil sie befürchten müssen, wenn sie zu früh eingreifen, werden sie vielleicht für den entgangenen Gewinn in Anspruch genommen werden können, das ist doch bezeichnend. Es ist für mich als Aussenstehenden ebenfalls bezeichnend, dass da gewisse Klassifikationsunterschiede so gravierend sind. Prof. Mergen sagt z.B., dass sich der Wirtschaftskriminelle und das Opfer sehr wesensgleich sind. Das möchte ich auch unterstreichen, möchte aber gleichzeitig bedauernd hinzufügen, dass sich die "untergeordneten Organe", die sich mit den Ermittlungen hinsichtlich dieser Straftäter befassen müssen, leider weder dem Opfer noch dem Täter ebenbürtig erweisen, weil sie vielleicht nicht genügend geschult sind in wirtschaftlichen Dingen. Wenn man erlebt, wie Wirtschaftsstraftäter von Vernehmungen bei der Kriminalpolizei zurückkommen und eigentlich die Zeit bedauern, die sie dort vergeudet haben, weil die Vernehmenden nicht verstanden, worum es ging, während sie ihre Zeit zum Aufbringen von falschen Deckungen für Schwindelschecks hätten verwenden können. . . . Das sind Probleme, die sich aus dem Recht ergeben in Staaten, die mit einem freiheitlichen Wirtschaftssystem ausgezeichnet sind, es ist vor allem der Nachteil, dass man das Damoklesschwert des Regresses über sich spürt.

Prof. Langen weist darauf hin, dass die Grenze zwischen Erlaubtem und Verbrechen oft fliessend ist:

Es wäre nützlich, im vornherein erkennen zu können zu welcher Gattung ein Projekt gehört, das würde dann die ideale Prävention erlauben. Möglicherweise müsste man ein ähnliches Instrument wie die Gründungsprüfung der deutschen Aktiengesellschaft einführen, das dann aber entsprechend viel weiter gehen müsste: es müssten nämlich alle Planungen für ein derartiges Projekt geprüft werden, und das ist ausserordentlich schwierig.

Oswald Wenzel, Leiter der Auskunftei der Hamburger Sparkasse, Hamburg:

Ich möchte Herrn Robberts Ausführungen ergänzen: es sind viele Herren aus dem Bankgewerbe hier, weil offenbar die Banken und die Sparkassen besonders gefährdet erscheinen. Das hat dazu geführt, dass ich bereits 1950 bei der Hamburger Sparkasse ein Archiv über Wirtschaftsverbrecher geschaffen habe; dieses Archiv umfasst heute etwa 15 000 Personen, und in der praktischen Arbeit kommt es ungefähr zehnmal im Monat vor, dass solche Registrierte in irgendeiner Form als neue Kunden bei uns in Erscheinung treten: kleine Sünder, aber auch grosse Sünder. Leute, die wir als kleine Sünder abgewimmelt haben, konnten später im grossen Stil andere Geldinstitute schädigen. Wenn man diese ganzen Vorträge hier hört, muss man annehmen, dass die Kreditinstitute ohnmächtig sind; aber mit Hilfe einer solchen Einrichtung ist es verhältnismässig einfach, Abwehrmassnahmen zu schaffen. Wir gehen auch innerbetrieblich so weit, dass unsere Mitarbeiter geschult werden in Verbindung mit Scheckreitereien, Bilanzfälschungen; diese immer wiederkehrenden Tricks sind bei uns archivmässig erfasst, so dass ich jederzeit Auskunft über solche Dinge geben kann. Der Täter operiert ja meistens immer mit den gleichen Tricks, und durch die Häufung der Tricks ist es für einen Fachmann verhältnismässig einfach, diesen Dingen auf die Spur zu kommen. Ich möchte mich nicht brüsten, aber ich habe doch im Laufe der Jahre schon 250 Scheckreitereien und Wechselreitereien aufgedeckt.

Wilhelm Schulz

möchte sich Herrn Wenzel anschliessen: eine solche Sammlung ist ungeheuer wertvoll, mann müsste aber nun möglichst viele solche einzelnen Sammlungen zusammenlegen und sie als zentrale Auskunftsstelle allgemein zugänglich machen. In einzelnen Bereichen mögen derartige Sammlungen wirksam sein, aber ich fürchte, insgesamt gesehen können komplizierte Straftaten durch sie nicht verhindert werden.

D. Robbert:

Wir scheinen eine Art Team zu sein: Prof. Langen, Hauptkommissar Schulz und ich; das ist vielleicht der Beitrag, den wir hier geben können: wir arbeiten seit vielen Jahren zusammen, aber leider etwas ausserhalb der Legalität. Wir arbeiten zusammen, weil wir etwas tun, das normalerweise gar nicht vorgesehen ist, dass sich staatliche Institutionen mit Selbsthilfeorganisationen der Wirtschaft und vielleicht mit etwas Privatinitiative irgendwelcher Leute paart, die gegen Kriminelle vorgehen wollen. Wenn das überregional erreicht werden könnte, was wir regional in Berlin und Sie in Hamburg getan haben, dass wäre der Berufsstand der Wirtschaftsstraftäter isoliert: wenn man heute in der Bundesrepublik hundert potente Wirtschaftsstraftäter aus dem Verkehr ziehen könnte, hätten wir 90 % weniger Wirtschaftskriminalität; es gibt in der BRD tatsächlich hundert potente Verbrecher, die sich ständig etwas Neues einfallen lassen die ihre Tätigkeitsgebiete in Berlin, Frankfurt, München haben. Was an grossen Affären bei uns in Berlin getätigt wird, wurde in Frankfurt oder München ersonnen und dann durch ein Heer von Untergeordneten realisiert.

Wilh. Berk:

Zur überregionalen Zusammenarbeit ist in praktischer Hinsicht zu sagen, dass die von den Herren Robbert und Schulz erwähnte Kooperation auch überregional praktisch versucht wird. Bankenverbände und Versicherungsverbände unternehmen ihr Möglichstes im präventiven Bereich, soweit es sich im Rahmen der Legalität machen lässt; die Grenzen sind zwar dort natürlich sehr eng gesteckt, aber es ist nicht aussichtslos und keineswegs erfolglos. Zu den überörtlichen Gegebenheiten der Kriminalpolizei kann ich ganz kurz ausführen, dass wir auf dem Wege der Besserung sind in begründeten Fällen, und zwar dadurch, dass der Gesetzgeber in letzer Zeit einige Gesetze verabschiedet hat, die das Gesetz über das Bundeskriminalamt in Wiesbaden ergänzen. Sie wissen, dass die Bundesrepublik föderativ begründet ist und die Polizeihoheit absolut bei den Ländern liegt. Nun hat sich aber im Laufe der Jahre herausgestellt, dass die Möglichkeiten der lokalen Verbrechensbekämpfung nicht in allen Straftatenbereichen sehr wirksam ist, vor allem nicht in konkreten Fällen, die über mehrere Bundesländer hinausgehen. Das Bundeskriminalamt hat nun seit dem ersten Januar 1970 die Möglichkeit, in ganz bestimmten Fällen die Koordinierung der Ermittlungstätigkeit verschiedener Ermittlungsbehörden zu übernehmen und in gleicher Weise auch die örtlichen Kriminalpolizeibehörden bei der Verfolgung bestimmter überörtlicher Straftaten personell, materiell und organisatorisch zu unterstützen. In einem weiteren Falle, nach § 4b des Bundeskriminalamtsgesetzes, sind wir in die Lage versetzt worden, nach Zustimmung des zuständigen Generalstaatsanwaltes und der betroffenen obersten Landesbehörde – das sind die Innenminister der Länder – die zentrale Ermittlungsführung in einem bestimmten Verbrechensfalle einer bestimmten Behörde in einem Lande zu übertragen – das sind im Regelfalle die Landeskriminalämter, die ihrerseits aber auf Grund des gleichen Gesetzes die Ermittlungsführung für das ganze Bundesgebiet an eine nachgeordnete Dienststelle mit örtlichem Charakter delegieren. Das sind die ersten Massnahmen auf dem Gebiete einer zentralen Verbrechensbekämpfung, die sich natürlich grade auch bei der Bekämpfung von Wirtschaftsdelikten sehr förderlich auswirken. Welche weiteren Massnahmen vorgesehen sind, dazu kann ich nicht referieren, da es sich noch nicht übersehen lässt und übrigens auch den Rahmen dieser Diskussion sprengen würde.

Dr. K. Gemmer:

sträubt sich einigermassen, an dieser Diskussion teilzunehmen, da sie sich allzusehr nur auf die Möglichkeiten in Westdeutschland beschränke – ausserdem steht das Thema der Prävention für die Paneldiskussion von morgen Abend auf dem Programm, deswegen schlage ich vor, dass wir uns auf die repressive Verbrechensbekämpfung konzentrieren, um nicht den Vortragenden von morgen womöglich die besten Argumente wegzunehmen.

Ein Teilnehmer:

Eine Frage an Dr. Klingenberg: Sie sagten, dass die Schweizerischen Bankiers durch das Gesetz verpflichtet seien, in einer Strafsache vor Gericht auszusagen. Ich möchte wissen, ob die Banken auch, bevor es zu einem Gerichtsverfahren kommt den Polizeibehörden gegenüber zur Auskunft verpflichtet sind; wie ist ihre Einstellung zu den Strafverfolgungsbehörden?

Dr. Klingenberg:

Ich glaube, es geht da nicht um die Einstellung der Banken den Strafverfolgungsbehörden gegenüber, sondern um die Regelung durch die einzelnen kantonalen Gesetzgeber und den Bundesgesetzgeber in der Strafprozessordnung.

Leider ist das in jedem Schweizer Kanton wieder etwas anders; z.B. in Zürich beginnt die Polizei die Voruntersuchung und, sobald die Bezirksanwaltschaft die Polizei ermächtigt, Auskünfte einzuholen, müssen die Banken die Fragen, die der Polizeibeamte uns mit Ermächtigung der Bezirksanwaltschaft stellt, beantworten; in andern Kantonen ist es ähnlich, es besteht eine gewisse Vorsorge, dass der Untersuchungsrichter selbst anordnen muss, wann das Bankgeheimnis hinter den Interessen der Abklärung einer möglichen Straftat zurücktreten muss.

Prof. H. Walder

In der Schweiz haben wir relativ kurze polizeiliche Ermittlungsverfahren: d.h. der Untersuchungsrichter greift relativ rasch ein. Wenn also die Polizei bei Klärung eines solchen Wirtschaftsverbrechens vor die Notwendigkeit gestellt wird, eine Banktransaktion zu klären, dann kann der betreffende Beamte zum Untersuchungsrichter, zum Bezirksanwalt gehen, oder der Bezirksanwalt hat schon die Untersuchung in der Hand und kann ohne weiteres von der Bank Auskunft verlangen. Im Bundesstrafprozess ist es so, dass der Bundesanwalt diese Auskünfte im polizeilichen Ermittlungsverfahren verlangen kann, weil er nicht ganz als Polizei gilt, sondern als Magistrat der Justiz.

Herr Baer, Wirtschaftsjurist, Zürich

möchte den Bemerkungen von Dr. Klingenberg und Bundesanwalt Walder im Sinne einer Berichtigung etwas beifügen und bittet auch einen Vertreter der Zürcher Polizei, zu dem Folgenden Stellung zu nehmen:

In der Schweiz ist es doch so, dass die Banken auf polizeiliche Befragungen nicht antworten, es sei denn, es werde ganz präzis gesagt, wer der Angeschuldigte ist. Kein anderer Bürger unseres Staates mit Ausnahme von Ärzten, Anwälten und Notaren kann sich gegen Ausfragen allgemeiner Natur durch die Polizei verwahren, kann sagen: "Ich beantworte das nicht, solange Sie mir nicht sagen, es betreffe Herrn X oder Herrn Y." Die Banken tun es, ohne dafür eine gesetzliche Grundlage zu besitzen; das aber ist die schwerste Barriere in Wirtschaftsdelikten unseres Landes, die im Sinne von Herrn Mergen eben die Strafverfolgungsbehörden daran hindert, an die Information zu kommen. Es ist sehr häufig so, dass ganze Komplexe von Finanztransaktionen vollständig undurchsichtig sind, dass man nicht weiss, ob überhaupt ein Delikt vorliegt, wie weit es Kreise zieht, wer die Täter sind, wer die Begünstigten sind, und wenn da die Polizei im ersten Untersuchungsstadium schon keine Möglichkeit hat, die Randgebiete durch allgemeine Fragen abzuklären, dann kommt sie ganz einfach nicht weiter. Es hängt also ganz direkt zusammen mit der Bemerkung, eines früheren Sprechers, dass man Angst habe vor der zivilrechtlichen Haftung. Die Polizeiorgane würden es dann in solchen Fällen gar nicht riskieren, energischer durchzugreifen aus Respekt vor der Gefahr für angebliche Schäden, die dann grossen Wirtschaftsfiguren entstehen könnten; sie wagen es nicht, zu erzwingen, dass ihnen die verlangten Auskünfte erteilt werden. Aus diesem Grunde liegen bis heute keine Präjudizien unserer obersten Gerichte darüber vor, ob eigentlich die Banken zu Recht diesen Schutzwall aufrichten. Wenn Sie mir gestatten, werde ich morgen noch einmal im Sinne der Prävention auch zu diesem Punkte ein paar Worte sagen, aber hier möchte ich schon andeuten, bei der Repression dürfte es entscheidend sein, dass man unterscheidet zwischen dem Recht eines Gehimnisträgers als Individuum – ich würde da auch den einzelnen Bankier darunterzählen, genau wie den Notar- und dem zurückzuweisenden. Recht von Grossorganisationen wie unsern Grossbanken, sich hinter einem angeblichen Geheimnis zu verschanzen, wenn es um Strafuntersuchungen oder um die Abklärung anderer Informationsrechte geht. Man darf solchen Grossorganisationen nicht dasselbe Geheimnisrecht zuerkennen, denn sie sind anonym, sie stehen nicht dafür ein. Das Wort Verantwortung ist dort ein leerer Begriff. Wenn ein Anwalt, ein Arzt, ein Notar, ein Einzelbankier einen Fehler macht, dann wird er persönlich sowohl zivil wie unter Umständen strafrechtlich als Mittäter zur Verantwortung gezogen, möglicherweise wegen Begünstigung oder Hehlerei. Man kann eine internationale Grossbank oder deren vielfältige Leiter nicht zur Verantwortung ziehen . . . .

Zwischenrufe aus dem Publikum: "keine Polemik hier! Schluss!' Prof. Langen bittet, Herrn Baer ausreden zu lassen, der noch einmal feststellt, er sei mit Dr. Klingenbergs Auffassung nicht einverstanden und wünsche Diskussion, nicht Polemik.

Prof. Walder:

Es ist nicht zutreffend, dass nur in Untersuchungen gegen bekannte (namentlich genannte) Personen die Bank auskunftspflichtig ist. Es sind Untersuchungen denkbar gegen Unbekannte, wo die Bank dann mithelfen muss, diesen Unbekannten zu identifizieren. Es ist auch nicht so, dass nur Transaktionen eines Beschuldigten zur Diskussion stehen: die Bank ist auskunftspflichtig, soweit die Untersuchung Auskünfte benötigt, und das können unter Umständen Transaktionen sein, die anders nicht geklärt werden können als dadurch, dass die Bank Auskunft gibt, sogar über Transaktionen eines Dritten, nicht Beschuldigten. Die Zeugnispflicht ist eine totale, und jeder, der zeugnispflichtig ist, muss Auskunft geben; das ist Rechtssprechung im Kanton Zürich und in andern Kantonen. Im Referat von Dr. Klingenberg wurde nur angedeutet, dass die Bank auskunftspflichtig sei über Transaktionen des Beschuldigten; das ist aber nicht zutreffend: Entscheide der Staatsanwaltschaft haben wiederholt ausdrücklich gesagt: "Die Bank muss unter Umständen auch über Transaktionen anderer Personen Auskunft geben, wenn sie auf andere Weise nicht geklärt werden können, aber für die Untersuchung von Bedeutung sind."

Dr. Schinnerer:

Übersehen Sie doch bitte nicht, dass die Banken nicht nur deshalb ihre Auskunft verweigern, weil sie ihr Geschäft machen wollen – darauf zielten die Äusserungen Herrn Baers etwas allzu deutlich –, sondern dass es auch ein Schutz der individuellen Rechte des einzelnen ist. Darf ich das an einem Einzelfall erläutern: In einer Provinzbank in Österreich ist vor kurzem ein grösserer Scheck eingereicht worden, der gefälscht war. Daraufhin verlangte der örtliche Polizeibeamte, der Erhebungen vornahm, alle Bankkunden, die zwischen acht und zehn Uhr die Bank betreten hatten, als Beschuldigte einzuvernehmen. Das ist die Kehrseite einer Übertreibung: jedermann hat doch zunächst einmal das Recht, als anständiger Mensch angesehen zu werden, trotz der allgemeinen Auskunftspflicht. Allgemeine Anschuldigungen, wie die geschilderte, gehen gegen die Rechte des Individuums.

W. Ulrich, Kantonspolizei, Zürich:

Als Leiter der Spezialabteilung, die sich mit den Bankenerhebungen befasst, muss ich der Gerechtigkeit halber erwähnen, dass wir noch nie Schwierigkeiten hatten mit den Banken. Wir erhalten die Auskünfte, die wir verlangen im Rahmen der gesetzlichen Möglichkeiten. Ferner möchte ich Herrn Robbert einmal einladen, bei der Zürcher Kriminalpolizei, Dezernat Wirtschaftsdelikte, einen Vormittag zu verbringen, damit er aus dem Tief seiner Ansichten über die Kriminalpolizei herausgeholt werden kann; er soll einer Vernehmung beiwohnen, dann wird er von seiner Auffassung, sie verstehe nichts, vielleicht geheilt. *(Gelächter)*

Wilh. Schulz:

Um zu unserm Ausgangspunkt zurückzukommen, es ging da um Beschaffung von Informationen und mögliche Präventionen, da gibt es sicher verschiedene Lücken. Ein Fall aus der Praxis: Ein mit sechs Jahren Gefängnis bestrafter Betrüger wird gleichzeitig mit fünf Jahren Berufsverbot belegt, geht nach Berlin und gründet dort zwei vermögenslose GmbH's, lässt sich zweimal als Geschäftsführer eintragen, und diese Geschäftsführertätigkeit wird erst dann festgestellt, als eine Anzahl von Geschädigten der Polizei von seinem Treiben Mitteilung macht. Dies nur ein Beispiel für die Lücken in der Information!

Prof. Langen

stellt eine letzte Frage nach dem Strafmass bei Wirtschaftsvergehen an Prof. Mergen

Prof. Mergen:

Sie wissen, ich bin ein Gegner der Strafen, aber ein Befürworter der Massnahme: es kommt nämlich darauf an, wie die Gesellschaft nun auf die Verbrechen reagiert. Unsere Gesellschaft reagiert auf die Verbrechen mit Strafe und Sühne durch das Strafrecht, und sie hat damit offensichtlich Konkurs erlitten; deshalb glaube ich, wäre es adäquater und zweckmässiger, wenn die Gesellschaft nicht affektiv mit Strafen reagierte, sondern mit adäquaten, angebrachten Massnahmen, die Mass nähmen am Verbrechen und Mass nähmen am Verbrecher. Natürlich legt man den Wirtschaftsverbrecher still, d.h. man hält ihn vom Geschäftsleben fern als Strafe. Aber die richtige Massnahme müsste ihn veranlassen, den verursachten finanziellen Schaden gutzumachen, das ist in sehr vielen Fällen viel schlimmer, als eine Freiheitsstrafe, denn diese Freiheitsstrafen werden gerne in Kauf genommen: was bedeutet ein Jahr Haft, wenn man sein ganzes restliches Leben mit den erschwindelten Millionen im Tessin sehr gut leben kann? Dagegen wende ich mich, und deshalb fordere ich adäquate Massnahmen für Wirtschaftsverbrecher und nicht diese monotone fantasielose Strafe, die einheitlich immer im Freiheitsentzug besteht, der mehr oder weniger lange dauert.

Prof. Langen:

Ich fürchte, dass Sie den Wirtschaftskriminellen, wenn Sie ihn zur Wiedergutmachung verurteilen – das ist ja, was Sie wollen – dass Sie ihn dann anreizen, zur Deckung der entstehenden Ausgaben neue Straftaten zu begehen und das insbesondere deshalb, weil ja – wie Sie uns geschildert haben

– der Wirtschaftsstraftäter so eine kalte und gefühlsarme Persönlichkeit darstellt, dass ihm gar nichts anderes übrig bleibt.

Prof. H. Walder:

Ein Beispiel zu diesen adäquaten Massnahmen: Ein Notar im Kanton Bern wurde wegen verschiedener Betrügereien verurteilt, kam ins Gefängnis und wurde dort entsprechend seinen Fähigkeiten in der Gefängnisverwaltung beschäftigt, unter ziemlich genauer Kontrolle. Er verstand es dann, von diesem Gefängnis aus, auf ein Ökonomiegebäude des Gefängnisses eine Hypothek aufzunehmen, um mit diesem Gelde nun weiter zu kutschieren. *(Gelächter)*

Willy Schulz, Berlin

stellt zum Abschluss die rethorische Frage, wie lange ein Betrüger leben muss, um den Schaden wieder gutzumachen, nachdem er selbstredend seinen Erlös schon beiseite geschafft hat!

Wie können Wirtschaftsdelikte verhindert werden?

Willy Ulrich

Wer prophylaktische Massnahmen in dieser Verbrechenssparte ergreifen will, muss sich zwangsläufig zuerst mit den Grundursachen befassen, welche meiner Ansicht nach sowohl für die potentiellen Damnifikaten, wie auch für die potentiellen Wirtschaftskriminellen die gleichen sind. Sie liegen – in höchst vereinfachter Form ausgedrückt – im ungesunden, überbordenden Materialismus der heutigen Zeit. Das wirtschaftliche Leben ist zu einer grossen Jagd nach Profiten geworden. Jeder will ohne grossen Aufwand möglichst schnell reich werden, im Wohlstand leben, sein Geld lukrativ anlegen und durch Mehr- oder Nebenverdienste der schleichenden Geldentwertung entrinnen. Selbst der Kleinanleger wird zum "Zinslipicker". Das Sicherheitsdenken wird an die Wand gespielt. Diese allgemeine Tendenz wird seitens der Wirtschaft über einen riesigen Werbeaufwand erheblich geschürt. Auch die Wohlstandsvergrösserung hat automatisch zu einem prestigeorientierten Kaufzwang geführt. Die kriegerischen Auseinandersetzungen in der Welt müssen ebenfalls in Rechnung gestellt werden. Der Riesenkonsum führte zur Hochkonjunktur, die Hochkonjunktur zur Geldentwertung. Die meisten Wirtschaftsdelikte sind meines Erachtens nichts anderes als *Sumpfblüten der Konjunktur.* Folgerichtig wäre demnach jede Konjunkturbremse als eine prophylaktische Massnahme in der Bekämpfung der Wirtschaftskriminalität zu werten.

Schutz für den kleinen Geldanleger

Dieser ist schwer vor zweifelhaften Investitionen zu schützen. Während meiner langen wirtschaftskriminalistischen Tätigkeit musste ich feststellen, dass speziell die Kleinanleger Geschäfte oder Anlagen durch eine beschlagene Brille betrachten, sobald überdurchschnittliche Zinsen oder Gewinnchancen angeboten werden. Trotzdem müssen unsere Bemühungen um Aufklärung des Anlegerpublikums, insbesondere des Laien, mit grosser Intensivität fortgesetzt werden.

In dieser Richtung hat der Zürcher Bankier Dr. Hans Vontobel in der "Finanz und Wirtschaft" vom 4. 7. 1970 einen bemerkenswerten Vorschlag gemacht: Er propagierte eine *neutrale Beratungsstelle für Kleinanleger.* Richtigerweise wies er darauf hin, dass das Reklame- und Informationsmaterial aus aller Welt derart umfangreich ist, dass nur eine zentrale Stelle befähigt sei, es zu sichten, kritisch zu prüfen und entsprechend zu beurteilen. Einer solchen Beratungsstelle würde ohne Zweifel eine Aufgabe von eminent politischer und volkswirtschaftlicher Bedeutung zukommen. Der Staat müsste dabei in irgend einer Form vertreten sein. Die juristische Frage, ob die Polizei legitimiert werden könnte, dieser Stelle interne Information zu liefern, kann ich nicht beantworten. Ich sehe dazu gewisse Möglichkeiten, gestützt auf § 56 des Dienstreglementes der Kantonspolizei, in welchem u. a. als eine Aufgabe der Kriminalpolizei die Verhütung von Verbrechen stipuliert ist.

Mängel im Kreditwesen

Hier stellen wir immer wieder Mängel und Unterlassungen fest, die unsern "Klienten" die Verwirklichung ihrer deliktischen Absichten erleichtern. So werden vielfach nur im Hinblick auf grosse Zinsen oder Gewinne Kredite zu nicht branchenüblichen Usanzen (z. B. ohne Sicherheiten) gewährt. Es werden sogar usanzfremde Kredite gewährt, um die von den massgeblichen Firmenorganen alljährlich geforderte Umsatzsteigerung zu erreichen. Das zur Krediterteilung vorgelegte Grundlagenmaterial und die angebotenen Sicherheiten werden zu wenig sorgfältig oder gar nicht mehr geprüft, ja oft werden – teils sogar nur aus Spargründen – nicht einmal die einfachsten Informationen über den Kreditnehmer eingeholt. Auch Augenscheine werden kaum mehr vorgenommen. Man will die Kunden nicht schockieren, denn man fürchtet die Abwanderung zur Konkurrenz. Solche Unterlassungen erleichtern nicht nur die deliktischen Kreditaufnahmen, sondern erschweren auch die Beweisführung im Falle einer Anzeige.
Der Geldgeber kann sich hier vor Fälschungen wirksam schützen, indem er *vor* der Auszahlung die Zessionen notifiziert oder, bei nichtnotifizierbaren, einzelne Zessionen abcheckt oder anders prüft. In diesem Zusammenhang ist der Fall Hoffmann zu erwähnen, der grösste Betrugsfall, der in Zürich je über die Bühne lief. Hier spielten riesige Zessionskredite aus Transitgeschäften Italien/Deutschland eine Rolle. Die Zessionen durften angeblich aus devisentechnischen Gründen nicht notifiziert werden. In Tat und Wahrheit waren alle Transitgeschäfte imaginär. Jahrelang hat sich Hoffmann mit dem gleichen Schwindel im Schneeballsystem Gelder beschafft. Keiner der später Geschädigten hat je ein Warentransport- oder Zollpapier verlangt. Hätte nur einer einen solchen Ausweis verlangt, wäre das Lügengebäude sofort zusammengebrochen und Millionen-Schäden hätten verhindert werden können.

Mangelhafte interne Kontrollsysteme

Kontrollsysteme, welche auf die einzelnen Betriebe zugeschnitten und von Zeit zu Zeit auf Wirksamkeit zu überprüfen sind, bilden zweifelsohne einen Schutzwall gegen deliktische Machenschaften von innen und aussen, sind aber, wie wir immer wieder feststellen müssen, oft nur mangelhaft entwickelt. Ein Beispiel aus der Praxis: Ein Vize-Direktor einer zürcherischen Bank erteilte an, wie sich später herausstellte, dubiose Kaufleute Kredite, die seine Kompetenzen weit überschritten. Die Kreditnehmer konnten oder wollten die Kredite termingemäss nicht zurückzahlen. Weil sie zweifelsohne von den Kompetenzüberschreitungen Kenntnis hatten, setzten sie gegenteils den Bankbeamten unter Druck. Sie verlangten neue Kredite und schwindelten dabei vor, erst mit den neuen Geldern könnten die angebahnten Geschäfte gewinnbringend abgeschlossen werden. Der Beamte warf dem schlechten Geld gutes nach. Gegenüber der Verwaltung kaschierte er die Kredite über

Jahre durch Buchfälschungen. Letztlich kam der Schwindel aber doch aus. Ein Strafverfahren musste durchgeführt werden. Die Bank erlitt einen Verlust von rund 5 Millionen Franken. Sie wäre nie zu Schaden gekommen, wenn ein funktionsfähiges, internes Kontrollsystem bestanden hätte. Zur Vermeidung von Kompetenzüberschreitungen bietet sich eine einfache Kontrollmöglichkeit an: Der Funktionär der Zweitunterschrift (bei Banken sind Kollektivunterschriften die Regel) könnte beauftragt werden, zu kontrollieren, ob der Mann der Erstunterschrift reglements- und kompetenzkonforme Kredite erteilt.

Im gleichen Zusammenhang muss ich auf das Erfordernis der *steten Kontrolle der Debitorenausstände* hinweisen, welche periodisch nicht nur auf Bestand, sondern auch auf Einbringlichkeit zu überprüfen sind. Dies drängt sich vor allem dort auf, wo die Debitoren einen wesentlichen Bilanzposten darstellen. (Eine Aufgabe, die insbesondere die Revisoren erfüllen müssen.)

Spielen bei kaufmännischen Transaktionen Wertpapiere, wie Aktien, Obligationen usw. eine Rolle, dann sollte immer nachgeforscht werden, ob für die Effekten ein Markt existiert oder ob wenigstens die fälligen Zinsen oder Dividenden bezahlt wurden. Dabei darf man nicht aus den abgetrennten Coupons abgelaufener Geschäftsjahre schliessen, die Zinsen oder Dividenden seien bezahlt worden. Die Ganoven der Finanzunterwelt haben schon längst erkannt, dass die verfallenen Coupons am Couponsbogen abgetrennt werden müssen, will man kein Misstrauen erwecken. Man darf sich auch nicht durch vorgelegte Belege über die Kurswerte der offerierten Titel irreleiten lassen, selbst wenn es sich um eine Bankenauskunft handelt. Die Banken ihrerseits sollten bezüglich Auskünfte vorsichtiger sein. Das in der Regel beigefügte "ohne Gewähr" bedeutet dem Laien eben nicht sehr viel.

Wechselbetrüge

Es ist unglaublich, mit welchem Leichtsinn sich immer wieder Kaufleute im Zusammenhang mit Finanz-, Waren- oder sogenannten Sicherheitswechseln erwischen lassen. In Zürich sind in den letzten Jahren faule Wechsel aller Art aus dem In- und Ausland in Millionen von Nennwertbeträgen in Umlauf gesetzt oder zu plazieren versucht worden. Die hiesige Finanzunterwelt konspiriert dabei mit einem ganzen Klüngel ausländischer Wechselakrobaten und -betrüger. In breiter Streuung werden die Papiere ausgegeben, wechseln von einer Hand in die andere, jeder versucht, den andern hereinzulegen und jeder sucht letztlich ein gutgläubiges Opfer. Die angeblichen lukrativen Gewinne sollten den potentiellen Damnifikaten einfach die Augen öffnen.

Ins gleiche Kapitel gehört das *Erschleichen von Wechselunterschriften* solventer Personen, meist über Indossamente. Mit solchen Unterschriften machen die dubiosen Elemente die an und für sich faulen Wechsel diskontfähig, höhlen aber gleichzeitig die vorerst finanzkräftigen Gutgläubigen bis zum Ruin aus. Ich hoffe, dass eine vermehrte Aufklärung über die Folgen von Wechselunterschriften im Rahmen der Polizei- oder Gerichtsberichterstattung eine gewisse prophylaktische Wirkung haben könnte.

Neugestaltung gewisser gesetzlicher Vorschriften

Durch eine Änderung gesetzlicher Vorschriften könnte das Delinquieren im wirtschaftlichen Bereich stark erschwert werden. So steht der *Missbrauch von leeren Aktienmänteln* oft am Anfang irgend eines Deliktes. Warum können Pseudofirmen nicht von Amtes wegen gelöscht werden? Insbesondere jene Firmen sollten im Handelsregister gelöscht werden, die inaktiv sind, nicht mehr Buch führen und keine Gesellschaftsaktiven mehr besitzen. Eine entsprechende Prüfungs- und Meldepflicht könnte dem Steueramt überbunden werden.

Wie sich der Missbrauch eines leeren Aktienmantels auswirken kann, schildere ich an folgendem Beispiel: Mit dem leeren Mantel einer inaktiven, nicht mehr Buch führenden Aktiengesellschaft mit einem nicht mehr vorhandenen, jedoch eingetragenen Aktienkapital von Fr. 200 000.– wurde durch blosse Namensänderung eine Firma der Kunststoffbranche gegründet. Die besagte AG-Vorgängerin war übrigens schon früher in diverse Strafverfahren verwickelt gewesen. Die neue AG kaufte als erstes auf Abzahlung zum Preise von Fr. 150 000.– die Produktionsmaschinen einer konkursiten Firma, deren Niedergang übrigens auf die Unrentabilität dieser Maschinen zurückzuführen war. Über einen ersten Reitwechsel beschaffte sich die neue Firma das Geld für die Anzahlung. Das nicht vorhandene Aktienkapital wurde über eine Buchkonstruktion liberiert, indem man die auf Abzahlung gekauften Maschinen um Fr. 200 000.– aufwertete. Das widersprach zwar dem Obligationenrecht, aber es ist eben Tatsache, dass niemand solche Mätzchen an der Quelle kontrolliert und unterbindet. Obschon das besagte Unternehmen von Anfang an konkursreif war, wurden postwendend Reitwechsel im Rahmen von rund 1 Million Franken ausgestellt und zum Plazieren an äusserst dubiose Elemente ausgegeben, die sich ihrerseits an andere Wechselakrobaten wandten und welche allesamt mit unglaublichen, ja geradezu irrsinnigen Abrechnungen operierten. Natürlich hatte man nicht unterlassen, sofort nach der Neugründung der AG beim Betreibungsamt einen Auszug zu beschaffen (welcher natürlich noch blank war). Der Auszug wurde vervielfältigt und zum besseren Absatz der kriminellen Wechsel mitgeliefert. Später hat das gleiche Unternehmen noch Obligationen im Nennwerte von 4 Mill. Franken gedruckt und davon 1,5 Mill. in unsinnigen Geschäften emittiert. Die Plazierung der Wechsel und Obligationen gelang indessen in den meisten Fällen nur, weil die Emittenten glaubten, bei einem Aktienkapital von Fr. 200 000.– sei genügend Sicherheit vorhanden.

Die Gefahr von Schwindelgründungen liegt auch vor, wenn *Sacheinlagen* im Spiele stehen. Immer wieder ist festzustellen, dass weder die Sacheinlagen, noch die Inventare der Übernahmeverträge auf Bestand und Wert geprüft werden. Diesen Mangel nützen die Wirtschaftskriminellen vielfach aus. Dazu ein Beispiel: Ein uns sattsam bekannter Delinquent gründete eine Aktiengesellschaft mit einem Aktienkapital von Fr. 50 000.–, wobei als Apport ein praktisch wertloses Bild eingebracht wurde. Die AG konnte sich – sicher nur im Hinblick auf das vermeintlich liberierte Aktienkapital – Kredite verschaffen. Das Ende war: Konkurs – Verlust – Strafuntersuchung.

Man muss sich ernsthaft fragen, ob die bestehenden Vorschriften über das *Handelsregister* noch à jour sind. Persönlich vertrete ich die Ansicht, dass die Bestimmungen verschärft werden sollten oder dass wenigstens in vermehrtem Masse geprüft werden muss, ob die bestehenden Strafbestimmungen zur Handelsregisterverordnung verletzt werden.

Revision der Buchführungs- und Bilanzierungsvorschriften

Sie sind meines Erachtens ungenügend und bedürfen dringend einer Verschärfung. So haben die Kontrollstellberichte in der heute gesetzlichen Form absolut keine Aussagekraft. Mit verklausulierten Vorbehalten können die Revisoren Jahresrechnungen abnehmen, die einfach nicht mehr abgenommen werden dürften, u. a. wegen krasser Verletzung des im OR für Bewertungen stipulierten Niederstwertprinzips. Auch die derzeit gültigen Buchführungsvorschriften sind viel zu large ausgestaltet und erschweren in keiner Weise Frisierungen, dafür aber in vielen Straffällen den Nachweis des Vorsatzes (was nicht verboten ist, ist erlaubt). Ich betone an dieser Stelle mit allem Nachdruck, dass es höchste Zeit ist, den besonders in Wirtschaftsskandalen, in Konkursen, aber auch sonst festgestellten *Wildwestmethoden im Buchführungs- und Bilanzwesen* Einhalt zu gebieten.

Auch der Art. 723 OR ist m. E. revisionsbedürftig. Dieser Artikel besagt, dass die Bilanzen jener Aktiengesellschaften, deren Grundkapital 5 Mill. oder mehr beträgt oder welche Anleihensobligationen ausstehend haben oder sich öffentlich zur Annahme fremder Gelder empfehlen, zusätzlich durch unabhängige Büchersachverständige zu prüfen sind. Die heutigen gesetzlichen Vorschriften erlauben indessen jedem Hilfsbuchhalter, als unabhängiger Büchersachverständiger zu fungieren. Er kann sogar gleichzeitig noch das Amt einer Kontrollstelle ausüben. Die beiden Stellen sollten getrennt werden, und nur wirkliche Experten sollten als unabhängige Büchersachverständige zugelassen werden.

Hier möchte ich noch einschieben, dass sich ohne Zweifel eine präventive Wirkung einstellen würde, wenn nach schuldhaften Verlustgeschäften, Konkursen, Strafuntersuchungen usw. gegen die Verwaltungsräte oder Kontrollstellen der schuldnerischen Firmen *zivilrechtliche Verantwortlichkeitsklagen* eingebracht würden. Das würde viele angesehene Männer davon abhalten, sich als Garnituren in den Veraltungsrat gewisser Gesellschaften wählen zu lassen.

Präventivarbeit der Grundbuchämter

Eine leide Geschichte bildet der Missbrauch der in den meisten Kantonen freien Belehnungsgrenzen im Grundbuch. Gerade die Finanzunterwelt ist darauf spezialisiert, irgendwo billige Liegenschaften zu erwerben, diese weit über die Ziegel hinaus mit Schuldbriefen oder Grundpfandverschreibungen zu belasten, um dann die Titel in kriminellen Geschäften zu veräussern. Faule Hypotheken werden sehr oft verwendet für Schwindelgründungen, zum Ausbügeln von Unterbilanzen oder als vermeintliche Grundpfandsicherung in Emissionen. Ein Riegel könnte auf zwei Arten geschoben werden: Einmal könnten *allgemeine Belehnungsgrenzen* eingeführt werden. Wenn nicht, dann könnte dadurch massvolle Präventivarbeit geleistet werden, wenn die Grundbuchämter verpflichtet würden, *Überbelastungen sofort zu melden.* Alsdann sollte die Polizei – wir haben dies auch schon getan – die Eigentümer der überbelasteten Objekte oder die Besitzer der Hypotheken darauf aufmerksam machen, dass die Titel minderwertig oder wertlos sind und dass jede missbräuchliche Verwendung als deliktische Handlung ausgelegt werden müsste.

Die Wirtschaftsverbrecher verstehen sich auch darauf, Gutgläubigen Liegenschaften gegen wertlose Papiere abzukaufen (dass dabei der höhere Kaufpreis stets eine gewisse Rolle spielt, ist m. E. selbstverständlich). Solche deliktischen Handlungen könnten dadurch verhindert werden, dass jeder Notar vor der öffentlichen Beurkundung den Verkäufer auf die allenfalls fragwürdige Bezahlung des Kaufpreises aufmerksam machen würde. In dieser Richtung wurde übrigens Mitte Juli 1970 durch das Kantonsgericht St. Gallen ein bemerkenswertes Urteil gefällt: Ein Grundbuchbeamter hatte sich geweigert, einen Kaufvertrag öffentlich zu beurkunden, weil er der Ansicht war, die Käuferschaft versuche einem 85jährigen, vormundschaftswürdigen Greis eine Liegenschaft weit unter deren Wert abzukaufen. Der Beamte übte damals für den Grundbuchführer die Stellvertretung aus. Im Hauptamt war er Gemeindeschreiber. Als solcher meldete er die Weigerung der öffentlichen Beurkundung dem Gemeinderat, welcher alsdann selbst, jedoch zu einem angemessenen Preis, die Liegenschaft erwarb. Der Grundbuchbeamte wurde in der Folge wegen Verletzung des Berufsgeheimnisses angezeigt und durch die Untersuchungsbehörde angeklagt. Das Gericht sprach ihn aber frei und betonte ausdrücklich, dass wir Beamte mit Zivilcourage brauchen.

Mehrfache Konkurse

Es kommt immer wieder vor, dass gewisse Personen eine ganze Anzahl von Konkursen hinter sich bringen können, ohne dass ihnen das geringste geschieht. Dabei ist immer der gleiche Tatbestand zu registrieren: Gründung, Hineinpumpen von Fremdgeldern, Aushöhlung, Konkurs. Wohl sind unsere Konkursämter verpflichtet, von Amtes wegen Anzeige zu erstatten, wenn sie feststellen, dass die konkursiten Firmen nicht oder nur mangelhaft Buch geführt haben oder wenn sich auf Grund der Aktenlage der Verdacht auf andere Konkursdelikte ergibt. Solche Anzeigen sind aber – gemessen an der Anzahl der Konkurse – sehr selten. Ein mir bekannter Notar, der früher in dieser Richtung noch recht aktiv war, hat mir erklärt, er verrichte doch nicht Mehrarbeit für die "Katz". Er meinte damit, die Anzeigen würden zu wenig sorgfältig, zu wenig fachmännisch geprüft und ausgewertet. Das trifft sicher teilweise zu. Aber gerade deshalb ist anzunehmen, dass die Dunkelziffer der deliktischen Konkurse sehr hoch ist. Die Polizei, die Untersuchungs- und Anklagebehörden müssen sich nun endlich aufraffen, der allzu largen Behandlung von Konkursdelikten Einhalt zu gebieten. Strafrechtliche oder andere Folgen wirken präventiv.

Eine zielstrebige und wirkungsvolle Bekämpfung scheint mir aber nur möglich, wenn ein *umfassender Informationsaustausch zwischen den Konkursämtern* und eine zentral *geführte polizeiliche Ermittlungsstelle* geschaffen wird, bei welcher alle Informationen über den Konkursiten sofort und in zweckmässiger Form greifbar sein müssen. Nur so wird es gelingen, den jeweiligen modus operandi zu erkennen oder in spätern Verfahren auswerten zu können.

Verletzung von Berufsvorschriften

Wirtschaftskriminalisten werden nachdenklich, wenn sie feststellen müssen, dass sich immer wieder Rechtsanwälte, gewisse Kleinbanken und Treuhandbüros als Berater, Drehscheiben, oder Abwicklungsinstanzen in den Dienst der Finanzunterwelt stellen. Man ist fast geneigt, von Basen gegen die Justiz zu sprechen. Aber wie können sie bekämpft werden? Dürfen, sollen oder müssen wir den Aufsichts- oder Bewilligungsbehörden dieser Berufsgattungen (Aufsichtskommission über die Rechtsanwälte, Eidg. Bankenkommission) unsere Wahrnehmungen melden? Was für Möglichkeiten haben diese? Die Antwort kann m. E. nur so lauten: Solange diesen Personen oder Firmen kein strafrechtliches Verschulden oder grobe Vorstösse gegen die Berufsvorschriften nachgewiesen werden können, ist es nicht möglich, irgend eine Bremse anzuziehen. Ein solcher Nachweis ist aber nur zu erbringen, wenn über eine längere Periode hinweg alle zweckdienlichen Informationen zentral gesammelt und alsdann richtig ausgewertet werden.

Ausbildung von Spezialisten in der Polizei

Die präventive Arbeit der Polizei beginnt zweifelsohne mit der Spezialisierung. Nur der "Fachmann" ist in der Lage, geplante oder begangene Wirtschaftsdelikte erfolgreich zu bearbeiten. An die Wirtschaftskriminalisten müssen folgende Anforderungen gestellt werden:

- Solide kaufmännische Fachkenntnisse in theoretischer und praktischer Hinsicht, insbesondere im Buchhaltungs-, Bilanz-, Bank- und Börsenwesen, im Kredit- und Finanzierungsgeschäft, sowie in der Betriebswirtschaftslehre
- Ausrichtung der Kenntnisse auf das Wirtschaftsrecht, insbesondere ZGB, OR, SchKG, UWG, Steuerrecht
- kriminalistisches Denkvermögen
- Kenntnis der üblichen Fremdsprachen
- Persönlichkeit, d. h. Charakterfestigkeit, Entschlusskraft, Takt, Mut, Höflichkeit, sicheres Auftreten
- Freude und Interesse an diesem Spezialgebiet

Aber wie erreicht man dieses hohe Aus- und Weiterbildungsziel? Ich erwähne lediglich zwei Säulen: Einmal die *schulische Ausbildung,* welche gezielter, unter Umständen sogar gesamtschweizerisch gefördert werden sollte und anderseits die *Erfahrung,* die nur über praktische Fallbearbeitungen gesammelt werden kann. Man sollte aber noch mehr tun. So würde ich ein gutes Resultat von *periodischen Fachrapporten* erwarten, an denen die polizeilichen Sachbearbeiter mit den Untersuchungsrichtern Kriminalfälle durchbesprechen, an welchen auch Fehldispositionen, rechtliche Aspekte, Unterlassungen usw. offen deklariert oder diskutiert werden können. Solche Rapporte müssten auf einer breiten, unter Umständen sogar internationalen Basis durchgeführt werden.

Wann soll die Polizei einschreiten?

Um ihrer Pflicht, Verbrechen zu verhüten, Genüge zu leisten, hat sich die Polizei meiner Ansicht nach bereits dort einzuschalten, wo die Annahme berechtigt ist, es werden Wirtschaftsdelikte geplant oder begangen, indessen der Verdacht noch nicht dermassen begründet werden kann, dass die Rapportierung einer Anzeige verantwortet werden könnte. Ich denke zum Beispiel an den Fall, dass eine suspekte Gesellschaft mit einer übertriebenen Werbung Titel mit überdurchschnittlichen Zinsen oder Gewinnchancen offeriert. Wohl wird die Polizei bei ihren Vorstellungen vielfach schon "unter der Türe" abgewiesen. Dennoch wird sie Gelegenheit haben, den Emittenten oder die

Plazeure darauf aufmerksam zu machen, dass jegliches unkaufmännische Geschäft im Zusammenhang mit der geplanten Emission oder die nicht saubere, obligationenrechtmässige Buchführung im Falle des Eingangs einer Strafklage als Indiz eines strafbaren Verhaltens gewertet werden müsste. Dies sind Präventivmassnahmen, welche die Betroffenen mindestens zu Überlegungen zwingen.

Es ist für den Nichteingeweihten kaum vorstellbar, mit welcher Intensität und in welch riesigen Nennwertsummen faule Hypotheken, Reitwechsel, Anteilscheine, Obligationen, Aktien, Verrechnungsschecks usw. in diesem Kreis Tag für Tag die Hand wechseln. Das Absetzen solcher Papiere erfolgt immer über absolut unkaufmännische, oft direkt blödsinnige Abrechnungen. Würden die Titel den Kreis der Ganoven, die ja einander alle sehr gut kennen, nicht verlassen, wäre die Sache halb so schlimm. Aber die erwähnten Subjekte erwerben die Papiere letztlich stets mit der Absicht, diese – und meistens in hintern Gliedern – einem Gutgläubigen "anzudrehen". Darum muss sich auch hier die Polizei einschalten. Wir müssen in vermehrtem Masse versuchen, die faulen Titel aus dem Verkehr zu ziehen. Zum mindesten sind die Besitzer oder Händler klar und deutlich – immer im Sinne unserer Präventivaufgabe – darauf aufmerksam zu machen, dass die Titel wertlos sind und jeder Missbrauch als Straftatbestand gewertet werden müsste. Allein die Erhebung des Drohfingers wird sicher in einzelnen Fällen die Angesprochenen davon abhalten, deliktische Handlungen zu begehen.

Grösste präventive Wirkung: Repression

Persönlich halte ich dafür, dass die grösste Prävention in der repressiven Tätigkeit besteht, wobei ich ausdrücklich betonen möchte, dass die repressive Arbeit nicht nur Aufgabe der Polizei und Untersuchungsbehörden ist, sondern weitgehend und sogar im besonderen Masse dem Richter obliegt, welcher durch *klare präjudizierende Urteile* zu bestimmen hat, wo z. B. der zivilrechtlich relevante Verlust aufhört und die kriminellen Handlungen beginnen, wann die Bücher nicht mehr ordnungsgemäss geführt sind, bei welchen Handlungen Mittäter- oder Gehilfenschaft anzunehmen sind usw.

Die erfolgreiche repressive Tätigkeit der Untersuchungsinstanzen beginnt zweifelsohne ebenfalls mit der Spezialisierung. Nur der Spezialist, d. h. der kaufmännisch geschulte Jurist, ist in der Lage:

- schon beim Anlaufen des Verfahrens die für den weitern Aufbau unerlässliche Hypothese über die Lagerung der Straftatbestände aufzustellen
- die Akten richtig aufzubauen und damit den Fall, bzw. die Straftatbestände "gerichtspräsentabel" sichtbar zu machen
- das Verfahren innert nützlicher Frist abzuschliessen

- und last but not least die ungleiche Behandlung von Wirtschaftsstraftätern auszuschliessen.

Es scheint mir ein Fehler zu sein, wenn man in Wirtschaftsstrafsachen in erster Linie versucht, die Dispositionen der Geschädigten als Leichtsinn oder als Spekulation abzutun und die mangelnde Sorgfaltspflicht in den Vordergrund spielt. Solche Vorwürfe stärken nur das Rückgrat des aalglatten, in den meisten Fällen rechtskundigen und im Komplott arbeitenden Delinquenten, der die hohe Schule des Einseifens à fond beherrscht. Gleichzeitig erschweren sie den Nachweis des Tatvorsatzes. Ich meine, dass man zuerst und in vermehrtem Masse die Untersuchungen auf den Missbrauch des Vertrauens ausrichten sollte, auf welchem letztlich unsere gesamte Wirtschaftsordnung aufgebaut ist.

Einsatzmöglichkeiten von Auskunfteien

Albert Windolph

Um die Wende 1966/67 richteten Mitglieder des deutschen Bundestages eine sogenannte "kleine Anfrage" an die Bundesregierung über das beängstigende Ausmass der Betrugs- und Wirtschaftskriminalität. Man ging von der Schätzung aus, dass unter Berücksichtigung einer Dunkelziffer von 40% allein 4 Millionen Straftaten zu verzeichnen sind, mindestens die gleiche Zahl von Bürgern geschädigt werden und der materielle Schaden auf etwa 10 Milliarden zu beziffern sei. Dies entspricht etwa dem jährlichen Kaufkraftschwund der DM. Der moralische Schaden, das erschütterte Vertrauen zur Wirtschaft, zur Gesetzgebung und Rechtspflege lässt sich in Zahlen überhaupt nicht ausdrücken.

Nach einer klassisch gewordenen Definition von Obst ist "Kredit das Vertrauen, welches der Gläubiger in seinen Schuldner setzt, dass dieser zahlen kann und zahlen will". Blindes Vertrauen ist der Nährboden der Wirtschaftskriminalität, gesundes und erhöhtes Misstrauen sollte die logische Folge sein. Zur Vermeidung von Enttäuschung und Verlust stehen jedem Teilnehmer am Wirtschaftsleben Mittel zur Verfügung, um sich zu vergewissern, dass er sein Vertrauen nicht an einen Unwürdigen verschenkt. Die mir zugedachte Aufgabe ist es, Ihnen über die präventiven Möglichkeiten der Handelsauskunfteien zu berichten, die aufgrund ihrer nahezu ein Jahrhundert währenden Tradition, sich zur Aufgabe gemacht haben, auch jenseits ihrer kommerziellen Interessen den gesunden Kredit zu fördern, ebenso aber auch unreelle und unredliche Elemente zu eliminieren.

Staatsanwaltschaft, Kriminalpolizei und Gericht sind in erster Linie repressiv tätig, befassen sich also mit einer Wirtschaftsstraftat erst dann, wenn ein begründeter Tatverdacht besteht und beurteilen Fakten und Tatbestandsmerkmale, die in der Vergangenheit liegen. Die Vorbeugung muss sich aber auf die Feststellung von *Indizien* erstrecken, *die eines Tages möglicherweise strafrechtlich relevante Fakten werden könnten.* Dies ist ungleich schwieriger. Es kommt noch hinzu, dass der Begriff der Wirtschaftskriminalität zahlreiche Sachverhalte unterschiedlichen Inhaltes und Gewichts umfasst. Auch besteht ein sehr weitgestrecktes Vorfeld verabscheuungswürdigen, vielleicht nach allgemeiner Anschauung sogar strafwürdigen, aber nicht strafbaren Handels. Bei den Wirtschaftsverbrechern handelt es sich um Personen, denen der Begriff "Treu und Glauben" nur insoweit geläufig ist, als sie ihn bei ihrem Opfer als vorhanden erkannt haben, um ihn dann schamlos, aber noch hart an der Grenze des Legalen auszunutzen.

Dilemma der Auskunfteien

Auf das Prinzip des Artikels 6 Abs. 2 der Konvention zum Schutz der Menschenrechte und Grundfreiheiten, "dass bis zum gesetzlichen Nachweis der Schuld vermutet wird, der wegen einer strafbaren Handlung Angeklagte sei unschuldig" darf sich auch der Wirtschaftsstraftäter, vor dem gewarnt werden soll, mit Fug und Recht berufen. Die Auskunftei steht also vor dem Dilemma, einerseits das präsumtive Opfer zu warnen, andererseits aber auch diese Warnung gegenüber dem vor der Warnung Betroffenen vertreten zu können, möglicherweise sogar im Prozess. Sie darf weder kriminelle Absichten unterstellen, noch jemandem den wirtschaftlichen Ruin voraussagen, muss es vielmehr dem Empfänger der Auskunft überlassen, aus den gelieferten Informationen die ihm als notwendig erscheinenden Schlüsse zu ziehen. Wie geschieht dies in der Praxis?

Der freiwillige Ergänzungsdienst wird von allen namhaften Auskunfteien gepflegt und ist eines der wesentlichsten und wirkungsvollsten Mittel. Werden innerhalb eines Jahres nach Auskunftserteilung im Rahmen der kontinuierlichen Erkundigungstätigkeit Veränderungen in den Verhältnissen bekannt – zum Guten oder zum Schlechten –, so erhält der Empfänger unaufgefordert und kostenfrei einen Nachtrag. Nachträge brauchen also nicht nur Negatives zu enthalten, doch sind Nachträge, die über eingetretene negative Umstände berichten, für den Empfänger und im Sinne der Prävention die wertvollsten.

Unterstellen wir, dass im November 1969 eine Firma nach dem damaligen Ermittlungsergebnis ihren Zahlungsverpflichtungen noch pünktlich nachkam. Dann würde bei später eintretender Verschlechterung der Zahlweise der Nachtrag etwa wie folgt lauten:

> "Mitteilungen aus Lieferantenkreisen ergaben, dass neuerdings Zielüberschreitungen von mehreren Monaten vorkamen".

Kommt es im Anschluss hieran zu einer weiteren Zuspitzung der Verhältnisse, so erginge folgender Nachtrag:

> "Die Zahlweise, die bereits als schleppend geschildert wurde, hat sich weiter verschlechtert. Es gingen Wechsel zu Protest".

Der sich logischerweise weiter anschliessende Nachtrag besteht dann in der Regel in der Meldung über die eingetretene Insolvenz (Offenbarungseid, Konkurs usw). Auch nach der Lieferung des Berichtes übernimmt also die Auskunftei noch Überwachungsaufgaben, die den Gläubiger veranlassen sollen, die Kreditgabe zu stoppen, insbesondere aber noch rechtzeitig vor dem Zusammenbruch seine Forderung zu realisieren.

Nach einer Bankstatistik verhielten sich die insolvent gewordenen Unternehmer wie folgt:

Grob fehlerhaft in	22% der Fälle
Leicht fehlerhaft in	32% der Fälle
Korrekt in	46% der Fälle

Hierbei bedeutet grob fehlerhaftes Verhalten Verstoss gegen Gesetz und kriminelle Verhaltensweisen; leicht fehlerhaft liegt am Rande des Kriminellen, z. B. Verletzung der Buchhaltungspflichten, Preisschleuderei usw. Es ergibt sich also ein Überhang der dubiosen Fälle um etwa 8%.

Strohmänner

Kommt es zur Einleitung eines Strafverfahrens, so verstreichen zwischen den einzelnen Verfahrensstufen und der eigentlichen Gerichtsverhandlung einschliesslich eventueller Berufung und Revision mitunter Jahre. Inzwischen geht das Leben weiter und während dieser Zeit will der in das Verfahren Verwickelte auch leben und zwar möglichst so, wie er es bisher gewohnt war. Was liegt näher, als seine zweifelhaften Geschäftsgepflogenheiten möglichst unter Einschaltung eines Strohmannes fortzusetzen?

Hier entsteht nun für die Auskunftei eine Schwierigkeit, die auf dem rechtlichen Sektor liegt, sich aber in vielen Fällen umgehen lässt. Der häufigste Fall des Strohmannes ist nämlich die "Strohfrau", d. h. die eigene Ehefrau, auf deren Namen und unter irgend einer Rechtsform der bisherige Geschäftsbetrieb als "Neugründung" fortgesetzt wird. Behandelt man in der Auskunft über die neue Firma der Frau die misslichen Verhältnisse des Ehemannes – wie es eigentlich sein müsste –, so kann die Geschäftsinhaberin nicht einmal zu Unrecht geltend machen, ihr Ehemann, mit dem sie selbstverständlich in Gütertrennung lebe, betätige sich zwar im Geschäft, doch lediglich als Angestellter oder "Berater" und erhalte ein mässiges Taschengeld. In Wirklichkeit leitet der Ehemann das Geschäft nach seinen eigenen "bewährten" Grundsätzen. Gegen die Ehefrau lässt sich wenigstens einstweilen noch nichts Ungünstiges sagen, doch ist die Auskunft über sie allein lediglich die halbe Wahrheit. Das Recht auf freie Berufsausübung und das Gleichberechtigungsgesetz verbieten es, näher auf die Verhältnisse des dubiosen Ehemannes einzugehen. Es gibt auch analoge Fälle, wenn als Tarnung ein Dritter benutzt wird oder eine juristische Person, in der der Drahtzieher nicht erscheint. Manche Auskunfteien helfen sich in der Weise, dass sie mit der Übermittlung auch einen Bericht über den Strohmann anbieten und die Erteilung eines gesonderten Auftrages anheimstellen. Dieses zugestandenermassen etwas sophistische Verfahren war noch nicht Gegenstand einer Präzedenzentscheidung, ich halte es jedoch für zulässig und vertretbar.

Eine Methode, die den Kriminalisten sehr viel Kopfzerbrechen macht, ist der sogenannte *Stossbetrug*. Das Verfahren ist beinahe primitiv, aber äusserst wirksam. Eine in der Regel neu gegründete Firma erwirbt sich das Vertrauen von Lieferanten erst dadurch, dass sie pünktlich, sogar äusserst pünktlich bezahlt. Eines Tages wird der Wunsch nach einem Zahlungsziel oder Wechselzahlung vorgetragen. Aufgrund der bisherigen Erfahrungen hat der Kreditgeber keine Bedenken. Man gewinnt inzwischen kontinuierlich weitere Lieferanten, die man in gleicher Weise in Sicherheit wiegt. Zu einem bestimmten Termin erhalten alle Lieferanten gleichzeitig Bestellungen auf erhebliche Warenmengen. Sie freuen sich über den grossen Auftrag und liefern unbedenklich aus. Die Ware wird unter Preis verschleudert oder ins Ausland verschoben und der Täter setzt sich ab, möglichst ins Ausland. Was kann die Zivil- und Strafjustiz ausrichten, wenn Ware und Täter verschwunden sind?

In solchen Fällen kann die Auskunftei mitunter sogar schon recht frühzeitig warnen. Normalerweise ist die Zahl der Anfragen, die auf eine bestimmte Firma entfallen, relativ konstant. Steigt nun mehr oder weniger unvermittelt die Zahl der Anfragen, gleichzeitig auch die Höhe der gefragten Kreditsummen, so bedeutet dies Alarmstufe I. Umfragen in Lieferantenkreisen ergeben im allgemeinen noch nichts wesentlich Nachteiliges, denn der Täter zahlt ja noch ordentlich, um am Tage X den grossen Coup um so wirksamer landen zu können. Hier erfolgt eine Warnung, die aus 2 Sätzen besteht:

> *"Die Zahl der uns neuerdings erreichenden Kreditanfragen, wie auch der gefragten Kreditsummen lassen auf ein erhöhtes Kreditbedürfnis schliessen. Es besteht Anlass zur Vorsicht."*

Erst vor wenigen Wochen hat sich ein solcher Fall in Frankfurt ereignet. Die Firma war Anfang Januar 1970 gegründet worden. In den letzten Augusttagen wurden der vorgeschobene Inhaber und sein Strohmann – ein ehemaliger Bordellbesitzer – verhaftet. Der angerichtete Schaden bewegt sich bisher zwischen 5 und 8 Millionen DM. Seit Gründung der Firma bis zur Verhaftung der Täter zählten wir bei steigender Frequenz etwa 140 Anfragen. Schon im März konnte obige Warnung erteilt werden. Auskunftsempfängern, die nicht richtig zu lesen verstanden und trotzdem Kredit gewährten, konnte auch die Auskunftei nicht helfen, noch weniger denen, die auf die Einholung einer Auskunft verzichtet hatten.

Der "reisende Täter"

Er wechselt je nach Notwendigkeit seinen Wohnsitz, um an einem anderen Platz, an dem er noch nicht bekannt und aufgefallen ist, sein Treiben fortzusetzen. Zwar gibt es seit eh und je in der Bundesrepublik die Meldepflicht und ein Melderegister mit Angabe des früheren Wohnsitzes, doch ist die Erteilung von Auskünften Ende der 1950er Jahre bedauerlicherweise und unverständlicherweise wesentlich eingeschränkt worden, expressis verbis besonders für die Auskunfteien. Die Feststellung des früheren Wohnortes – in der Vergangenheit eine Selbstverständlichkeit, ist daher ex lege unmöglich oder vom besonderen Wohlwollen des jeweiligen Registerbeamten abhängig. Diesem Handikap begegnen wir durch Ausbau eines bereits 1950 eingerichteten *Zentralarchivs,* in dem bisher nur die neusten Auskunftskopien über Firmen aus der gesamten Bundesrepublik in alphabetischer Ordnung – also ohne Rücksicht auf den Ort – Aufnahme fanden. Grundsätzlich werden nunmehr alle Auskünfte über kreditunwürdige Personen eingegliedert. Darüber hinaus ist ein Spezialarchiv "WK" geschaffen worden, in dem alle Personen unter ihrem Namen und ihrer Firma Aufnahme finden, die einschlägig in Erscheinung getreten sind oder deren Geschäftsgebaren anfechtbar ist.

In einer wirtschaftskriminalistischen Arbeitstagung der norddeutschen Landeskriminalämter, an der ich als Gast teilnehmen durfte, wurde der Wunsch geäussert, ein zentrales Insolvenzregister zu errichten, natürlich nur für den amtlichen Gebrauch. Diese Anregung wird von uns bereits in die Tat umgesetzt. Der Aufbau solcher Archive erfordert naturgemäss Zeit und Geld, und man muss etwas Geduld haben bis sie wirklich effektiv und lohnend werden. Es sind ja immer wieder die gleichen Personen, die – und das ist ein besonderes Phänomen – auch ein seltenes Talent haben, sich als Gleichgesinnte zu begegnen und zusammenzuschliessen. Die Stätte der Begegnung ist nicht selten der tägliche Spaziergang im Gefängnishof.

Auseinandersetzungen mit den von ungünstigen und warnenden Auskünften Betroffenen sind eine Begleiterscheinung, die Auskunfteien gewissermassen als Berufsrisiko in Kauf nehmen müssen. Sie sind mitunter äusserst hart, doch müssen sie nach meiner Erfahrung nur in seltenen Fällen prozessual ausgetragen werden, vorausgesetzt, dass man selbst hart bleibt und ihnen durch geschickte, aber fundierte Argumentation – z. B. unbequeme Fragen – entgegnet. Als ultima ratio bleibt immer noch die Ablehnung einer Auskunft, diese Massnahme ist übrigens für den Betroffenen katastrophaler als der denkbar schlechteste Bericht.

Legale Möglichkeiten der Auskunfterteilung

Auch bei der zuverlässigsten und bestorganisierten Auskunftei hängt Inhalt und Wert der Auskunft von 2 Faktoren ab:

- In welchem Umfange gestattet die Rechtsordnung die Auskunftserteilung an sich und macht sie für die Auskunftei ohne ein untragbares Risiko möglich?
- Welche legalen Erkundigungsquellen stehen der Auskunftei zur Verfügung?

Die legalen Möglichkeiten der Auskunftserteilung sind in den einzelnen Ländern äusserst unterschiedlich. Besonders auskunftsfeindlich sind z. B. England und Liechtenstein, wobei gerade im Lande der "Anstalten" und Briefkastenfirmen das Auskunftsbedürfnis besonders gross ist. Art. 4

des Staatsschutzgesetzes vom 14. Mai 1949 verbietet unter Androhung erheblicher Strafen “die Auskundschaftung von Geschäftsgeheimnissen zur Weitergabe auch an private Unternehmungen”. In der Praxis erfährt man über eine liechtensteinische Firma nicht viel mehr als das, was im Handelsregister steht, es heisst dort auch noch sinnigerweise “Öffentlichkeitsregister”. Dagegen erfährt man – das andere Extrem – aus den nordischen Staaten und auch aus einigen Kantonen in der Schweiz das versteuerte Vermögen und Einkommen.

Ich schliesse mit einem Zitat von Dr. med. Hertel, einem Verfasser, der unseren Problemen völlig unbefangen gegenübersteht. Er hat ein ausgezeichnetes Buch über die ärztliche Schweigepflicht geschrieben:

“Im Sozialleben menschlicher Gesellschaft stehen Schweigen und Auskunft in enger Wechselbeziehung. Jeder Beteiligte benötigt beides. Nur wenn im gebotenen Umfange geschwiegen, im erforderlichen Umfange Auskünfte erteilt werden, kann das moderne Sozialleben mit seiner vielfältigen Verflechtung von Schutz- und Entfaltungssphären funktionieren. Massgebend ist die Anerkennung berechtigter Interessen, welche den zustehenden Entfaltungsraum begrenzen. Grundregel ist: Geheimhaltung so weit als möglich, Auskünfte so weit als nötig. Für den auch heute noch sehr mächtigen, mit vorrangigen Sonderrechten ausgestatteten Staat kehrt sich die Regel um: Auskunft so weit als möglich – Geheimhaltung so weit als nötig”.

Dies sei gleichzeitig ein Appell an den Gesetzgeber. Die Freiheit, auch im Wirtschaftsleben, hat ihre Grenzen. Man gebe allen Institutionen, die es sich zur Aufgabe gesetzt haben, die Wirtschaftskriminalität repressiv und präventiv zu bekämpfen, die legalen Mittel, die sie benötigen. Sie werden sich ihrer zu bedienen wissen.

Prof. Langen
eröffnet eine kurze Diskussion, in der Leutnant Ulrich und Dr. Windolph Fragen zu ihren Referaten beantworten.

Herr Riemann, Bezirksanwalt, Horgen

stellt in seiner Eigenschaft als Doktorand zwei Fragen an Herrn Ulrich:
1. Wie steht es mit der Zusammenarbeit der Polizei mit den Untersuchungsrichtern, d.h. mit den Bezirksanwälten? Wäre es nicht wünschenswert, dass eine gewisse Anzahl von Bezirksanwälten völlig freigestellt würden für die Bearbeitung von wirtschaftskriminellen Fällen?
2. Wie steht es mit der Zusammenarbeit mit einer oder mehreren Selbstschutzorganisationen der Wirtschaft in der Schweiz? Welche Möglichkeiten bestehen Ihrer Ansicht nach?

Leutnant Ulrich:

Erstens: Die Zusammenarbeit mit den Untersuchungsrichtern hat sich in den letzten Jahren gewaltig verbessert; wenn der Untersuchungsrichter seinerseits die Kraft und das Können der Polizei anerkennt, so ist die Zusammenarbeit gut, und es kommt ein Teamwork zustande. Aber es spielt noch nicht in allen Fällen; es gibt immer Leute, die lieber im Alleingang arbeiten, doch auf dem wirtschaftskriminellen Sektor können wir uns nicht beklagen. Zweitens: Wir kennen noch keine Zusammenarbeit mit Selbstschutzorganisationen, ich habe aber Vorschläge in dieser Richtung gemacht; die Barriere bildet scheinbar immer unser Berufsgeheimnis: In welcher Form dürfen, sollen oder müssen wir Auskunft geben? Sollen die Auskunfteien uns auf Gegenseitigkeit beliefern? Auch dieses Problem ist erkannt, wir haben darüber schon mit Dr. Knecht, dem Spezialisten für Wirtschaftsdelikte bei der Zürcher Bezirksanwaltschaft, gesprochen. Wir planen eine für die Wirtschaft nützliche Aktivierung präventiver Massnahmen.

Dr. E. Schinnerer, Wien:

Dr. Windolph, es ist sicher richtig, dass man Auskünfte lesen können muss. Wer von uns im Bankgeschäft tätig ist, weiss das ganz genau. Sie haben uns eine Fülle von sehr instruktiven Beispielen gebracht, wie Ihre Auskunftei in gewissen Formulierungen Hinweise gibt. Meine Frage lautet: Ist sichergestellt – und das ist für uns, die wir Ihre Auskünfte ja beziehen, ausserordentlich wichtig –, ist sichergestellt, dass diese Art der Formulierungen, die Sie uns heute vermittelt haben, wirklich von allen örtlichen Stellen Ihrer Auskunftei auch in dieser Form verwendet werden?

Dr. Windolph:

Ja, es gibt sogar einen ganzen Katalog von Formulierungen für die verschiedenen Tatbestände. Beispielsweise ein Schmuggler – ich zitiere absichtlich diesen nicht mehr aktuellen Fall, da Schmuggel ja aus der Mode gekommen ist – ein Schmuggler ist ein Mann, der "Grenzgeschäfte betreibt, die mit einem besonderen Risiko verbunden sind". *(Gelächter)*

Dr. K. Gemmer:

Herr Ulrich, Sie sprachen von Auskünften, die manchmal schlechten Wechseln angehängt sind; manchmal betreffen diese Auskünfte die heute genannte "Strohfrau", manchmal wurde das Datum manipuliert, auf alle Fälle sind sie gefälscht, obgleich möglicherweise sogar echte Briefköpfe einer Auskunftei verwendet wurden. Sehen Sie einen Weg, dem Benutzer dieser Auskünfte deutlich zu machen, dass unter Umständen eine neue Auskunft angefordert werden sollte, bevor er irgendwelche Schlüsse über die Seriösität eines Partners daraus zieht?

Dr. Windoph:

Wir hatten vor einiger Zeit den Fall von gefälschten Auskünften. Im Zeitalter der Fotokopie ist es ja verhältnismässig einfach, eine Auskunft zu fälschen. Es handelte sich um einen faulen Gärtnereibetrieb in der Nähe von Konstanz; es stand unten auf der Auskunft: "Verhältnisse schwach, Haftbefehl zur Ableistung des Offenbarungseides (Betreibung)." Die beiden letzten Zeilen wurden abgeschnitten und aus einer andern Auskunft eingesetzt: "Die Verhältnisse sind geordnet, Nachteiliges ist über die Zahlweise nicht bekannt." Dies war fotokopiert, aber dummerweise hatte der Täter vergessen, auch unsere sogenannte Redaktionszeile abzuschneiden, so dass ich aus der Büronummer erkennen konnte, dass das eine Fälschung sein musste, denn eine Auskunft aus Konstanz konnte das betreffende Büro gar nicht gegeben haben. In einem andern Falle habe ich Strafanzeige wegen einer sehr plumpen Fälschung gemacht, die leider ausging wie das Hornberger Schiessen. Wir können unsere Kundschaft da nur schwer schützen, denn wie sollen wir wissen, wo gefälschte Auskünfte im Umlauf sind? Auch Formulare nachzudrucken ist ja kein Kunststück, so gut wie Sie auch einen Stempel nachschneiden lassen können; fälschungssicher wäre höchstens Banknotenpapier, und das käme zu teuer. Das Datum ist ein wesentlicher Teil der Auskunft, welche dem Zeitablauf unterliegt, darauf muss man immer wieder aufmerksam machen.

Leutnant Ulrich:

Wenn ein Mann einen Wechsel absetzen will und er liefert gleichzeitig noch den Betreibungsauszug oder eine Auskunft mit, dann bin ich auf der höchsten Alarmstufe. Das sollte sich die private Wirtschaft merken: wenn man den Wechsel schon mit Unterlagen als diskontfähig darstellen will, dann ist immer etwas faul. Wäre der Wechsel gut, so könnte man auf die Bank verweisen, die Auskunft geben kann.

Dr. H. Tintner, Wirtschaftspolizei, Wien

bittet Herrn Ulrich, einige Verfahrensausgänge von Beispielen aus seinem Vortrag mitzuteilen.

Leutnant Ulrich:

Da ich von Fällen spreche, die mit Namen in allen Zeitungen publiziert wurden, verletze ich mein Berufsgeheimnis nicht. Im Fall Niederberger blieb ein bitterer Nachgeschmack, weil zwischen Verhaftung und Verurteilung und dann erst noch bis zum Strafantritt zehn Jahre verstrichen. Niederberger wurde nur zu zwei Jahren verurteilt, aber die Strafe musste zwangsläufig reduziert werden, weil zwischen Tat und Verurteilung eine grosse Zeitspanne lag, da schreibt das Gesetz Milderung der Strafe vor. Im Betrugsfall Hoffmann, wo die Klage auf 48 Millionen lautete, dauerte das polizeiliche Ermittlungsverfahren nur sechs Monate, und der Mann wurde zu sieben Jahren verurteilt. Im Fall eines Automatenschwindlers dauerte das polizeiliche Ermittlungsverfahren zehn Monate, bei dem wir dem Untersuchungsrichter 15 000 Seiten Instruktionsmaterial lieferten; der Mann wurde zu fünf Jahren verurteilt.

D. Robbert, Hamburg/Berlin:

Leutnant Ulrich, ich habe in meiner Praxis festgestellt, dass die deutschen Polizeibehörden die Existenz von Wechselprotestlisten nicht kannten, die unter den Banken kursieren. Ich habe diese dann den mir bekannten Stellen zugänglich gemacht, und sie erwiesen sich als ein sehr präventives und wirksames Mittel, weil ja die darauf auftauchenden Namen ein Schulungsmaterial darstellen, das für den bearbeitenden Polizeibeamten unbezahlbar ist. Um nun auf die Frage des Doktoranden, die an Sie gerichtet war, zurückzukommen: Ist Ihnen bekannt, dass in der Schweiz ein schweizerischer Verband "Kreditreform" besteht, der über 18 Geschäftsstellen in der Schweiz verfügt und eigene Warnlisten herausgibt? Bekommen Sie, die Schweizer Polizei, diese Warnlisten, die doch sicherlich für Sie von grosser Bedeutung sein dürften?

Leutnant Ulrich:

Die Bankiervereinigung gibt die schwarzen Listen der Wechselaussteller- und -akzeptanten, die die Wechsel nicht einlösen können, heraus. Auch Ihre Institution ist uns zwar bekannt, aber wir haben noch nicht alle wünschbaren Verbindungen, weil wir noch im Aufbau der zentralen Informationsstelle begriffen sind. Wir haben noch grössere Klippen zu überwinden: Wir müssen 24 Kantone überspringen, aber wir hoffen, dass wir im Zuge der Zeit gemeinsam mit den Untersuchungsbehörden und den Sachbearbeitern der Wirtschaftsdelikte arbeiten können; gerne nehme ich den Kontakt mit dem Verband "Kreditreform" auf, denn die Warnlisten sind für uns sehr interessant.

Dr. Windolph:

Es wurde eben die Frage der Wechselproteste angeschnitten. An sich ist es bedauerlich, dass in vielen Ländern keine offizielle Veröffentlichung der Proteste erfolgt. Technisch und praktisch wäre das möglich. In Belgien veröffentlicht der "Moniteur du Commerce", ein Blatt von der Grösse einer mittleren Tageszeitung, sämtliche Proteste.

Die Deutsche Zentralstelle zur Bekämpfung der Schwindelfirmen

Berthold Köhler

Würde man den berühmten "Mann von der Strasse" danach befragen, wer seiner Meinung nach dazu berufen ist, die Wirtschaftskriminalität zu bekämpfen, so würde man vermutlich von den meisten der Befragten die Antwort erhalten, das sei selbstverständlich Sache des Staates und seiner Organe. Das ist nur zu begreiflich, denn das, was wir unter Wirtschaftskriminalität verstehen, ist doch wie jede andere kriminelle Handlung eine Störung der Ordnung im Zusammenleben der Bürger untereinander, und die Ahndung der Störung eine Aufgabe dessen, der für die Gewährleistung des störungsfreien Gemeinschaftslebens allgemein zuständig ist, nämlich des Staates. Diese Verpflichtung nimmt jeder zivilisierte Staat natürlich auch nach Kräften wahr. Überall gibt es Gesetze, nach denen der Rechtsbrecher bestraft wird, und solche, die den Betroffenen zivilrechtlich vor den Folgen unredlicher Behandlung bewahren. Darüber hinaus gibt es – zumindest in der Bundesrepublik Deutschland, ich möchte aber meinen, auch in den anderen Staaten – Bestimmungen, nach denen es möglich ist, einem Gewerbetreibenden, der sich als unzuverlässig erweist, die weitere gewerbliche Betätigung zu untersagen.

Notwendigkeit präventiver Massnahmen

Es darf indessen nicht übersehen werden, dass das Eingreifen der Strafverfolgungsbehörden, das Urteil des Zivilrichters, die Gewerbeuntersagung immer erst dann eingeleitet werden können, wenn Unrecht mindestens in einem Fall bereits geschehen ist. Anders ausgedrückt: Alle diese Massnahmen sind rein repressiver Natur. Wenn dem nun aber so ist, so führt nichts an der Feststellung vorbei, dass *die vom Staat bereitgestellten Bekämpfungsmittel nicht ausreichen,* um den Bürger vollkommen vor Schädigung durch Rechtsbrecher zu bewahren. Ein vollkommener Schutz wäre nur gewährleistet, wenn der Angreifer erst gar nicht zum Angriff kommen könnte, oder zumindest die von ihm als Opfer Ausersehenen gegen seinen Angriff immun wären. Um diesen wünschenswerten Zustand soweit wie möglich zu erreichen, ist es dringend erforderlich, die repressive Tätigkeit des Staates durch zweckentsprechende Vorbeugungsmassnahmen zu ergänzen.

Die Tätigkeit des Wirtschaftskriminellen vollzieht sich weitgehend auf der Basis des Schwindels, d. h. er sucht sein Opfer durch Täuschungen hinter das Licht zu führen und es dadurch zu der Handlung zu veranlassen, die ihm den angestrebten Erfolg einträgt. Sich vor dem entsprechenden Schaden zu bewahren, ist in vielen Fällen gar nicht besonders schwer. Es genügt schon, gegenüber den lügenhaften Angaben wenigstens soviel Bedenken zu empfinden, dass man es für ratsam ansieht, sich auf das Ansinnen des Täters lieber nicht erst einzulassen. Wo Bedenken am Platz sind, müssten sie eigentlich jedem von allein kommen, wenn er nur die Angaben mit wachen Sinnen prüft, seine Lebenserfahrung und seinen Menschenverstand anwendet und den überall ratsamen Schuss gesunden Misstrauens walten lässt. Das Lügengespinst, das der Täter aufzubauen sucht, ist nämlich meist nicht so fein gesponnen, dass man es nicht aus eigener Kraft durchschauen könnte.

Das schliesst nicht aus, dass es vielen Menschen aus diesem oder jenem Grunde nicht möglich ist, die nötigen Überlegungen zu vollziehen. Sie bedürfen geeigneter Hilfestellung von dritter Seite. Auch von denen, die sich selber ein Urteil zu bilden versucht haben, suchen viele nach einer Stelle, die ihnen sagt, ob ihre Auffassung richtig ist. Wer hilft ihnen?

Vorbeugende polizeiliche Beratungen?

In der Bundesrepublik Deutschland ist die Kriminalpolizei gesetzlich verpflichtet, nicht nur repressiv, sondern auch vorbeugend tätig zu werden, das heisst z. B. in Fragen des Betruges usw. vorbeugende Beratungen zu erteilen. Es ist nun aber ein offenes Geheimnis, dass sie bei der Fülle der auf sie einstürmenden repressiven Aufgaben, die selbstverständlich den Vorrang haben und behalten müssen, zur Erledigung vorbeugender Tätigkeit nur wenig Zeit findet. Hinzu kommt der starke Personalmangel und nicht zuletzt auch die Tatsache, dass – insbesondere bei den kleineren und mittelgrossen Dienststellen – die betreffenden Beamten mangels ausreichender Kenntnis der zu beurteilenden Sachverhalte verständlicherweise nicht immer in der Lage sind, einem Ratsuchenden mit kundigem Rat zu dienen. Nicht unerwähnt darf schliesslich bleiben, dass einem Kriminalbeamten die Raterteilung auf ausserstrafrechtlichen Gebieten naturgemäss auch noch weitgehend wesensfremd ist und ihm obendrein das Behördendenken, dem er seiner Dienststellung nach verhaftet ist, mitunter auch noch gewisse Fesseln anlegt.

Befragung eines Anwalts?

Dies ist oft müssig, auf jeden Fall dann, wenn der Anwalt seine Verpflichtung gegenüber dem Ratsuchenden allein darin erblickt, die rechtliche Seite der Angelegenheit zu prüfen. Das nützt dem Ratsuchenden im allgemeinen nichts, denn der Wirtschaftsstraftäter hat in der Regel seine Methode so aufgezogen, dass die Überprüfung vom rein Rechtlichen her für Bedenken keinen Raum lässt. Beizukommen ist der Sache meist nur von dem sachlichen Inhalt her. Wer diesen nicht mit in die Überprüfung einbezieht, kommt nicht zu einer eindwandfreien Beurteilung. Da nun die sachliche Überprüfung nicht jedem Anwalt liegt, führt dieser Weg nicht immer zum Erfolg.

Private Beratungsstellen

Wegen dieser Schwierigkeiten ist es im Interesse der Ratbedürftigen dringend erforderlich, dass sich der vorbeugenden Tätigkeit andere Stellen annehmen, etwa so, wie es auf dem Gebiet der Verhütung von Verkehrsunfällen allenthalben zu beobachten ist. Berufen dazu sind insbesondere private Organisationen, die sich den Dienst für die Allgemeinheit zur Aufgabe gesetzt haben.

Aufgabe der deutschen Zentralstelle und des Vereins pro Honore

Von diesem Bestreben ist die Arbeit der beiden Organisationen getragen, als deren Geschäftsführer ich fungiere, nämlich der Deutschen Zentralstelle zur Bekämpfung der Schwindelfirmen und des Vereins Pro Honore, Verein für Treu und Glauben im Geschäftsleben, mit dem Sitz in Hamburg. Bei beiden handelt es sich um eingetragene, privatrechtliche Vereine. Sie werden von den Mitgliedern getragen. Mitglieder der Zentralstelle sind Industrie-, Handels- und Handwerkskammern, Gewerbeverbände, einige deutsche Städte sowie einige Grossfirmen. Der Verein Pro Honore dagegen zählt zu seinen Mitgliedern gewerbliche Unternehmen aller Sparten, insbesondere aus dem Raum Hamburg.

Wie es bereits der Name erkennen lässt, befasst sich die Deutsche Zentralstelle zur Bekämpfung der Schwindelfirmen mit den *Machenschaften ausgesprochener Schwindelunternehmen.* Der Verein Pro Honore zielt mit seiner Tätigkeit darauf ab, die *Grundsätze von Treu und Glauben im Geschäftsleben unverfälscht zu erhalten,* er kämpft gegen alles, was damit nicht im Einklang steht, egal, worin der Verstoss im einzelnen liegt. Da die Tätigkeit beider Vereine dem gleichen Ziel dient, nämlich der Bekämpfung des Unredlichen im Wirtschaftsleben, sind sie vor etwa 40 Jahren eine Bürogemeinschaft eingegangen, die noch besteht und durch weitgehende Gemeinschaft des Personals und der Vereinsvorstände ergänzt ist. Das kommt der Arbeit und damit der zu betreuenden Allgemeinheit sehr zustatten, denn jeder Vorgang kann ohne Kompetenzstreitigkeiten oder sonstigen organisatorischen Leerlauf in Bearbeitung genommen werden.

Die praktische Arbeit

Eine unserer wichtigsten Aufgaben besteht in der Beschaffung des für die tägliche Arbeit erforderlichen Unterlagenmaterials. Zu diesem Zweck werden alle irgendwie erreichbaren einschlägigen Nachrichten sorgfältig gesammelt. Dabei handelt es sich einerseits um Material, das wir uns selber beschaffen müssen, wie z. B. Berichte in Zeitungen, Zeitschriften über Begehung von Schwindeleien, Meldungen über erfolgte Bestrafungen, Hinweise von Anwälten oder sonstigen Stellen, Klagen über Missstände auf irgendwelchen Gebieten der Wirtschaft, Nachrichten über Flucht von Wirtschaftskriminellen, Eröffnung von Konkursen und vor allem Urteile über einschlägige Straftaten. Zum anderen liefern uns die Anfragen von Ratsuchenden wertvolles Tatsachenmaterial. Alles das wird in doppelter Weise sorgfältig ausgewertet: einmal *nach der Person der Täter,* zum anderen – und das ist besonders wichtig – *nach der Begehungsweise der betreffenden Tat,* der Art und Weise der entfalteten Werbung, dem Wortlaut der benutzten Vertragsformulare usw. Den Niederschlag findet das in einer sorgfältig geführten Namens- bzw. Sachkartei.

Zur Materialbeschaffung gehört ferner die laufende Beobachtung des allgemeinen Wirtschaftslebens, sowohl im grossen wie im kleinen, da diese bzw. die jeweiligen Strömungen von weitreichendem Einfluss auf die Tätigkeit von Wirtschaftskriminellen zu sein pflegen. Deshalb ermöglicht erst eine möglichst weitgehende Vertrautheit mit der Wirtschaftslage und ihren Tendenzen eine einwandfreie Beurteilung von zunächst nicht recht durchschaubaren Vorgängen. Insbesondere gilt es, immer genau darüber im Bilde zu sein, wo – allgemeinwirtschaftlich gesehen – der Schuh drückt, denn auf den entsprechenden Gebieten pflegt der Wirtschaftsparasit sein schmutziges Handwerk besonders intensiv zu betreiben.

Mündliche und schriftliche Erteilung von Ratschlägen

Auf der so geschaffenen und ständig auf dem laufenden gehaltenen Grundlage läuft nun unsere tägliche Arbeit ab, die, wie bereits angedeutet, vornehmlich dem Zweck dienen soll, den Wirtschaftsschädling gar nicht erst zum Erfolg kommen zu lassen. Diesem Zweck dient in erster Linie die mündliche bzw. schriftliche Raterteilung an Firmen oder Leute, die ein ihnen vorliegendes Angebot beurteilen lassen wollen. Zur Erledigung dieses Anliegens dient uns das erwähnte Unterlagenmaterial. Fehlen uns Unterlagen spezieller Art, so hilft vielfach das nach Sachgebieten ausgewertete und registrierte Material, weil auch Schwindler im weitgehenden Masse Methoden anwenden, die bereits von anderen mit Erfolg erprobt worden sind. Solche Übereinstimmungen finden sich vielfach bei der Gestaltung von Inseratentexten, im Aufbau der Anbahnung der Verbindung zum dem als Opfer Ausersehenen, in der Formulierung der Verträge usw. Oft genügt der Vergleich des zu begutachtenden Vorgangs mit vorhandenem Parallelmaterial, um ihn mit Sicherheit auch dann beurteilen zu können, wenn über den Verbreiter des Angebots persönlich noch nichts bekannt ist. Wo auch derartiges Vergleichsmaterial fehlt, sind wir darauf angewiesen, das Angebot aus sich heraus dahingehend zu überprüfen, ob es vom Standpunkt des Anbietenden her sinnvoll und vertretbar ist. Wer sich in dieser Betrachtungsweise ständig übt, bekommt bald soviel Routine und Fingerspitzengefühl, dass er auch beim Fehlen sonstiger Beurteilungsunterlagen eine sachgerechte Beurteilung abgeben und dem Ratsuchenden hilfreich zur Hand gehen kann. Nur wenige Fälle verschliessen sich der eindeutigen Beurteilung.

Publizistische Tätigkeit

Ebenfalls zum Zwecke der Verhütung von Schädigungen des Publikums durch Wirtschaftsschädlinge versuchen wir, die Öffentlichkeit über die Presse vor Leuten bzw. Firmen zu warnen, deren Tätigkeit sich in grösserem Masse als schädigend herausgestellt hat. Wir hoffen, auf diese Weise wenigstens in gewissem Umfang mit dazu beizutragen, dass den Schädlingen ihr Vorhaben nicht gelingt. Dem gleichen Zweck dienen Beiträge in Zeitschriften sowie im Rundfunk und Fernsehen, sofern man dort aktuelle Fragen abhandelt, und gelegentliche Vorträge.

Diese vorbeugende Tätigkeit nimmt in unserer täglichen Arbeit einen erfreulich breiten Raum ein, insbesondere die bereits erwähnte Beratungstätigkeit, und wir können, ohne uns dem Vorwurf der Überheblichkeit auszusetzen, wohl auch behaupten, dass wir damit schon viel Segen gestiftet haben. Noch mehr Freude würden wir empfinden, wenn wir in Zukunft öfter als bisher zu rechter Zeit zu Rate gezogen würden, denn noch ist die Zahl derer, die auf eigene Faust handeln, dabei Schaden erleiden und erst dann bei uns vorstellig werden, sehr gross. Da wir keine entsprechenden Macht- bzw. Entscheidungsbefugnisse besitzen, können wir weder geschehenes Unrecht aus der Welt schaffen, noch dessen Folgen beseitigen, sondern den Betroffenen nur auf den Weg der Strafanzeige bzw. des Zivilprozesses verweisen. Ein Gutes bringt das trotzdem mit sich: Wie bereits erwähnt, eröffnet jede Beschwerde uns neue Erkenntnisse, die wir auswerten und für unsere weitere Arbeit verwerten können, nicht selten wenigstens zum Nutzen anderer Ratsuchender.

Wenn wir dem Geschädigten auch nicht die Wiedergutmachung seines Schadens verschaffen können, so können wir ihm wenigstens bei der Verfolgung seiner Ansprüche Hilfe leisten, indem wir ihm nach Möglichkeit, d. h. soweit sie uns bekannt sind, die Namen anderer Geschädigter nennen. Dadurch ist schon manchem zum Gewinn eines sonst verlorenen Prozesses verholfen worden. Die Angabe von Parallelfällen verschaffte dem Geschädigten dann nämlich wenigstens indirekte Beweise, die sich für ihn günstig auswirken konnten. Das gleiche gilt vielfach für Strafverfahren. Auch hier schafft oftmals erst die Einbeziehung weiterer gleichartiger Fälle die ausreichende Grundlage für eine Klageerhebung und Bestrafung, denn bei Verfolgung nur eines Einzelfalles kann sich der Angeklagte allzu leicht darauf berufen, er habe nicht getäuscht, sondern müsse wohl missverstanden worden sein. Werden dagegen mehrere Fälle zusammen abgeurteilt, so kann er mit einer solchen Ausrede sicherlich nichts mehr erreichen. So ist das Beisteuern von Parallelfällen oft ein wichtiger Beitrag zur Unschädlichmachung von Wirtschaftsstraftätern. Zur Lieferung solchen Materials sind unsere Vereine, weil sie für das gesamte Bundesgebiet arbeiten, eine geeignete Stelle.

Nur noch am Rande ist zu bemerken, dass wir in einschlägigen Fragen mit den Strafverfolgungsbehörden engen Kontakt halten, und dass wir von ihnen auch zur Begutachtung entsprechender Vorgänge herangezogen werden.

Möglichkeiten einer privaten Schutzorganisation in der Schweiz

Heinz Egli

Delikte, also auch Wirtschaftsdelikte, sind grundsätzlich Sache der staatlichen Strafverfolgung. Private Personen und ausseramtliche Institutionen können jedoch bei der Ermittlung und Aufklärung wertvolle Mithilfe leisten, sei es als Anzeiger, als Auskunftsperson z. H. einer laufenden Untersuchung, als Auskunftsperson gegenüber Journalisten, die die Sache vielleicht im warnenden Sinne in den Zeitungen aufgreifen, oder sei es als Sachverständige in laufenden Untersuchungen. Es besteht in der Schweiz die Möglichkeit, dass Privatleute auch von staatlichen Organen als sachverständige Gutachter beigezogen werden können.

Das Schwergewicht liegt jedoch auf dem Gebiete der *vorbeugenden Massnahmen,* der Prophylaxe. Aller Anfang ist schwer. Es existiert in der Schweiz leider noch keine Organisation vergleichbar mit der Deutschen Zentralstelle zur Bekämpfung der Schwindelfirmen. Zwar bestehen gewisse Teilorganisationen, Auskunfteien beispielsweise, eine Koordinationsstelle jedoch ist noch nicht vorhanden. Für die weiteren Ausführungen werde ich vor allem die schweizerischen Verhältnisse ins Auge fassen und nach Mitteln und Wegen suchen, um hier einen Schritt weiterzukommen.

Ich werde mich auf die Frage konzentrieren, ob wir in Form einer *Informationszentrale* vielleicht eine Lösung des Problems finden, ob es alternative Lösungsmöglichkeiten gibt. Neben, oder zusammen mit den Delikten, die spezifisch auf das wirtschaftliche Gebiet ausgerichtete Bestimmungen verletzen, beispielsweise Patentverletzungen, Warenfälschungen, Steuerdelikte, Zolldelikte, Konkursdelikte, Korruption, ergibt sich für eine private Schutzorganisation vor allem ein Tätigkeitsfeld in den engeren Tatbeständen des Betruges und bei Wettbewerbsdelikten. Die andern Deliktsformen liegen etwas ausserhalb der Möglichkeiten einer privaten Organisation. Ich würde also sagen, dass Steuer- und Zolldelikte nicht durch eine private Organisation bewältigt werden können und auch die Insolvent-Delikte weniger in Frage kommen. Schwerpunkt für eine private Schutzorganisation müsste Prophylaxe gegen Betrug, Wettbewerbsdelikte und allenfalls noch Treubruchdelikte sein.

Möglichkeiten für Private

Da ein räumlich und sachlich sehr weites Gebiet zu erfassen ist, kommt dem *Informationsaustausch* und der *frühzeitigen Koordination* bei der Bekämpfung von Wirtschaftsdelikten aller Art grosse Bedeutung zu. Der Aufwand für die gegenseitige Information ist dazu nämlich relativ gering und auch erfolgsversprechend. Man muss bloss die einzelnen Leute und Stellen kennen.

In diesem Sinne scheint mir in einer *ersten Stufe* realisierbar, und teilweise ist das auch schon geschehen, *persönliche Kontakte* zwischen den interessierten Kreisen auf der staatlichen Seite, Rechtsvertretern, Revisoren, Auskunfteien, interessierten Kaufleuten, der Presse, Unternehmerverbänden, Unternehmerberatern, Hochschulinstituten herzustellen. Die persönliche Kontaktnahme ist ja wahrscheinlich als Beginn am risikofreisten.

Ich darf zuerst kurz die *Möglichkeiten in der Ausbildung* streifen, die ebenfalls auf privater Seite forciert werden können. Zu denken ist an allgemeine Fachvorlesungen und Fachkurse für alle interessierten Kreise, also staatliche und private Stellen, beispielsweise im Rahmen einer Hochschule. Wir haben an der Universität Zürich ein kriminalistisches Institut, das vielleicht eine solche Aufgabe unter Beizug privater Referenten durchführen könnte. Auch Berufsschulen, beispielsweise die höheren kaufmännischen Schulen, die Revisorenschulen, Managementschulen, sollten in ihrem Ausbildungsprogramm die Momente der Wirtschaftskriminalität mitberücksichtigen. Ebenfalls auf private Initiative hin können einzelne spezielle Fachkurse organisiert werden, beispielsweise über vorbeugende Massnahmen für einzelne Betriebsgruppen, einzelne Branchen oder für bestimmte geographische Regionen.

Ich glaube persönlich aufgrund der heutigen Situation in der Schweiz nicht, dass ein zentralistischer Plan eine Lösung bringen wird. Die föderalistische Struktur nicht nur innerhalb der Verwaltungsstellen, sondern eben auch in der Privatwirtschaft dürfte einer zentral gesteuerten, befohlenen oder nur von einer Stelle ausgehenden Koordination grosse Hindernisse in den Weg legen.

Gegenwärtige Struktur des Informationsaustausches

Die heutige Lage zeichnet sich dadurch aus, dass verhältnismässig viele Spezialisten sich mit Informationsproblemen im Rahmen ihrer Tätigkeit schon befassen: Behörden, einzelne Polizeifachleute, Untersuchungsrichter, Steuerfahndungsorgane, Steuerbehörden, Zollbehörden usw. Teilweise besteht zwischen diesen Leuten bereits eine Verbindung. Zwischen den verschiedenen Behördenstellen findet teilweise ein Informationsaustausch bereits statt, stösst aber, so weit ich orientiert bin, immer wieder auf die Schwierigkeiten des föderalistischen Systems, beispielsweise zwischen kantonalen Polizeiorganisationen oder wegen der steuerlichen Hoheit der Gemeinden.

Dasselbe gilt für *Auskunfteien.* Schon heute gibt es dort einzelne Damen und Herren, die, obwohl Konkurrenten, einen gewissen Austausch an Erfahrung untereinander pflegen. Vielleicht haben sie durch private Bekanntschaft sogar mit einem Kriminalisten oder mit einem Steuerfahnder Verbindung. Das Ganze beruht jedoch auf der privaten Initiative dieser Leute. Auch bei den *Finanzinstituten,* welche Kredite zu gewähren haben und deshalb über die Bonität oder über die Qualität eines Geschäftsmannes Auskunft geben müssen, haben die betreffenden Sachbearbeiter und Verantwortlichen untereinander Kontakte, teilweise schon organisiert im Rahmen der Fachverbände, teilweise nur dank persönlicher Bekanntschaft. Sie haben die entsprechenden Verbindungen zu einzelnen

Behördenvertretern, zur Polizei, Steuerbehörde, zu einzelnen Auskunfteien, mit denen sie zusammenarbeiten, zu einzelnen *Presseleuten.* Diese verfügen ebenfalls über ein Verbindungsnetz.

Also ein relativ verwirrendes Bild persönlicher Kontaktnahmen, das immerhin einen gewissen Erfolg hervorzubringen vermag. Der Sachbearbeiter einer Kreditfrage, Polizeimann oder Spezialist einer Auskunftei, überlegt im konkreten Fall, wer ihm weiter helfen könnte, telefoniert, oder man trifft sich zu einem Kaffee oder zu einem Essen und fragt mal. Das System funktioniert nicht schlecht, hat aber den Nachteil, dass relativ viele Informationen nicht allen Interessierten bekanntgegeben werden.

Bildung einer Informationsstelle

Erstrebenswert ist, diese Informationen über eine Zentralstelle an die einzelnen Organe weiterzuleiten. Die Information kann entweder über den Verband gehen, der sie dann weiterverteilt, oder kann direkt einzelnen Leuten zugeleitet werden. Wichtig ist die *zentrale Informationsstelle,* die übrigens in verschiedenster Weise bereits auch gefordert worden ist. Was kann nun eine solche Informationsstelle leisten, wie muss sie aussehen, und eine Frage, die sich normalerweise der Schweizer immer stellt, was kostet sie und wer zahlt? Es gibt sie heute noch nicht, jedenfalls nicht als wirkliche Zentralstelle. Es bestehen zwar Versuche, neue Schutzorganisationen zu schaffen, die aber das zentrale Problem noch nicht regeln.

In diesen Zusammenhang ist auch das neugegründete *Büro für Betriebsschutz in Zürich* zu stellen. Es handelt sich um einen Versuch, auf dem Gebiet der Wettbewerbsdelikte vor allem prophylaktisch tätig zu sein oder, um es etwas sensationeller auszudrücken, um den Versuch eines Schutzes gegen Wirtschaftsspionage. Diese prophylaktischen Massnahmen sind volkswirtschaftlich und für die einzelnen Betriebe von hoher Bedeutung. Die schweizerische Exportindustrie ist auf einen Verfahrens- und Entwicklungsvorsprung gegenüber der weltweiten Konkurrenz angewiesen. Die Konkurrenzkämpfe werden heute mit allen Mitteln, auch kriminellen, ausgefochten. Man wirbt nicht nur führende Angestellte gegen Handgeld ab, sondern stiehlt Pläne, kopiert sie usw. Dieses Büro für Betriebsschutz ist also ein Versuch, das enge Fachgebiet der Wirtschaftsspionage und der Wettbewerbsdelikte im allgemeinen durch Prophylaxe etwas zu erfassen.

Es stehen zwei grundsätzliche Lösungen zur Auswahl: entweder *Ausbau einer bestehenden Organisation,* beispielsweise einer grossen Auskunftei, wie dieses Büro für Betriebsschutz, oder die *grundsätzliche Neuschaffung einer Institution.* Ich würde es nicht wagen, heute eine Prognose zu stellen, welcher Weg am Schlusse wirklich der bessere ist, würde aber im Sinne einer pragmatischen Lösung vorschlagen, eher auf eine bestehende Organisation aufzubauen. Als Vorbild für eine Neuschaffung könnte die deutsche Zentralstelle für Bekämpfung der Schwindelfirmen dienen, eine Non-profit-Organisation, welche durch Unterstützungsgelder, Sammlungen und freiwillige Zuweisungen finanziert wird, und die im Sinne einer Leistung an die Gesamtheit der Wirtschaft Erklärungen, Informationen und Hilfe gewährt. Gegen diese Lösung ist einzuwenden, dass eine Finanzierung durch Sammlungen fragwürdig ist und ziemlich viel Zeit in Anspruch nehmen wird. Auch besteht die Gefahr, dass der hauptsächliche Geldgeber eine Sonderleistung des Institutes erwartet, sei es, um bessere Informationen zu erhalten als der andere, sei es, noch schlimmer, um die Publikation von Informationen zu verhindern, wenn er wegen düsterer Geschäftspraktiken unter Beschuss gerät. Die Sache steht und fällt wahrscheinlich mit den Exekutivorganen der Organisation.

Modell einer privatwirtschaftlich konzipierten Zentralstelle

Ich stelle dem eine Idee gegenüber, die rein privatwirtschaftlich konzipiert ist und die Schweizer als Kaufleute anspricht. Man bietet eine Dienstleistung gegen Bezahlung. Interessiert die Dienstleistung, wird sie verlangt, interessiert sie nicht, eben nicht. Entscheidend bleibt natürlich auch bei dieser Form eines gewinnträchtigen Unternehmens, dass die Organe sämtlichen Informationssuchenden bekannt sind. Denn man kann nicht riskieren, dass irgendwelche Einzelpersonen Sonderinformationen erhalten und kann ebensowenig riskieren, dass die ausführenden Organe einer solchen Schutzorganisation Bevorzugungen bei der Beurteilung vornehmen. Mit andern Worten, es braucht zum Aufbau charakterlich integre und der Öffentlichkeit bekannte Leute. Im Gegensatz zu der sonst üblichen Praxis bei Aktiengesellschaften oder ähnlichen Gesellschaften in der Schweiz, sollen die Belege zur Finanzierung jedermann zur Einsicht offenstehen. Was kann eine solche Informationszentrale beitragsleistenden Mitgliedern bieten? Sie kann in der Anfangsphase über aktuelle Fälle, über die sie im Bild sein wird, *Informationen, Warnungen oder Vorschläge zur Sicherung* liefern. Es stellt sich das Problem, wie weit man mit dieser Information gehen kann, ohne einen Schadenersatz-Kreditschädigungsprozess am Hals zu haben. Gerade in dieser Hinsicht glaube ich, dass eine Zusammenarbeit mit bestehenden Organisationen oder ein Herauswachsen aus einer solchen vorteilhaft ist, da bereits eine gewisse Erfahrung vorhanden ist.

Eine weitere Aufgabe könnte darin bestehen, bekannte oder als solche vermutete *Schwindelunternehmen* oder deren Praktiken bekanntzugeben. Und in einer nächsten Stufe, das wird aber Jahre dauern, könnte eine *Registratur* errichtet werden, die auch *Verurteilte, Rückfällige, rückfallsverdächtige Personen, ehemalige Delinquenten und ihre Methoden* registriert, um so im Einzelfalle rascher mit einer Information zur Hand zu sein. In den Anfangsjahren einer solchen Institution in der Schweiz kann aber sicher nicht das im Vordergrund stehen. Die Organisation arbeitet am Anfang nach dem Prinzip: Man telefoniert einmal, man fragt nach allen Seiten, um in einem konkreten, morgens 10.15 Uhr aufgetauchten Fall möglichst rasch über erste Informationen zu verfügen. Sie läuft dabei das Risiko, keine oder schlechte Informationen zu erhalten. Es besteht also keine Garantie, dass diese Informationszentrale wirklich das weiss, was man erwartet, aber immerhin eine grosse Chance, dass sie am meisten weiss, weil sie alle diese Verbindungen nach allen Seiten hat und ein gegenseitiges Informationsinteresse der einzelnen Stellen, oder zum mindesten im Anfangsstadium der einzelnen Leute, vorausgesetzt werden kann.

In einem *Fernziel* kann man sich vorstellen, dass eine solche Informationszentrale auch die *Ausbildungskurse für interessierte Kreise aus Verwaltung, Justiz und Privatwirtschaft,* vielleicht sogar die Assistenz in Prozessen und Untersuchungen übernimmt, oder mittels einer *Computer-Informationszentrale* für eine rasche Übermittlung und Verwendung der Informationen besorgt ist. Eine solche Zentrale müsste sehr frühzeitig in Betrieb gesetzt werden, weil erfahrungsgemäss das nachträgliche Umbuchen einer Kartothek auf eine EDV-Informationszentrale sehr personalintensiv und teuer ist. Es bestehen dazu bereits Ansätze in den USA und auch in der Schweiz auf Spezialgebieten.

Vorschlag zum weiteren Vorgehen

Die nächste Stufe wäre eine *offizielle Koordination.* Sie wird in einzelnen Bereichen der Verwaltung und der Privatwirtschaft bereits versucht und muss in diesem Sinne erweitert werden. Das bedeutet: Verband aller Auskunfteien, Austausch der Informationen unter den Mitgliedern grosser Wirtschaftsverbände oder deren Dachorganisationen, Informationsaustausch unter den Amtsstellen, Koordination der auf diesem Gebiet tätigen kantonalen Polizeiorgane und der verschiedenen Verwaltungsapparate, um auch Zollinformationen zu erfassen. Eine Möglichkeit dazu ist der Austausch von Fachbeiträgen in Fachzeitschriften oder Publikationen, eine weitere Möglichkeit ist der persönliche Austausch von Referaten oder persönlichen Dokumentationen. All das ist eindeutig abhängig von der Privatinitiative jedes Einzelnen, sei er nun in einer staatlichen Stelle oder in der Privatwirtschaft tätig. Alle, die sich in diesem Sinne betätigen werden, laufen dabei das Risiko, von den Vorgesetzten zurückgepfiffen zu werden. Ich bin aber überzeugt, dass das Ergebnis für diese Art des Vorgehens spricht. Letztlich ist es der Gewissensentscheid jedes Einzelnen, wie weit er gehen darf bei einer Information. Von hier an setzt eine mehr zentralistisch-organisierte Entwicklung ein: Ausbildungskurse, Tagungen, Ausbau einer der bestehenden Institutionen im Sinne einer Informationszentrale oder Schaffung einer neuen Institution.

Mein Vorschlag ist eine bescheidene pragmatische Lösung, hat aber den enormen Vorteil, auf dem zu basieren, was tatsächlich vorhanden ist, nicht bestehende Verantwortlichkeitsabgrenzungen über den Haufen zu werfen. Auch unternimmt sie nicht den ach so schwierigen Versuch, irgendwelche

Verwaltungs- und Privatorganisation gesamtschweizerisch koordinieren zu wollen. Andererseits ist die vorgeschlagene Konzeption abhängig von der privaten Initiative jedes Einzelnen, der auf diesem Gebiete tätig ist.

Es fragt sich, ob man jetzt schon den Versuch wagen dürfe, eine solche Informationszentrale zu gründen. Es könnte dadurch verhindert werden, dass sich das ganze jetzt tot läuft. Auch hätte man einen Mann oder eine Stelle, an die man sich wenden kann, wenn man weitere Kontakte sucht. Meines Erachtens überwiegen aber die Nachteile. Die ausschlaggebenden Leute sind heute kaum bereit, so etwas unbesehen zu akzeptieren, auch gäbe es ein ziemlich zähes Seilziehen über Finanzierung, Beteiligung und Einflussnahme, was sich vermutlich in diesem Stadium noch nicht lohnen würde. Deshalb meine Schlussfolgerung: Eine solche Informationszentrale als neue Organisation oder als Ausbau einer kleineren schon bestehenden, ist als Fernziel vielleicht in drei bis fünf Jahren anzupacken. Jetzt sollte mit dem bescheideneren, aber effektiveren persönlichen Erfahrungsaustausch weiter gearbeitet werden.

Fragen zu den Referaten von Dr. Köhler und Dr. Egli werden von den Referenten beantwortet

Kurt Draeger, Wirtschaftsprüfer, Starnberg am See,

möchte zu der "Deutschen Zentralstelle zur Bekämpfung von Schwindelfirmen" mitteilen, dass sie ihm in einem Fall, der sich vor dem Kriege in Berlin ereignete, ausserordentlich wirksam geholfen hat:
Es handelte sich um den damals grössten Wirtschaftsstrafprozess, bei dem es zu Zuchthausstrafen von mehreren Jahren und Verlustfeststellungen von über zehn Millionen kam. In engster Zusammenarbeit der Zentralstelle mit der Polizei und meiner Firma wurde das Material geprüft und dann in fünf deutschen Grossstädten schlagartig die Verantwortlichen verhaftet. Dabei war interessant, dass die Finanzverwaltung von der Verbrecherabteilung informiert wurde und darauf durch einen Prüfer die Geldmittel des fehlbaren Konzerns lahmlegen liess. Im Verfahren wurden zwölf Anwälte beschäftigt, was auf das Ausmass der Affäre schliessen lässt. Die Zentralstelle besass damals noch kein grosses Archiv, nahm es aber auf sich, nach vorgängigen Verurteilungen von am Konzern Beteiligten in andern Städten zu forschen; dabei konnte sie sich auf das ausgezeichnete Archiv der "Frankfurter Zeitung" stützen. Dieses lieferte dem Staatsanwalt sämtliche Angaben, die er zur Darstellung des Werdegangs dieses Schwindelkonzerns und zu seiner Anklagebegründung brauchte. Es zeigte sich in diesem Fall, dass die Mitarbeit der Presse in der Bekämpfung von Wirtschaftsverbrechern unschätzbare Dienste leisten kann. Dies nur als ergänzender Beitrag zu Herrn Köhlers Referat.

Bezirksanwalt Riemann, Horgen,

fragt Herrn Egli, ob es nicht möglich wäre, schon heute eine Informationsstelle zu schaffen, bei der man erfahren könnte, wo gewisse spezielle Informationen für einzelne Sachgebiete zu holen sind.

Dr. H. Egli

glaubt nicht, dass dies nötig ist:
Allerdings braucht man im status quo vielleicht zehn Telefongespräche, um zur Quelle der gewünschten Information zu kommen, aber sie wird unweigerlich gefunden werden. Dies ist die *praktische* Lösung, das andere existiert noch nicht und wird noch lange nicht existieren.

Herr Riemann:

Aber tun das die Geschädigten wirklich?

Dr. Egli:

Nein, und da liegt wahrscheinlich eine Schwierigkeit; die Geschädigten gehen zum Anwalt oder zum Fachmann erst dann, wenn schon etwas passiert ist und sie schon geschädigt sind. Das können wir aber nicht ändern, und ich sehe auch eine solche Informationsstelle in erster Linie für Fachleute oder für solche, die sich in dieses Gebiet einarbeiten müssen. Ob in einer ferneren Entwicklung eine solche Informationsstelle eine viel breitere Wirkung haben kann, hängt sehr stark von der Frage ihrer Publizitätsmittel ab. Im heutigen Stadium sind Sie auf die einzelnen Pressevertreter angewiesen, ob sie es riskieren, eine präventive Information in die Zeitung zu setzen.

Dr. Botz, Staatsanwalt, Mannheim

hat mehrere Fragen an Herrn Dr. Köhler, der mehrheitlich über positive Erfahrungen berichtet hat. Es werden aber der "Deutschen Zentralstelle" sicher auch Schwierigkeiten gemacht. Eine davon dürfte im Regressproblem in Erscheinung treten. Da die Zentralstelle individuelle Beratungen bietet und Warnungslisten herausgibt, lässt sich vermuten, dass die Betroffenen darauf negativ reagieren, da sie ja sicher ungern ihre Namen auf Warnungslisten sehen. Es kommen ab und zu Strafanzeigen von Seiten der Industrie gegen solche gemeinnützige Institutionen "wegen unerlaubter Rechtsberatung" vor. Hat Herr Köhler ähnliche Erfahrungen oder besitzt das Hamburger Institut eine besondere Genehmigung zur Rechtsberatung?

Dr. Köhler:

Selbstverständlich werden auch wir unter Beschuss genommen, die Gefahr ist für uns allerdings wesentlich geringer als für die Auskunfteien. Diese wird nach der Firma X.Y. gefragt und muss speziell über diese Firma Auskunft geben, während ich nicht die *Firma,* sondern das angebotene Geschäft, also die *Sache* prüfe. Auch ich habe den Sesselfarmer mit seinen Glanzgeschäften kennengelernt, habe aber nicht vor *dem Mann,* sondern vor seinem *Angebot* gewarnt, das offensichtlich ein Fass ohne Boden war, in das Geld hineinzuwerfen sinnlos schien. Ich hätte also nicht von diesem englischen Schwindler belangt werden können, denn sein Name wurde in der

Auskunft nie erwähnt. Wir vermeiden strikt Namensnennungen, und halten uns immer streng an die Untersuchung des Angebotes, aus der sich unsere Auskunft jeweils ergibt. Daraus folgt, dass wir auch weniger leicht wegen unerlaubter Rechtsberatung belangt werden können. Wir erlebten bisher in meiner fünfzehnjährigen Amtszeit nur zwei Versuche, uns wegen Schaden einzuklagen, die erfolglos verliefen. Im übrigen habe ich eine Haftpflichtversicherung abgeschlossen, brauchte sie aber noch nicht in Anspruch zu nehmen.

Ein Teilnehmer

fragt Dr. Köhler, wie weit sein Institut mit den Strafbehörden zusammenarbeitet und wie diese Zusammenarbeit konkret spielt, vor allem aber, inwiefern sie wirksam gestaltet werden kann, ohne dass dabei das Amtsgeheimnis verletzt wird.

Dr. Köhler:

Die Zusammenarbeit ergibt sich aus der Tatsache, dass wir uns auf dem Gebiet der Schwindelfirmenbekämpfung bewegen und keine eigene Exekutionsgewalt haben. Wir müssen also für diese Dinge die Kriminalpolizei, die Staatsanwaltschaft und das Gericht in Anspruch nehmen. Diese Zusammenarbeit ist zweigleisig: einesteils erstatten wir Strafanzeigen, wenn wir irgendwo auf rechtswidrige Vorgänge stossen, und dazu ist ja an sich jedermann berechtigt. Die Kriminalpolizei nimmt unsere Strafanzeige dankbar entgegen, weil sie nicht im ersten Zorn geschieht, sondern aus durchaus sachlich zu rechtfertigenden Gründen: wir haben genügend Ehrgeiz, um unsere Strafanzeigen gut vorzubereiten, damit sie zum von uns gewünschten Erfolge führen. Andernteils wird von Seiten der Strafverfolgungsbehörden unser Material herangezogen, wenn sie bei einer Ermittlung zu wissen wünschen, ob bei uns über ihren Fall schon etwas vorliegt. Oft ist aus *einem* Fall der Betrugsvorsatz nicht klar festzustellen, wenn aber Parallelmaterial beigesteuert wird, kann man daraus viel leichter den Nachweis führen, dass Systematik im Betrugswillen vorliegt und nicht eine missverstandene oder fehlgelaufene Angelegenheit. Das Anzapfen unseres Materials durch die Kriminalpolizei ist uns sehr willkommen. Die Kriminalpolizei ihrerseits gibt uns nie offiziell Nachricht über laufende Fälle, aber aus ihrer Anfrage bei uns ziehen wir Schlüsse, und dabei wurde kein Amtsgeheimnis verletzt; es ist ein ähnliches Verfahren, wie das von Dr. Egli vorgeschlagene.

Adolf Zingg, Auskunftei Novinform, Zürich:

Ich fühle mich von Dr. Egli direkt angesprochen, da ich eine Firma von fünf Büros und

50 Mitarbeitern der Auskunfteibranche vertrete. Der Wille zur Zusammenarbeit ist bei uns durchaus vorhanden, aber es bestehen doch Probleme, die auch Herr Ulrich angedeutet hat. Deshalb möchte ich Herrn Egli fragen: Wie weit haben Sie die Möglichkeiten der Zusammenarbeit mit der Polizei geklärt? In der Presse werden gegenwärtig ab und zu Lanzen gebrochen für die armen Strafverfolgten, deren Namen im Register gelöscht werden sollten. Aber wir Auskunfteien erhalten keine Liste der Verurteilten in Wirtschaftsdelikten, wobei man sich auf die krassesten Fälle beschränken könnte. Haben Sie in dieser Richtung sondiert, oder muss man weiter durch Tricks die Antwort aus der Polizei herausholen?

Die Auskunfteien könnten ausserordentlich hilfreich sein, aber sie können sich nicht leisten, einseitig die Polizei zu informieren, sie möchten auch Informationen erhalten. Hier heisst es: Wie kann dieser Erfahrungsaustausch ohne Verletzung des Amtsgeheimnisses zustande kommen?

Dr. Egli

erklärt, er müsse eigentlich diese Frage an die zuständigen Polizeibehörden weitergeben, weist aber den Frager auf persönliche Kontakte hin, die man pflegen müsse:
Auch als offizieller Vertreter eines Geschädigten erhält man zum Teil Einsicht in die Akten, sicher aber ins Liquidationsverfahren; unter dem Eindruck der neuerlichen Zusammenbrüche von Banken und grossen Unternehmen haben die Liquidationsbehörden sich einer offeneren Praxis zugewendet. Im Jahresbericht der "Schweizerischen Treuhandgesellschaft" zeigt sich, dass diese selbst das Risiko der zivilrechtlichen Strafverfolgung auf sich nimmt, solche Akten sind hochinteressant und wirken möglicherweise auch prophylaktisch, denn, wenn in der Öffentlichkeit unter Mithilfe der Presse bekannt wird, dass Verwaltungsräte und schlechte Kontrollorgane auf Millionen von Franken lautende Verantwortlichkeitsklagen am Halse haben, also auf Schadenersatz für mangelnde Überwachung der Geschäfte der Organisation eingeklagt werden, dürfte das abschrekkend wirken.

Möglichkeiten der Presse zur Vorbeugung

Alfred Messerli

Die "Verbrecher im weissen Kragen" haben vor nichts so Angst wie vor einer Veröffentlichung in der Zeitung. Diese Erfahrung musste ich – leider – in meiner Tätigkeit als Kriminalberichterstatter machen. Wenn ein Wirschaftsstraftäter in eine Strafuntersuchung gerät, kann ihn das in der Regel kaum erschüttern. Er kann sich einen sehr guten Anwalt leisten, der ihn genauestens beraten wird. Auch sind unsere Gesetze so gefasst, dass die Maschen für Wirtschaftsstraftäter recht weit sind. Nicht zu unrecht heisst es, dass man die Kleinen hänge und die Grossen laufen lasse. Unter den Grossen befinden sich in vielen Fällen die "Verbrecher im weissen Kragen". Gegen sie wird nur in den wenigsten Fällen ein Strafverfahren eröffnet. Ausserdem weiss der in die Mühlen der Justiz geratene Wirtschaftsstraftäter, dass sich sein Verfahren auf alle Fälle in die Länge ziehen wird.

Ich kenne vor allem die Verhältnisse in der Schweiz. Im Kanton Zürich sind eine ganze Reihe grosser Wirtschafts-Kriminalfälle zum Teil seit Jahren (fünf und sechs Jahren) anhängig, ohne dass es zu einer Anklageerhebung gekommen wäre. Es hat sich auch bei "Gaunern im Frack" herumgesprochen, dass die Mühlen der Justiz langsam mahlen und dass es anderseits bei den Untersuchungsbehörden – die sowieso mit andern Fällen überlastet sind – zu wenig geschulte Untersuchungsrichter gibt, denen man grosse Fälle von Wirtschaftskriminalität anvertrauen könnte. In vielen Fällen fehlt es auch an einem Kläger. Wer sein Geld verloren hat, will nicht noch dazu den Spott und weitere Unkosten haben. Aus dieser unerfreulichen Situation heraus entwickelt sich die Wirtschaftskriminalität fortwährend.

Wenn nun aber in der Presse der Fall eines Wirtschaftsstraftäters eingehend dargestellt wird, wenn die Hauptpersonen beim vollen Namen genannt werden, wenn auf den entstandenen Schaden in der Wirtschaft hingewiesen wird, dann trifft das die Schuldigen viel mehr als die Einleitung einer Strafuntersuchung in aller Stille.

Durch die Nennung des Namens des Hauptschuldigen und die Darstellung seiner Praktiken wird auf alle Fälle für den Moment dessen wirtschaftliche Tätigkeit stillgelegt. Hat er beispielsweise faule Papiere in Umlauf gebracht, dann wird es schwer halten, sie, wenn sie in der Presse als Nonvaleurs bezeichnet wurden, weiter in Verkehr zu bringen. Anderseits ist der Haupttäter dann entlarvt.

Allerdings dauert diese Stillegung seiner geschäftlichen Tätigkeit nicht ewig, wie der Fall des Automatenbetrügers Bachofner beweist. Bachofner wurde von mir im Februar 1962 als Betrüger auf dem Automaten-Sektor in der Presse angeprangert. Die Kantonspolizei Zürich führte die Ermittlungen durch, wobei das Hauptverdienst Leutnant Willy Ulrich zukommt. Im November 1963 wurde Bachofner wegen gewerbsmässigen Betruges im Automatengeschäft im Betrage von 3,15 Millionen Franken, wegen wiederholter und fortgesetzter Veruntreuung, wegen wiederholter und fortgesetzter Urkundenfälschung und wegen Unterlassung der Buchführung zu fünf Jahren Zuchthaus verurteilt. Nachdem Bachofner seine Strafe abgesessen hatte, eröffnete er in der Innerschweiz ein Treuhandbüro. Nun wurde vor wenigen Wochen eine neue Strafuntersuchung gegen ihn eröffnet. Er hat als Treuhänder neue Betrügereien begangen.

Wie könnte die Presse noch vermehrt tätig werden?

Damit die Presse ihre Aufgabe besser erfüllen kann, braucht sie jedoch Unterstützung. Auch vom Journalisten aus müssen gewisse Bedingungen erfüllt sein.

- Er muss hinter sich einen Verleger haben, der notfalls auch gewillt ist, einen Prozess durchzustehen, der im Zusammenhang mit einer Veröffentlichung gegen die Zeitung angestrengt wird.
- Um Missstände aufdecken zu können, braucht es eine Zeitung mit grosser Auflage und gefestigter finanzieller Situation. Wenn die Zeitung wirtschaftlich nicht gefestigt ist, wird der Verleger bei jeder Drohung eines anvisierten Wirtschaftsstraftäters kapitulieren und auf die Veröffentlichung einer solchen Geschichte verzichten.
- Sämtliche Informationen über einen Fall von Wirtschaftskriminalität müssen überprüft werden und müssen der Wahrheit entsprechend dargestellt sein. Leider kommt es immer wieder vor, dass der Redaktion Informationen über einen angeblichen Skandal zukommen, die von einem missliebigen Geschäftskonkurrenten stammen.

Erschwert wird die Situation dadurch, dass der Journalist von den Strafuntersuchungsbehörden und von der Polizei in der Regel am Anfang eines Verfahrens keine Auskunft erhält. Sie sind an ihre Geheimhaltungspflicht gebunden. Deshalb muss der Journalist seine Informationen bei den Beteiligten selber einziehen. Ich habe recht gute Erfahrungen damit gemacht, dass ich mich beim *Hauptbeschuldigten* meldete. Meistens kam es dann zu einer Aussprache, wobei der Anwalt des Beschuldigten anwesend war. Bei diesem Gespräch erfuhr ich in der Regel soviele Einzelheiten, dass das Schreiben des Artikels kein Problem mehr war.

Vorsicht ist geboten, wenn man als Journalist von der *Gegenpartei* informiert wird. Meistens sind diese Informationen etwas gefärbt. Vor allem spielt auch der Rachegedanke eine Rolle.

Es wäre von Nutzen, wenn die Presse über Wirtschaftsskandale und Wirtschaftskriminalität vermehrt Informationen auch von seiten der Polizei und der Untersuchungsorgane erhalten würde. Dann könnte sie ihre Aufgabe besser erfüllen. Denn es liegt sicher im Interesse der Allgemeinheit, wenn über Fälle von Wirtschaftskriminalität umfassend orientiert würde. Auch wäre eine Zusammenarbeit zwischen Organisationen, die Schwindelfirmen und Wirtschaftsstraftäter bekämpfen, und einzelnen Journalisten sicher von Vorteil.

Allerdings muss ich – um der Wahrheit die Ehre zu geben – darauf hinweisen, dass es nicht sehr viele Journalisten gibt, die sich mit dem arbeitsintensiven und nicht immer dankbaren Gebiet der Wirtschaftskriminalität befassen. Die Kriminalberichterstatter schreiben in der Regel lieber über Gewaltsverbrechen, Mörder und Räuber. Es wäre wünschenswert, dass an die Fortbildungskurse der Polizei und der Justizbehörden inskünftig auch vermehrt Journalisten eingeladen würden, die sich mit diesen Problemen intensiv beschäftigen. Ein gegenseitiger Erfahrungsaustausch wäre sicher nur von Nutzen.

Dilemma des Kriminalberichterstatters

Dass der Journalist bei Fällen von Wirtschaftskriminalität oftmals in einen Gewissenskonflikt geraten kann, ist klar. Einerseits hat er vom Bestehen einer Affäre oder eines Skandals erfahren. Er kennt bereits die wichtigsten Fakten. Nun muss er sich über die Folgen einer entsprechenden Veröffentlichung klar werden. Eine Bank beispielsweise verliert in einem solchen Fall in der Regel ihren Kredit, die Schalter müssen schliessen. Der Journalist wird dann von der Bankleitung beschuldigt, durch die "vorzeitige Veröffentlichung" der Bank und ihren Kunden geschadet zu haben. Das kann sogar so weit gehen, dass der betreffenden Zeitung und dem Journalisten gedroht wird, sie würden für den entstandenen Schaden voll verantwortlich gemacht. Oftmals wird eine Klage auf Kreditschädigung sogar tatsächlich eingeleitet. Klagen auf Verletzung der persönlichen Verhältnisse oder auf Kreditschädigung (Zivilklagen) sind für den eingeklagten Journalisten in der Regel schwerwiegender und schwieriger als Klagen auf Ehrverletzung. Sie können auch in den finanziellen Konsequenzen ganz andere Ausmasse annehmen.

Ich möchte nun einen Fall aus der Praxis anführen, bei dem der Journalist in einen Gewissenskonflikt gestürzt wurde. Von vertrauenswürdiger Seite erhielt ich den Typ, dass Verschiedenes bei der Bank Koschland und Hepner in Zürich nicht stimme. Ich erhielt auch Angaben über Fälschungen von Unterschriften auf Schecks. Ausserdem wusste ich, dass Wechsel der Bank zu Protest eingereicht worden sind.

Wie in allen diesen Fällen setzte ich mich sofort mit der Bankleitung in Verbindung. Vom Direktor, der gleichzeitig Mitglied des Verwaltungsrates war, erhielt ich nur unklare Auskünfte. Er drohte, falls ich irgend etwas veröffentlichen sollte, mit einer Schadenersatzklage. Alle Gerüchte seien erlogen. Ein zweiter Anruf bei einem der Inhaber der Bank, Max Koschland, löste jedoch Alarm aus. Innert einer Viertelstunde setzte sich ein Rechtsanwalt mit mir in Verbindung. Er bat mich, mit einer Veröffentlichung noch zuzuwarten. Der Verwaltungsrat werde mich vollumfänglich über den ganzen Fall informieren. Tatsächlich wurde ich drei Tage später zu einer Besprechung gebeten. Wie erstaunt war ich, als zu dieser Besprechung vom Verwaltungsrat auch einige Kollegen anderer Zeitungen eingeladen wurden. Diese hatten vor Beginn der Konferenz keine Ahnung, was mit der Bank los war. Der Sprecher des Verwaltungsrates gab nun alle Einzelheiten bekannt. Er gab zu, dass der Direktor entlassen worden sei, dass man Unregelmässigkeiten in der Direktion festgestellt habe. Er gab auch zu, dass der eine Inhaber der Bank auf gewissen Wechseln die Unterschrift eines Kunden hingesetzt, also eindeutig Urkundenfälschung begangen habe. Allerdings seien diese Wechsel nicht in Umlauf gesetzt worden. Ausserdem erfuhr man über grosse Engagements der Bank, die unsicher und zum Teil bestritten seien.

Die anderen Journalisten stellten keine Fragen, denn sie wussten über die ganze Geschichte nichts. Am Schluss der Orientierung wurden wir gebeten, über die ganze Sache nichts zu schreiben. Die Kollegen gaben das Versprechen ab. Ich weigerte mich. Nach Rücksprache mit der Handelsredaktion und dem Chefredaktor meiner Zeitung wurde beschlossen, die Sache zu publizieren. Den Ausschlag gab die Tatsache, dass ein Schweizer Bankier Unterschriftenfälschungen auf Schecks zugegeben hatte. Nach der Publikation musste die Bank ihre Schalter sofort schliessen. Sie geriet in Liquidation. Gegen die Verantwortlichen der Bank wurde ein Strafverfahren eingeleitet. Das war im Dezember 1967. Bis heute wurde es nicht erledigt. Einer der Inhaber der Bank, der sich allerdings strafrechtlich nicht schuldig gemacht hatte, verübte kurz nach Veröffentlichung der Unregelmässigkeiten Selbstmord.

Einer der Rechtsanwälte eines Inhabers beschuldigte nach der Presseveröffentlichung ziemlich unverhohlen mich als Urheber des Zusammenbruchs. Es gab sogar Journalisten der Finanzpresse, die schrieben, dass durch "die vorzeitige Veröffentlichung einer Zürcher Tages-Zeitung die Bank in Schwierigkeiten" geraten sei. Mir scheint, dass der Journalist in einem solchen Fall handeln muss. Er kann doch nicht unreelle Praktiken von Bankiers decken, er kann doch nicht schweigen, wenn er von kriminellen Handlungen eines Bankiers erfährt, nur um die Einleger und die Kunden einer Bank zu schützen.

Warnung vor dubiosen Wertschriften

Es ist leider möglich, dass dubiose Firmen Zertifikate oder sogar Obligationen ausgeben. Obligationen werden im Volk allgemein als gute und zinsgesicherte Wertpapiere angesehen, mit denen "nichts passieren kann". Der einfache Mann aus dem Volk, oftmals auch Leute aus dem Mittelstand, wissen nicht zu unterscheiden zwischen Obligationen, die von erstklassigen Schuldnern, solventen Firmen oder Banken, ausgegeben werden, und solchen, die von schwindelhaften Firmen oder Gesellschaften stammen. Gerade mit solchen Wertschriften sind aber Millionenverluste entstanden.

Ich gebe Ihnen dazu nur einige Stichworte. Bei den Ferienhausfonds sind die Namen "Continvest", "Interfer", "Vacanza" und "Creda" im Zusammenhang mit betrügerischen Handlungen bekanntgeworden. In diesen Fällen ist es die deutsche Justiz, die handelt. Seit 1966 ermittelt die Frankfurter Staatsanwaltschaft gegen die Schuldigen der umfangreichen Ferienhaus-Zertifikat-Betrügereien.
Ich kann aber verraten, dass auch die deutschen Mühlen langsam mahlen. Die Schuldigen wurden bis jetzt noch vor kein Gericht gestellt; sie befinden sich auf freiem Fuss, können ins Ausland reisen, können aber auch neue Geschäfte an die Hand nehmen.

Was konnte die Presse in diesen Fällen unternehmen? Sie konnte die Geldanleger warnen. Das ist auch geschehen. Ich erinnere an die zahlreichen Artikel mit dem Titel "Das Geschäft mit der Sonne" in der "Finanz und Wirtschaft". Dort wurden die Praktiken dieser Ferienhausfonds angeprangert, und zwar bevor die Untersuchungsbehörden tätig wurden. In vielen Fällen wirkte die Publikation in der Presse aktivierend auf die Untersuchungsbehörden. Einen Fall möchte ich hier näher beschreiben; es geht um den "Continvest"-Anlagefonds. "Für den Besitzer von Miteigentumszertifikaten des "Continvest"-Anlagefonds gibt es keine Ferienprobleme mehr" so verhiess der mehrfarbige Prospekt, kostenloses Ferienwohnen Jahr für Jahr und ständig im Wert steigende Titel wurden versprochen. Als Sicherheit wurde die harte Schweizer Währung angegeben, ausserdem die schweizerische Fondsgesetzgebung, die damals noch gar nicht existierte, eine internationale Versicherung, die ebenfalls ein Schwindel war, und eine zweifelhafte holländische Depotbank. Die Tatsachen sahen aber ganz anders aus: Die im Prospekt vorgestellten Hotels und Ferienliegenschaften befanden sich alle nicht im Besitz des "Continvest"-Fonds. Ich prüfte selbst, wer der Eigentümer eines sehr schönen Hotels in Pontresina sei, das auf dem Prospekt figurierte, und vernahm von diesem, dass es weder dem Fonds gehörte, noch verkäuflich sei, wonach offenbar einmal ein ausländischer Geschäftsmann gefragt hatte; trotzdem prangte das Bild auf dem Prospekt. Der "Continvest"-Fonds krachte zusammen, nachdem es gelungen war, Zertifikate für über zehn Millionen Schweizerfranken abzusetzen. Auch hier laufen die Ermittlungen der Untersuchungsbehörde, aber auch erst durch die Pressepublikationen wurde der weitere Vertrieb dieser Zertifikate unterbunden.

In einem andern Fall wurde ebenfalls die Presse eingeschaltet, um vor der Annahme von Schecks zu warnen. Es ging hier um den "Intergiro"-Verrechnungsring in Zürich. Gegen diese Firma wurde erstmals 1964 ermittelt. Zweck des Unternehmens war es, ein dem WIR-Wirtschaftsring ähnliches Unternehmen des bargeldlosen Verkehrs aufzuziehen. Die Gesellschaft wollte den Bargeldverkehr ausschalten und den Zahlungsverkehr statt dessen durch eine neue Tauschordnung, Ware gegen Ware, mittels Verrechnung durch einfache Übertragung von Buchguthaben ersetzen. Die ausgegebenen "Intergiroschecks" stellten deshalb ein Geldsurrogat dar. Die Einlösung dieser Schecks in Bargeld bei der "Intergiro"-Verrechnungsstelle war nie möglich. Im ersten Jahr wurden in einem "Intergirocenter" in Zürich noch Waren ausgestellt, meistens Ladenhüter, die sonst nirgends verkauft werden konnten und die man mit den ausgegebenen Schecks erwerben sollte. Dieses Geschäftsjahr schloss aber mit Verlust ab; deshalb verfiel der Firmengründer auf eine andere Idee: er erteilte an ihm bekannte Personen – meistens Vorbestrafte oder sonstwie dubiose Elemente – grosszügig Kredite, indem er "Intergiroschecks" ausgab. Diese Kredite beliefen sich im Einzelfall auf 30'000 bis 600'000 Franken pro Person, es waren aber keine Barkredite, sondern lediglich Buchungskredite. Obgleich diese "Intergiroschecks" reine Nonvaleurs waren, gelang es in der Schweiz, in Lichtenstein, Holland, Deutschland und Belgien, Waren gegen sie einzuhandeln. In Holland und Belgien wurden grosse Posten Diamanten mit solchen wertlosen Schecks eingekauft. In allen Fällen traute der Verkäufer den Schecks erst nicht, da sie ihm dubios vorkamen, aber auf Aufforderung erkundigte er sich bei der "Intergiro"-Verrechnungsstelle und erhielt natürlich prompt die Versicherung, dass der Scheck selbstverständlich gedeckt sei. Der auf den Rand der Schecks ganz klein gedruckte Vermerk "Nicht gegen Bargeld einlösen" wurde oftmals übersehen, in einzelnen Fällen war er auch abgeschnitten worden. Durch die Darstellung dieses Falles in der Presse gelang es, die Geschäftsleute zu warnen. In jenem Zeitpunkt waren noch für rund eine Million Franken "Intergiroschecks" im Umlauf, allerdings vorwiegend im Ausland, da in der Schweiz der Verkehr durch die Publikation unterbunden wurde.

Ein anderes Tummelfeld für Schwindler sind die Geschäfte mit Plastik, dessen Verwendungsmöglichkeit fast unbegrenzt scheint und deshalb in neuen Industrien interessante und sichere Geldanlagen verspricht. Leider gab es dabei bittere Enttäuschungen, und es wurde viel Lehrgeld bezahlt. Die Schwindelgeschäfte mit Plastik illustrieren die Technik des Wirtschaftsverbrechers besonders deutlich.

Im März 1965 musste sich die Bezirksanwaltschaft Zürich mit den Machenschaften der Plastik-Immobilien- und Finanz AG, PIF, einer Firma, die Kunststoffartikel herstellte, befassen. Diese wurde beschuldigt, auf Schwindel gegründet zu sein und praktisch nur von Schwindel gelebt zu haben, was auch stimmte. Wertlose Plastikrohre und Plastikeimer wurden bei der Gründung als Apporteinlage eingebracht. (Dieselben Plastikeimer und -rohre spuken später noch in weiteren Schwindelaffären). Die PIF brachte es in sechs Monaten zu einem Passivenüberschuss von 6,3 Millionen Franken. Der Geschäftsinhaber, ein Hilfsarbeiter, der inzwischen durch das Bezirksgericht Zürich verurteilt wurde und nach Absitzen der Haft bereits wieder die Tätigkeit eines Treuhänders ausübt, hatte seine geschäftliche Karriere seinerzeit mit der Gründung der Zentrav AG in Neuenburg begonnen; das Aktienkapital betrug 50 000 Franken. Aber obgleich er die Verkaufslizenz eines an sich zukunftversprechenden Bauproduktes auf Plastikbasis von einer Firma in Vaduz übernommen hatte, geriet er bald in immer grössere Schwierigkeiten, worauf er versuchte, durch eine Kette von Neugründungen auf dem Gebiet der Kunststoffabrikation seine finanziellen Misserfolge zu verschleiern. Schliesslich fand er im Bankinstitut AZAD Bank AG einen willigen Geschäftspartner, der ihm immer neue Kredite bewilligte; zusammen gründeten sie auch die PIF mit einem Aktienkapital von 2 Millionen Franken und einer Sachwerteinlage von 1,96 Millionen Franken in Plastikwaren und einer Darlehensgutschrift. Bemerkenswert ist, dass diese Sachwerteinlage vom Handelsregisteramt überhaupt nicht überprüft wurde, man verliess sich auf eine schriftliche Garantie, während es sich doch um minderwertige Ware im Wert von höchstens 20 000 Franken handelte. Die Firma war von Anfang an ein Schwindel, und als beiden Partnern das Wasser am Hals stand, verfielen sie auf den Gedanken, sich durch die Ausgabe von Obligationen zu sanieren. Tatsächlich ist es in der Schweiz möglich, Obligationen anzubieten, auch wenn diese nicht gedeckt sind. Als nun aber Obligationen der PIF auf dem Markt erschienen, wurde der Bezirksanwalt darauf aufmerksam gemacht und beschlagnahmte die ganzen Pakete neugedruckter Wertpapiere, worunter sich auch schöne Darlehensverträge befanden, für die in Inseraten bereits Geldgeber gesucht und gefunden worden waren. Die AZADBank ging daraufhin in Konkurs und trug damit dazu bei, dass der Ruf unseres Bankwesens Schaden litt.

Im Juni 1967 hatte sich die Bezirksanwaltschaft wieder mit Plastikschwindeleien zu befassen, an denen eine kleine Zürcher Bank beteiligt war. In Westfalen waren zwei Kunststoffwerke geplant, jedes mit einem Grundkapital von 20 Millionen DMark, die die Regeneration von Kunststoffabfällen betreiben sollten. Als Grossaktionäre zeichneten zwei Zürcher Bankiers, die auch als Verwaltungsräte ins deutsche Handelsregister eingetragen wurden. Dem Verwaltungsrat gehörten namhafte Persönlichkeiten an, wie ein Professor für öffentliches Recht, ein Bundestagsabgeordneter, ein Oberkreisdirektor und ein Luzerner Anwalt mit Wohnsitz in Ascona. Die ganze Sache flog aber auf, denn es war mit unverantwortlicher Planlosigkeit vorgegangen worden. Die beiden Zürcher Bankiers brachten als Einlagen auf das Aktienkapital Schuldverschreibungen in der Höhe von 17 Millionen Franken des Etablissements Interplast in Vaduz. Zur Finanzierung der Gründungskosten und laufenden Geschäfte übergaben sie dem deutschen Rechtsanwalt, der als Generalbevollmächtigter wirkte, für rund 4,5 Millionen Wertpapiere, welche sich nachträglich samt und sonders als Nonvaleurs entpuppten; u.a. befanden sich darunter Obligationen im Werte von 2,5 Millionen Franken einer Bau und Immobilien AG, Intergiro-Schecks (siehe oben), Schuldverschreibungen auf Grundstücke im Wallis, die wegen ihrer Unzugänglichkeit und Steilheit absolut keinen Wert besassen. Im Konkurs lösten diese genau 3000 Franken, während sie mit 3,5 Millionen belastet waren, auch dies ist bei uns möglich. Ein anderes, hochbelastetes Grundstück war ein Sumpf in der Magadino-Ebene (Tessin). Auch diese Affäre stellt für die Schweiz kein Ruhmesblatt dar, obgleich sie wenigstens schon in ihren Anfängen in einer Reihe von Prozessen endete. Die treibenden Kräfte waren in diesem Fall dieselben wie in der PIF-Affäre, und später versuchten sie sich noch in ähnlicher Weise mit dem Kunststoffwerk Horgen, wobei wieder die Plastikrohre und -eimer der PIF auftauchten. Auch im missratenen Unternehmen in Westfalen tauchten dieselben Kübel als Sachwerteinlage auf, wurden aber von den deutschen Behörden geprüft und als der Wertangabe nicht entsprechend befunden. Neuerdings versuchten dieselben Personen, die sich wie beschrieben durch Firmengründungen auf dem Kunststoffgebiet hervorgetan hatten, noch einmal ins Geschäft zu kommen: es wurden die alten Aktienmäntel benützt, zwei neue Firmen wurden ins Handelsregister eingetragen, Wechsel kamen in Umlauf; auf Erkundigungen der Polizei verschwanden aber die Wechsel und es wurde still. Meine Beispiele sollen zeigen, dass man auch bei einer Obligation oder einem Kassaschein auf der Hut sein muss; dieser Übelstand sollte bei der Revision des Bankengesetzes beseitigt werden. Meine Beispiele sollen aber auch zeigen, dass die Veröffentlichung der Praktiken dieser Wirtschaftsgangster viel einschneidender und wirksamer sein kann als die Einleitung eines Strafverfahrens. Auch hier wurde ich allerdings mit Prozessen bedroht, es kam aber nie dazu.

Bauernfängerei mit Chinchillas

"Geben Sie doch Ihre geisttötende Heimarbeit auf, kaufen Sie dafür einige der kleinen Chinchilla-Tierchen, mit denen Sie innert kürzester Zeit einen schönen Nebenverdienst erzielen können, ohne grosse Arbeit". Eingehend sprach der Vertreter auf die Frau und ihren Ehemann ein, die sich auf ein Inserat für lohnenden Nebenverdienst gemeldet hatten. Der Vertreter brachte die beiden Eheleute, die keine eigenen Mittel hatten, dazu, vier Chinchillas, drei Weibchen und ein Männchen, für den Betrag von 4500 Franken zu kaufen. Das Geld mussten sich die Käufer bei einer Kleinkreditbank beschaffen und dafür monatliche Abzahlungen und einen hohen Zins leisten.

Die Versprechungen des Vertreters erwiesen sich bald einmal als falsch. Einmal vermehrten sich die Chinchilla-Tiere nicht so zahlreich, wie der Vertreter voraus gesagt hatte. Durch eine neutrale Bewertungsstelle wurden die vier gekauften Tiere geschätzt. Die bestürzten Chinchilla-Farmer mussten vernehmen, dass das Fell ihrer Tiere so schlecht sei, dass man dafür keinen Franken bezahlen könne. Für die Zucht seien die Tiere absolut ungeeignet, da immer wieder nur schlechte Pelztiere hervorgebracht würden. Das beste sei es, die zu einem Vielfachen des wahren Wertes überzahlten Tiere zu töten. Was wollten die beiden Leute machen? Der Verkäufer war unter keinen Umständen bereit, die Tiere zurückzunehmen. Zu prozessieren wagten die beiden nicht wegen der Kosten, und weil ihnen der Verkäufer auf ihre verzweifelten Briefe hin arrogante und freche Antworten schrieb und ausserdem noch drohte, er werde sie wegen Vertragsbruchs verklagen. Schliesslich riet ihnen der Verkäufer noch, die Tiere doch jemandem anders zum gleichen Preis zu verkaufen, das heisst, die minderwertigen Tiere einem andern anzuhängen.

Die Händler mit den Chinchillas verkaufen seit Jahren immer wieder von den gleichen Stämmen. Sie nehmen – falls sie dem Züchter nicht einen Vertragsbruch nachweisen können – einzelne Jungtiere zu einem Preis von 200 bis 300 Franken zurück und verkaufen sie zu einem Preis um 1000 Franken oder mehr weiter. Durch die Inzucht werden in der Regel nicht besonders schöne Tiere hervorgebracht, deren Pelze auf den internationalen Pelzbörsen nichts einbringen würden. Dieses Frühjahr wurden für Felle von wirklich schönen und erstklassigen Chinchilla-Tieren an der Londoner Pelzbörse Preise von 45 bis 100 Franken pro Fell bezahlt.

"Gewinnbringende Geldanlage, Gewinne bis zu 50 Prozent, jedoch auch mehr, vom investierten Kapital – saubere und klare Vertragsverhältnisse" solches und noch viel mehr wird jeweils in den Inseraten versprochen. Interessenten, die sich auf ein solches Inserat melden, werden von einem Vertreter aufgesucht, der sie überredet, ein Chinchilla-Zuchttier mit erstklassigen Zertifikaten zum Preis von 1000 bis 1600 Franken zu kaufen. Im Vertrag wird ihnen die Abnahme der anfallenden Nachzucht zu festgelegten Preisen zugesichert. Die Verträge sind juristisch eindeutig abgefasst, jedoch voller Fallstricke, die von den kleinen Leuten, die sich einen Nebenverdienst mit Chinchillas aufziehen wollen, nicht erkannt werden. Gemäss Vertrag verpflichten sich die Käufer, sämtliches Zubehör, alle Käfige, Trinkfläschchen, Futtergeschirre, Badsand und auch sämtliches Futter vom Verkäufer zu beziehen. Wenn dann der Verkäufer auf eine Bestellung des Käufers hin nicht liefern konnte und dieser sich anderswo eindeckte, wurde daraus eine Vertragsverletzung konstruiert. Diese entband den Verkäufer von der Pflicht, die Tiere zurückzukaufen.

Aufklärung des Publikums

Da die Aussichten, dass man den Händlern mit Hilfe unserer Justiz das Handwerk legen könnte, äusserst gering sind, gibt es nur die Aufklärung des Publikums. Es muss jedem vernünftig denkenden Bürger einleuchten, dass dieser Jungtier-Rückkauf auf die Dauer volkswirtschaftlich nicht bestehen kann. Die verlangten Preise – mehr als für ein Rind – sind zu hoch und stehen in keinem Verhältnis zu den erzielbaren Fellpreisen.

Der Fall mit den Chinchillas ist geradezu ein Musterbeispiel dafür, wie man gerissenen Wirtschaftsgangstern nur dadurch zu Leibe rücken kann, dass man sie in der Presse anprangert, ihre Versprechungen genauestens durchleuchtet und den interessierten Leuten klaren Wein einschenkt. Aufgrund zuverlässiger Unterlagen steht fest, dass nach der Publikation dieser Praktiken die Gangster einige Monate lang Mühe hatten, ihre Tierchen an den Mann zu bringen. Wo sie auftauchten, erinnerte man sich an den Zeitungsartikel, in zahlreichen Fällen wurde der Artikel den Chinchillavertretern auch direkt unter die Nase gehalten. Obwohl sie damit gedroht hat, hat die anvisierte Firma in Zürich wohlweislich keine Klage gegen die Zeitung wegen Kreditschädigung eingereicht.

Die Rolle der Presse

Zusammenfassend möchte ich sagen: es ist vornehmlich Pflicht der Presse und auch der übrigen Massenmedien, auf üble oder verwerfliche Praktiken in der Wirtschaft aufmerksam zu machen. Im Kampf gegen die Verbrecher im weissen Kragen hat die Presse eine wichtige Aufgabe zu erfüllen.

Damit sie diese Aufgabe aber durchführen kann, müssen folgende Voraussetzungen erfüllt sein: Erstens muss die Zeitung wirtschaftlich stark sein, damit sie gegen Drohungen auf Einleitung von Klagen wegen Ehrverletzung oder Kreditschädigung und Pressionsversuche immun ist, und zweitens sollten sich vermehrt einige Journalisten auf dem Gebiet der Wirtschaftskriminalität spezialisieren, die dann aufgrund einer gewissen Vertrauensstellung von Seiten der Geschädigten oder von Geschäftsleuten Informationen erhielten. Drittens muss die Zeitung auch von sich aus gewillt sein, im Zusammenhang mit Wirtschaftsdelikten gewisse Investitionen zu machen, d.h. die Nachforschungen eines Journalisten zu honorieren, auch wenn es – aus menschlichen oder andern Erwägungen – möglicherweise nicht zur Veröffentlichung einer Affäre kommt. Bis jetzt waren die Zeitungen in dieser Richtung eher sparsam. Die Informationen beschafft sich der Journalist von Geschädigten, von Angestellten der Schwindelfirma (hier ist Vorsicht am Platze), von Dritten, z.B. Auskunfteien; ich habe meinerseits mit zwei Auskunfteien ein gegenseitiges Nachrichtenaustauschsystem aufgebaut, das gut funktioniert. Auch die Polizei kann möglicherweise Informationen liefern, ebenso die Untersuchungsbehörde. Leider sind aber die beiden Letztgenannten mit den Informationen über Wirtschaftsstraffälle eher zurückhaltend. In der Regel ist der Täter nicht flüchtig, deshalb halten sich diese Behörden durch die Schweigepflicht für gebunden. Andererseits werden an den Pressekonferenzen der Polizei Fälle von Unterschlagungen von Milchgeldern oder Kundengeldern in der Höhe von einigen Tausend Franken bekannt gegeben, während die grossen Fälle unter die Geheimhaltepflicht fallen. Wird da nicht mit zweierlei Mass gemessen? Es wurde darauf hingewiesen, dass die Zeitungen Inserate von dubiosen Firmen nicht aufnehmen sollten. Am Falle eines berüchtigten Finanzinstituts, dessen Inserate vom "Tagesanzeiger" und der Neuen "Zürcher-Zeitung" abgelehnt wurden, weil der darin versprochene hohe Zins für Obligationen an der Seriosität zweifeln liess, zeigt sich, dass die Zeitungen oft rascher reagieren als die Behörden, die erst 18 Monate später aktiv wurden. Die Firma hatte übrigens versucht, den Besitzer der Zeitung zur Veröffentlichung der Inserate zu zwingen. Weshalb warnt die Polizei nicht ihrerseits die Zeitungen vor Schwindelfirmen und ihren Inseraten? Im Falle der Zürcher Massagesalons gibt sie ja sogar Listen an die Presse ab, aus denen zu entnehmen ist, von welchen Salons sie keine Inserate aufnehmen soll. Warum geht das bei Wirtschaftsstraftätern nicht? (Gelächter).

Leider haben wir in der Schweiz noch keine Organisation, die sich mit der systematischen Bekämpfung der Wirtschaftskriminalität befasst.

Würde aber eine solche Organisation auf privater Grundlage geschaffen, dann sollte diese auch mit einigen vertrauenswürdigen Journalisten auf dem Gebiet der Wirtschaft und der Wirtschaftskriminalität zusammenarbeiten. In jedem einzelnen Fall müsste diese Organisation prüfen, welchen Weg sie einschlagen will, um einem Wirtschaftsgangster das Handwerk zu legen. In vielen Fällen wäre wohl der wirksamste Weg die Publikation des Namens. Ich glaube, von seiten der Presse würde der Wille zu einer vertrauensvollen Zusammenarbeit durchaus bestehen.

Wirtschaftskriminalität in Frankreich

Jean Frilloux

Der für den Handel zuständige Gott, Merkur, ist zugleich auch derjenige der Diebe. Insofern könnte man den Ausdruck "Wirtschaftskriminalität" für einen *Pleonasmus* halten. Doch ist die Wahrheit in diesem Punkt eher relativ als absolut.

Seit dem Ende des letzten Weltkrieges haben die Verfehlungen dieser Art in Frankreich *stark zugenommen,* so stark, dass die Polizeibehörden nicht untätig zusehen konnten. Im Jahre 1949 wurde deshalb im Schosse der "Direction de la Police Judiciaire" in Paris eine Abteilung gebildet, die mit der Sonderaufgabe betraut wurde, wirtschaftliche und finanzielle Delikte zu verfolgen. Sie ist in der Provinz durch je eine besondere Stelle in den 17 regionalen Polizeidiensten vertreten.

Die Zahl und der Umfang der behandelten Fälle lässt sich durch folgende Ziffern belegen: Im Jahre 1969 wurden 9409 Untersuchungen durchgeführt, aus denen sich 2807 Rechtsverfahren ergaben, wobei 4539 Personen in den Anklagezustand versetzt und 661 in Haft genommen wurden. Der Personalbestand betrug 315 Beamte, wovon 37 Polizeikommissare.

Die Aufgabe der Polizei besteht herkömmlicherweise und grundsätzlich in der *Verfolgung* des Gesetzesbrechers. Doch lässt sich diese einschüchternde Tätigkeit zum Schutze der Gesellschaft heute nicht mehr von der *Verhütung* der Verbrechen trennen.

Frankreich verfügt nicht über Organe, die für diesen Zweck vorgesehen wären, ebenso nicht über ein Polizeirecht, wie es in gewissen Ländern besteht. Doch die "Direction Centrale de la Police Judiciaire", eine Organisation, die auf die Aufklärung von Verbrechen in allen ihren Erscheinungsformen spezialisiert ist, beschäftigt sich sehr ernsthaft mit allgemeinen Verhütungsmassnahmen. Sie führt Studien durch, unterbreitet Vorschläge, gibt Ratschläge und beteiligt sich an der Ausarbeitung von Texten, die entweder dem Parlament oder den zuständigen Ministerien vorgelegt werden. Sie regt Massnahmen an, die geeignet sind, unredlichen, die Öffentlichkeit schädigenden Machenschaften ein Ende oder zumindest eine Grenze zu setzen.

Auf wirtschaftlichem Gebiet sind diese Sicherheitsmassnahmen zum Zwecke der Verhütung oder Ahndung von Missbräuchen vielgestaltig, vorübergehend oder widerruflich, auf eine gewisse Zeitspanne und das jeweilige Klima ausgerichtet. Sie haben nicht die Geltung unantastbarer Glaubensartikel und stützen sich nicht auf die Grundfesten der Moral.

Das Problem der Vorbeugemassnahmen

Periodisch pflegt sich die Dringlichkeit strenger und vor allem wirksamer Verhütungsmassnahmen zu bestätigen, besonders bei Gelegenheit *aufsehenerregender Skandale,* in denen es um die Verschleuderung – oder zumindest um "sorglose" Verwaltung beträchtlicher Mittel geht.

Der Franzose neigt zu kartesianischem Denken und ist gerne bereit anzunehmen, dass es nichts Neues unter der Sonne gebe. Man brauche bloss im Arsenal der Gesetzesbestimmungen zu stöbern, um den Paragraphen zu finden, der auf die jeweilige Missetat passt. Dem ist nicht so. Der Gesetzgeber, der Jurist, der Polizist haben meist Mühe, mit dem *Einfallsreichtum* der Betrüger Schritt zu halten.

In Tat und Wahrheit sind die klassischen Bestimmungen des Strafrechts, welche die Eigentumsdelikte zum Gegenstand haben, *nicht immer* ausreichend. Die traditionelle Auffassung, das vom Gesetzgeber angestrebte Hauptziel, gilt der Ahndung der Vergehen. Der Schutz der von diesem betroffenen Opfer ist dabei auf den zweiten Platz verwiesen. Ohne Zweifel verhindert die einschüchternde Wirkung der Strafbestimmungen manchmal, dass ein Delikt begangen wird. Das entspricht der Zielsetzung. Aber es ist zuzugeben, dass der Zweck mit den klassischen Methoden nur zu einem kleinen Teil erfüllt wird.

Wenn es dagegen gilt, ein prophylaktisches System aufzurichten, besteht das Hauptziel darin, den allfälligen Opfern wirklichen und möglichst vollständigen Schutz zu gewähren. Ein *präventives System,* das Kontrollen und Bewilligungen vorsieht, scheint dem angestrebten Ziel genau angemessen zu sein. Diese einschüchternden Massnahmen stellen "Delikthindernisse" dar, die jeden Griff nach dem Eigentum von Drittpersonen zu unterbinden geeignet sind.

Der Gesetzgeber hat diesen Weg gewählt. Aber die Vorbeugung kann leider nicht auf volle Wirksamkeit Anspruch erheben. Man kann *nicht lückenlos* dafür sorgen, dass keine Übergriffe stattfinden. In diesem Fall bleibt also nur die Bestrafung nach den Methoden des klassischen Strafrechts übrig, die allerdings den besonderen Gegebenheiten ihres Anwendungsgebietes anzupassen sind.

Wirtschaftskriminalität im Bauwesen

Um das soeben Gesagte zu illustrieren, seien die Vorgänge im Bauwesen genannt, die für Frankreich grosse soziale Bedeutung erlangt haben. Viele von denen, die sich auf das Abenteuer einlassen, eine Eigentumswohnung zu kaufen, tun dies aufgrund *blosser Einsichtnahme* in mehr oder weniger baureife Projekte. Dabei gehen die Käufer wie die Zeichner von Anteilscheinen oder Aktien einige Risiken ein. Einige davon sind im Strafgesetzbuch vorgesehen.

Die Beträge, die zum Zwecke des Erwerbs einer Eigentumswohnung einbezahlt worden sind, können unter dem Deckmantel von *Scheingeschäften* veruntreut werden. Dies ist das als Hochstapelei bekannte Delikt, das aber im vorliegenden Zusammenhang oft schwer zu umschreiben ist.

*

Sodann können die Zeichner von Anteilen Opfer *ungetreuer Treuhänder* oder *Verwalter* werden, die die ihnen für einen vorgeschriebenen Zweck anvertrauten Gelder für ihre eigenen Bedürfnisse verwenden. Man hat hier das Vergehen des Vertrauensmissbrauchs vor sich, das leichter zu ahnden ist, weil es unschwer nachgewiesen werden kann. Andererseits wird es aber oft erst lange nach seiner Verübung entdeckt, wenn es schon zu spät ist.

Im einen wie im andern Fall sind die Strafbestimmungen streng und geeignet, jene von ihrem Vorhaben abzubringen, die die Versuchung zu solchen Machenschaften verspüren. Aber die Massnahmen sind *repressiver* und nicht vorbeugender Art. Gewiss verschafft es den Opfern solcher Vergehen eine gewisse Genugtuung, die Übeltäter bestraft zu sehen. Es ist aber kaum anzunehmen, dass die Opfer wieder zu ihrem Geld kommen.

Es gibt andererseits gewisse verwerfliche Manöver, die vom Strafgesetzbuch nicht berücksichtigt werden, weil sie schwerer nachzuweisen sind und durch ein restriktiv zu interpretierendes Gesetz nicht erfasst werden können.

Im Bestreben, den Subskribenten und Sparer vor unredlichen oder unfähigen Unternehmern zu schützen, hat der Gesetzgeber verschiedene Verfügungen erlassen:

Bauverträge werden einer ganzen Reihe von Vorschriften und Formalitäten unterstellt, die es dem Käufer einer Wohnung gestatten, genaue Kenntnis vom Umfang seiner Verpflichtungen zu erlangen.

Die Kaufbedingungen von Baugesellschaften und die Zession von Anteilen oder Aktien werden auch gesetzlich erfasst. Die Leiter dieser Unternehmen werden einem Aufsichtsrat unterstellt. Die obligatorische Hinterlegung des Gesellschaftskapitals auf einem Spezialkonto ist erforderlich, welches bei einer bestimmten Stelle zu eröffnen ist.

Diese Verfügungen sind durch Kontrollmassnahmen und sehr strenge Strafbestimmungen vervollständigt worden. Es handelt sich um das Gesetzesdekret vom 10. November 1954 und das Gesetz vom 7. August 1957.

Ähnliches ist auf verschiedenen Gebieten des Handels-, des Sparkassen- und des Kreditrechts, der Preiskontrolle und des öffentlichen Gesundheitswesens usw. geschehen. Das hat zur Schaffung einer *"künstlichen"* Sondergesetzgebung geführt, die besondere vorbeugende und Strafbestimmungen enthält, welche untereinander eine gewisse Ähnlichkeit aufweisen. Sie entspringen derselben Grundforderung: Im jeweiligen Geltungsbereich das öffentliche Interesse zu schützen.

Einschränkungen für die Gewerbefreiheit

Der Gesetzgeber ist so häufig zum Eingreifen bewogen worden, weil in Frankreich der während der Revolution durch das Gesetz vom 2. und 17. März 1791 verkündete Grundsatz der Handelsfreiheit noch immer in Kraft ist. "Es steht jeder Person frei, das Geschäft zu betreiben oder den Beruf, die Kunst oder das Gewerbe auszuüben, die sie für gut befindet", *vorbehaltlich* der Beachtung der polizeilichen Vorschriften. Diese dürfen nur dem Zwecke dienen, die öffentliche Ordnung, Sicherheit und Gesundheit zu gewährleisten. Sie dürfen die Handels- und Gewerbefreiheit nicht einschränken. Diese kann als ein durch Artikel 3 der Verfassung vom 4. Oktober 1958 geschütztes, persönliches Freiheitsrecht nur aufgrund eines Gesetzes begrenzt werden.

Allerdings sind selbst während der Epoche des Wirtschaftsliberalismus Abweichungen und Einschränkungen erfolgt, um *Missbräuche* je nachdem zu verhindern oder zu bestrafen.

Die einschränkenden Massnahmen, die im (weitgefassten) polizeilichen Interesse und aus Gründen der öffentlichen Wirtschaftsordnung getroffen wurden, sind zahlreich. Sie umfassen folgende Bestimmungen:

- *Unvereinbarkeit* geschäftlicher Tätigkeit mit gewissen andern beruflichen Tätigkeiten, um diesen eine Würde zu erhalten, die sich schlecht mit dem Gewinnstreben vertragen würde (Beamte, Notare, organisierte Freiberufliche usw.);

- *Rechtsverlust* gewisser gerichtlich Verurteilter, die als unwürdig betrachtet werden, eine Geschäftstätigkeit auszuüben;

- *Verbot* oder *Genehmigungspflicht* im Falle gewisser beruflicher Tätigkeiten, Ausschaltung jener, die nicht die erforderliche Gewähr bieten.

Was Verbote und Bewilligungspflichten anbelangt, liegt hierüber eine grosse Zahl von besonderen Texten vor, die vielerlei Zweckbestimmungen genügen. Es handelt sich dabei um Notwendigkeiten der öffentlichen Hygiene, der Landesverteidigung, der öffentlichen Moral (z. B. im Falle der Bordelle, der Spielkasinos oder des Lotteriewesens), des Fiskus (im Zusammenhang mit den Staatsmonopolen wie der Schiesspulverherstellung, der Tabak- und Streichhölzerfabriken, der Post, des Rundfunks usw. und mit den öffentlichen Diensten wie Wasser-, Gas- und Stromversorgung, Verkehrsbetriebe, Bestattungswesen usw.).

Im übrigen wird die Zulassung und die Ausübung von vielen Berufen vom Besitz von *Diplomen*

(Apotheker, Masseure, Pediküren, Coiffeure usw.) oder Konzessionen (Getränkeverkauf, medizinische Laboratorien usw.) abhängig gemacht.

Diese Beschränkungen, die deutlich zu den vorbeugenden Massnahmen gehören, und der Vorsicht, wenn nicht dem Misstrauen entspringen, dienten während sehr langer Zeit allein dem Zweck, zu erhärten, ob der Kandidat den Bestimmungen des Gesetzes für die Ausübung des betreffenden Berufes genügt, besonders inbezug auf Unbescholtenheit und Berufskenntnisse.

Es ist zuzugeben, dass seit einer Reihe von Jahren derartige Massnahmen auch der Wirtschaftslenkung dienstbar gemacht werden. Es geht nicht mehr um die berufliche Fähigkeit der zukünftigen Kaufleute, sondern um ihre Zahl. Denn die Warenverteilung wird durch eine zu grosse Zahl von Unternehmen behindert, wenn sie in ungeregeltem Wettbewerb stehen.

Ich erwähne kurz einige der allgemeineren Massnahmen, die die Schliessung gewisser Lücken bezwecken und die zu betrügerischem Missbrauch Anlass bieten könnten:

- *das Verbot des öffentlichen Verkaufs fabrikneuer Waren bei Ausverkäufen, Liquidationen oder im ambulanten Handel (1906);*
- *die Verkäufe nach dem "Schneeball-Prinzip" (1953);*
- *der "Zwangsverkauf" (1961);*
- *die Verkaufsprämien (1961);*
- *das Reglement über den betrügerischen Warenverkauf und die Lebensmittelverfälschung (1905);*
- *das Reglement über die ambulanten Gewerbe (1912–1953);*
- *die Bestimmungen über das Abzahlungsgeschäft (1955);*
- *das (obengenannte) Reglement über die Bautätigkeit (1954–1957);*
- *das Reglement über die Berufsausübung der Vermittler (1960, 1965, 1970);*
- *die Gesetzgebung über die Handelsgesellschaften, welche den Schutz der Aktionäre verstärkt (1966).*

Was schliesslich den Rechtsverlust betrifft, ist es ziemlich seltsam, dass bis vor kurzem jeder als Kaufmann auftreten oder die Leitung einer Gesellschaft übernehmen konnte. Während vom kleinsten Beamten ein makelloser Leumund erwartet wird, war das Gesetz sehr viel nachsichtiger, wenn es um Kaufleute und Gesellschaften ging. Diese besassen wohlgemerkt das Recht, die Öffentlichkeit zur Kapitalanlage aufzufordern. Manchmal verfügten sie über ganz erhebliche Summen von Spargeldern. Delinquenten gemeinen Rechts, die unter Umständen mehrmals wegen Vergehen vorbestraft waren, welche ihre Unredlichkeit zweifelsfrei zutagetreten liessen, waren berechtigt, Gesellschaften vorzustehen. Ebenso Kaufleute, die nicht imstande gewesen waren, ihr eigenes Geschäft zu führen und dabei in Konkurs geraten waren. Dass das für Sparer, Aktionäre und das breite Publikum mit Risiken verbunden war, bedarf keiner weiteren Ausführung.

Dabei war die Überzeugung, dass der Handel eine gewisse Moral voraussetzt, unter dem Zunftsregime vor der Revolution von 1789 sehr stark entwickelt. Doch die liberalistische Wirtschaftsauffassung brachte einen teilweisen Wandel mit sich. Ihr zufolge bot das freie Spiel des Wettbewerbs genügend Gewähr für die Ausschaltung der schlechten Elemente (besonders durch Bankrott). Der heutige Gesetzgeber, der diesen Optimismus nicht ganz teilt, hält *Vorsorge* für ratsam und erklärt die Rechte derer für verfallen, die ihre Unwürdigkeit unter Beweis gestellt haben.

Für einige Berufe wurden nach und nach besondere Regelungen getroffen. So wurden Personen, die gewisser Verfehlungen wegen verurteilt worden waren oder sich vom Bankrott nicht rehabilitieren konnten, vom Getränkeverkauf, von der Leitung einer Publikation, vom Betrieb einer Bank oder Versicherung, von der Liegenschaftenvermittlung, von den Posten des Geschäftsleiters, Verwaltungsrates oder Rechnungsprüfers einer Gesellschaft usw. ausgeschlossen.

Das Gesetz vom 30. August 1947

Ohne dass diese Sonderbestimmungen rückgängig gemacht worden wären, wurde durch das *Gesetz vom 30. August 1947* betreffend die Sanierung der Berufstätigkeit in Handel und Industrie versucht, den unerwünschten Elementen diese Laufbahn zu versperren. Zu diesem Zweck wird in dem genannten Gesetz der Rechtsbegriff einer allgemeinen Untauglichkeit zur Führung eines Geschäfts geschaffen und die Missachtung des entsprechenden Verbots unter Strafe gestellt.

Von diesem Rechtsverlust werden Personen betroffen, die im allgemeinen wegen gewisser klassischer Verbrechen und Vergehen im Zusammenhang mit Geld (Diebstahl, Vertrauensmissbrauch, Betrug, Wucher, Hinterziehung, betrügerischer Bankrott, Ausstellen ungedeckter Schecks usw.) oder wegen Vergehen gegen die Sittlichkeit zu unbedingten Gefängnisstrafen von mehr als drei Monaten verurteilt wurden. Die nicht rehabilitierten Gemeinschuldner und die abgesetzten Urkundspersonen werden gleich behandelt. Praktisch können solche Leute nur noch Angestellte oder Landwirte sein.

Dieses Gesetz von 1947 stellt gewissermassen den *Schlussstein* eines Präventivsystems dar, das die Untermauerung der Geschäftsmoral zum Ziele hat. Leider lässt es sich unschwer umgehen. Oft ist der eigentliche Chef eines Unternehmens ein alter Delinquent, der sich hinter Strohmännern verbirgt, die nach aussen hin als Leiter der Gesellschaft auftreten, in Wirklichkeit aber bloss Untergebene sind.

Der Gesetzgeber hat sich aber gleichwohl Mühe gegeben, den Bürger von der Übertretung der Bestimmungen abzuhalten:

- durch die obligatorische Eintragung des künftigen Kaufmanns im Handelsregister, wozu namentlich die Vorweisung eines Leumundszeugnisses nötig ist;

- durch Androhung sehr schwerer Strafen.

Die Anklagen, die aufgrund der genannten Texte erhoben werden, *unterscheiden* sich hinsichtlich ihres Gegenstandes von den klassischen des Strafrechts. Der beherrschende Gesichtspunkt ist nicht mehr die moralische Schuld des Individuums, sondern der Schutz des Staates. Da es sich um den Schutz des öffentlichen Interesses handelt, kommt es auf die Absicht des Delinquenten an. Die meisten der neugeschaffenen Delikte erscheinen so als rein materielle Verstösse. Sie sind rechtlich dadurch gekennzeichnet, dass der Urheber wissentlich gehandelt hat (auch ohne Absicht, zu schädigen). Er handelte einer Gesetzesbestimmung imperativen Charakters zuwider, die er kennen konnte und musste, – gemäss dem Prinzip, dass "Unkenntnis nicht vor Strafe schützt".

Würdigung der rechtlichen Lage

Wenn auch die Auswüchse unserer Wirtschaftsgesetzgebung seit dem Zweiten Weltkrieg stark gemildert worden sind (in gewissen Fällen wurde auf Gefängnis bis zu 20 Jahren erkannt, die Todesstrafe war sogar vorgesehen), bleiben die Strafen doch drakonisch.

So werden Verstösse gegen die Bauvorschriften meist mit Bussen und Gefängnisstrafen geahndet, deren Bemessung (1 Monat bis 5 Jahre, Bussen von 100 bis 100 000 Francs) nur wenig unter der für Körperverletzung oder jener für fahrlässige Tötung liegt (3 Monate bis 2 Jahre, Bussen von 1000 bis 20 000 Francs).

Derjenige, welcher gegen das Gesetz von 1947 verstösst (und eventuell die Komplizen, die ihm als Strohmänner dienen), muss sich auf 6 Monate bis 2 Jahre Gefängnis und eine Busse von 1200 bis 300 000 Francs gefasst machen. Bei Rückfall kann eine Gefängnisstrafe bis 5 Jahre verhängt und die Beschlagnahme des Geschäfts und des Warenlagers verfügt werden.

Es gibt wenige Bereiche, die heute den Vorbeugungsmassnahmen der Überwachung, der Bewilligungspflicht oder dem Verbot entgehen. Andere Bestimmungen, so besonders das Gesetz von 1947, bezwecken die Fernhaltung einer grossen Zahl unredlicher oder unfähiger Elemente aus dem Geschäftsleben.

Der Gesetzgeber scheint *kein grosses Vertrauen* ins bürgerliche oder persönliche Gewissen zu setzen. Um Zuwiderhandlungen gegen diese Vorschriften zu verhüten, hat er die Androhung äusserst schwerer Strafen für nötig befunden. Die Wirksamkeit dieser Massnahmen möchte man bezweifeln, wenn man die steigende Flut rechtswidriger Handlungen dieser Art im Auge behält.

Alle diese verstreuten und fragmentarischen Bestimmungen, von denen die Rede war, tun die *Schwäche* der französischen Lösung dar. Ausserdem werden die Strafsanktionen auf diesem Gebiet seit langem grundsätzlich und zwar sehr lebhaft angefochten. Eine grosse Zahl von Juristen hält sie für archaisch, untauglich und der Funktion der Unternehmen in der Wirtschaft des Landes schlecht angepasst.

Gewiss ist die Ausarbeitung vorbeugender Massnahmen mit Schwierigkeiten verbunden. Keine Lösung ist der Weisheit letzter Schluss. Einerseits sind die unredlichen Machenschaften der Betrüger von unübersehbarer Vielfalt. Andererseits gilt es, die Tätigkeit der einwandfreien Unternehmen in keiner Weise zu behindern. Denn diejenigen, deren Umtriebe eine Gefahr für die Öffentlichkeit darstellt, bilden *nur eine Minderheit.*

Eine Inflation von Reglementierungen aller Art könnte zur Befürchtung Anlass geben, dass dadurch Initiative und Unternehmungsgeist gelähmt würden. Die Medizin wäre dann schlimmer als die Krankheit.

Fragen zu den Referaten Messerli und Frilloux, die von den Referenten beantwortet werden.

Dr. A. Windolph:

Mr. Frilloux, habe ich richtig verstanden, dass zur Eintragung einer Firma ins französische Handelsregister der Gründer nicht vorbestraft sein darf?

Mr. Frilloux:

Das ist vollständig richtig, der Gründer sowie alle Geschäftsbevollmächtigten müssen frei von Vorstrafen sein. Ein Gesetzeserlass von 1935, dessen Inhalt im Gesetz von 1947 neuformuliert wurde, stellt bereits diese Forderung auf.

Dr. Windolph:

In diesem Fall ist Frankreich viel fortschrittlicher als die Deutsche Bundesrepublik!

Mr. Frilloux:

Die Gesetzestexte von 1935 tragen das Zeichen einer bestimmten politischen Epoche, als der Sozialismus in Frankreich an die Macht kam und das Kapital nicht mehr alles tun konnte, was es wollte.

Karl Heinz, Abteilungsdirektor, Länderbank Wien

fragt Herrn Messerli, ob nicht eine wichtige Bedingung für die wirksame Tätigkeit einer Zeitung auch die Unabhängigkeit der Redaktion von den Herausgebern und von den Eigentümern wäre:
Kann die Redaktion in eigener Verantwortung über Fälle von Wirtschaftskriminalität entscheiden, oder müssen die Herausgeber oder Eigentümer gefragt werden?

A. Messerli:

Bei der Zeitung, bei der ich tätig bin, ist es selbstverständlich, dass die Redaktion frei entscheidet, da der Herausgeber absolut keinen Einfluss auf die Redaktion besitzt. Umgekehrt versucht der Straftäter, der weiss, dass ihm eine Veröffentlichung seiner Manöver droht, jeweils zuerst beim Chefredaktor, dann beim Herausgeber oder Besitzer womöglich das Schlimmste zu verhindern. Mir ist aber noch kein Fall bekannt, wo irgendein Druck auf Redaktion oder Journalisten aus solchen Démarchen zustande gekommen wäre. Man versucht neuerdings, das Verhältnis von Herausgeber und Redaktion allgemeingültig in einem Redaktionsstatut festzulegen, in dem alle diese Fragen geregelt sind. An meiner Zeitung ist die Freiheit der Redaktion eine Selbstverständlichkeit, ich kann mir nicht vorstellen, dass ich auf andere Weise arbeiten könnte.

Panel- und allgemeine Diskussion: Diskussionsleiter Professor Langen, Mitglieder des Panel:

H. Bergqvist, Vällingby, Schwed. Justizministerium;
P. Deeley, "The Observer", London;
H. Egli, Bureau für Betriebsschutz, Zürich;
A. Windolph, Auskunftei Schimmelpfeng, Frankfurt;
B. Köhler, Deutsche Zentralstelle zur Bekämpfung von Schwindelfirmen, Hamburg;
A. Messerli, "Tagesanzeiger", Zürich;
W. Ulrich, Kantonspolizei, Zürich;
J. Frilloux, Police judicière, Paris.

Dr. Karl Zbinden, Staatsanwalt, Luzern:

Als Vertreter der Schweizer Praktiker im Weinberge des Strafrechtes gestatte ich mir, einige Worte an Sie zu richten. Die gegenwärtige Tagung ist ausserordentlich anregend und hält den Vergleich mit ähnlichen Tagungen der schweizerischen kriminalistischen Gesellschaft durchaus aus. Es ist sehr schwierig sich über den Begriff der Wirtschaftskriminalität international zu einigen, aber es war erfrischend zu hören, wie offen sich Referenten aus Deutschland, Frankreich, England und den USA geäussert haben. Allen ihren Voten waren gewisse Punkte gemeinsam: Überall ist die Dunkelziffer auf wirtschaftskriminellem Gebiet sehr hoch; überall dauern Wirtschaftsstrafprozesse sehr lange; überall fehlt es an genügend geschultem Untersuchungspersonal. Mit dieser letzten Kalamität müssen vor allem wir Praktiker uns auseinandersetzen.
Als Alterspräsident der Schweizerischen Kriminalistischen Gesellschaft möchte ich dem Gottlieb-Duttweiler-Institut zu dieser Tagung gratulieren und der Stiftung für ihre Initiative danken, die sie sogar Referenten aus Übersee herbeirufen liess. Es ist wichtig, dass wir unsere Erfahrungen gegenseitig austauschen, deshalb möchte ich bitten, diesen Austausch weiter zu pflegen. Aus meiner Praxis kann ich Fälle von Gletscherhypotheken und Skiliftgesellschaften zitieren, über die ich weisse Haare bekommen könnte, und auch bei mir gibts Fristen von fünf Jahren. Wir müssen mehr und mehr zusammenarbeiten, statt wie früher uns die Fälle gegenseitig zuzuschieben oder zu warten, bis das Bundesgericht über die Zuständigkeit entschieden hat, denn davon profitiert nur der Wirtschaftsstraftäter. Ich habe einen Fall von zwanzig Dossiers, an dem sieben Untersuchungsrichter aus verschiedenen Kantonen gearbeitet haben, so dass italienisch, französisch und deutsch geschriebene Protokolle vorliegen. Das sind Schwierigkeiten, die zu gewaltigen Verzögerungen im Abschluss solcher Fälle führen.

H. Bergqvist

unterstreicht zunächst, dass er nicht als offizieller Vertreter des schwedischen Justizministeriums anwesend ist: Sein Besuch ist privater Natur. Vor einigen Jahren war er Sekretär einer Kommission, die das Gesetz betreffend unfaire Konkurrenz vorbereitete; dieses bezieht sich teilweise auch auf Geschäftsgeheimnisse, insbesondere auf dem Gebiete von Konstruktionsplänen.

Ich wurde beauftragt, die Dokumentation und die Unterlagen für die Diskussion dieses Gebiets in der Kommission zu beschaffen, und fand bei den verschiedenen Unternehmern sehr divergierende Auffassungen des Problems. In der pharmazeutischen Industrie z.B. war die Leitung der einen Firma den Angestellten gegenüber sehr misstrauisch und verlangte von ihnen ein schriftliches Versprechen, dass sie weder irgendwelche technischen Einzelheiten verraten noch im Falle ihres Weggangs vor Ablauf einer Karenzzeit in eine andere pharmazeutische Fabrik eintreten würden. In einer andern Firma war man in dieser Beziehung sehr grosszügig, es wurden keinerlei Versprechen gefordert. Ich fand unter verschiedenen Aspekten das zweite System das erfolgreichere. Es mag im allgemeinen sicherer sein, den Angestellten zu vertrauen, als sie mit Drohungen einzuschüchtern. Es ist wichtig, dass zwischen Leitung und Angestellten ein positives Klima herrscht; dies wurde mir durch den Leiter eines Unternehmens bestätigt, das komplizierte Instrumente für Gehirnoperationen herstellt, sowie Spezialteile für Überschall-Flugzeuge. Er könne seine technischen Verfahren rechtlich nicht schützen, aber er habe in seiner Firma eine Atmosphäre von gegenseitigem Vertrauen und ein Bewusstsein des gemeinsamen Zieles geschaffen, und dies wirke sich wie eine psychologische Schranke aus, die man nicht leicht überspringe. Natürlich muss auch ein Kontrollsystem bestehen, aber es sollte selbstverständlich und allgemein sein und in keiner Weise den Angestellten als persönliche Massnahme erscheinen. Dies ist eine Methode, Wirtschaftsvergehen zu vermeiden, die bisher noch nicht erwähnt wurde, doch bezieht sie sich natürlich nur auf ein Teilgebiet des weiten Feldes von Wirtschaftskriminalität; aber ich möchte betonen, dass eine Reihe wichtiger schwedischer Firmen nach dieser Methode arbeiten.

P. Deeley:

Ich bin Kriminalreporter, ich gehöre weder zur Kriminalpolizei noch zu den Verbrechern, aber ich habe Verständnis für beide. Darf ich an diesem Punkt ein grundsätzliches Anliegen vorbringen? Wir haben soviel von den besonderen Problemen der Ermittlungsbehörden, der Bankiers usw. gesprochen, und es ist selbstverständlich richtig, dass diese Leute sich so intensiv mit White Collar Crime abgeben, denn *das ist ihr Problem.* Aber die Allgemeinheit – und ich halte mich gern für ein Glied davon – stellt sich die Frage von Kriminalität, Verantwortung und Moral als ein Ganzes. Wir kennen sicher alle Fälle, wo Schwindelgeld zur Durchführung von dramatischeren Verbrechen verwendet wurde, z.B. von bewaffneten Überfällen auf Banken; im umgekehrten Fall dient Raubgeld dazu, ein betrügerisches Unternehmen aufzuziehen. Die Männer, die sich mit solchen Dingen abgeben, sind Verbrecher und werden Verbrecher bleiben. Was mich aber mehr beschäftigt: Leute, die an sich ehrlich sind, geraten in verbrecherische Handlungen wegen der besonderen doppelten Moral, die heute gang und gäbe ist. Man darf das Steueramt hintergehen, aber man darf niemandem Geld aus der Tasche klauen. Es ist allgemein Sitte, die Geschäftskosten massiv aufzurunden, aber man wird gesellschaftlich geächtet, wenn man einen Opferstock ausraubt. Es gibt einen Typ von kleinem Betrug, der nicht nur geduldet, sondern geradezu erwartet, beinahe gefördert wird. Und jeder Polizist weiss, dass der kleine Delinquent von heute sich zum Grossverbrecher von morgen auswachsen kann.

Ein zweiter Punkt zu Dr. Windolphs Referat: Er sprach von Schwindlern, die grosse Quanten von Waren auf Kredit kaufen, sie zu Schleuderpreisen rasch absetzen und dann mit dem Erlös verschwinden. Aber könnte dieser Trick funktionieren ohne die Partner, die die Ware zu Schleuderpreisen kaufen? Nach meiner Erfahrung gibt es heute wenig Leute, die nicht gerne beispielsweise eine Schreibmaschine unter dem Selbstkostenpreis kaufen, ohne eine Frage nach dem Grund des niedrigen Preises zu stellen. Das sind Beispiele der doppelten Moral, die ich meine, und gegen die wir alle kämpfen sollten.

Auf allgemeinen Wunsch kommt nun ein Vertreter der Banken zu Wort, die bisher in der Diskussion wenig berücksichtigt oder etwas einseitig dargestellt wurden:

Dr. B.H.E. Van Doorn, Amsterdam-Rotterdam Bank, Rotterdam:

Ich möchte einige Bemerkungen zu Herrn Ulrichs Vortrag anbringen. Dessen Mahnungen zu übergrosser Vorsicht und Misstrauen im Bankgeschäft scheinen mir für die Praxis zu weit zu gehen: man muss Vertrauen fordern, aber auch Vertrauen schenken. Ich bin selbst in meiner Bank auf der Kreditabteilung tätig und habe mich speziell mit zweifelhaften Angeboten zu befassen. Wie weit darf da die Vorsicht gehen? Hier ein Beispiel: Einer unserer kleinen Kunden aus der Provinz, ein Schweinehändler, liess seine Bilanz regelmässig durch ein als anständig bekanntes Buchhaltungsbüro erstellen. Während Jahren tätigte er Geschäfte mit unserer Zweigstelle, jedes Jahr wurde das Anlagevermögen höher, denn er machte offensichtlich gute Geschäfte. Als ein neuer Direktor unsere Zweigstelle übernahm, fiel diesem eines Tages auf, dass sein Kunde die Zweigstelle der Konkurrenzbank betrat. Er rief seinen Kollegen dort an, um zu fragen, was da vorgehe. Es kam heraus, dass der Buchhalter die Schuld bei der einen Bank bei der andern als Vermögen aufgeführt hatte. Wir belangten ihn und er bezahlte. Glücklicherweise war er dazu imstande, aber meist ist dies nicht der Fall.

Wilhelm Berk, Bundeskriminalamt Wiesbaden:

Ich habe eine Frage an Dr. Windolph zu stellen. Im Verlaufe der Tagung sind ab und zu Bemerkungen, die vielleicht aufgrund örtlich begrenzter Erfahrungen entstanden (Wirtschaftsdelinquenten haben Potenzstörungen, alle Wirtschaftsdelinquenten langweilen sich bei der Vernehmung durch die Polizei etc.), zu allgemeinverbindlicher Geltung gelangt. Nun möchte ich aber feststellen, dass folgende Behauptung unter dieselbe Kategorie gehört: Zwischen der Kriminalpolizei und bestimmten privaten Institutionen findet ein sehr reger Informationsaustausch statt, der sich gewissermassen am Rande der Legalität oder unter dem Tisch vollzieht. Auf dem Gebiet der Bundesrepublik ist das ganz sicher nicht so. Wenn auch aufgrund von guten Beziehungen der Polizei zu Auskunfteien, Banken usw. die Informationen reichlich fliessen, so beschränken sie sich doch meist auf den örtlichen Bereich. Wirtschaftsdelikte haben aber öfters weitaus überörtlichen Charakter, und mit lokalen Informationen stört man möglicherweise vorzeitig die Ermittlung im Ganzen. Deshalb haben wir mit sämtlichen Bankenverbänden der Bundesrepublik Grundsätze aufgestellt, die kodifiziert sind, in denen die sogenannten Bankenwarnungen, die auch einen gewissen Informationsaustausch beinhalten, genau fixiert sind, so dass dem einzelnen Beamten bei der örtlichen Behörde die grosse Verantwortung abgenommen ist, die immer auf solchen Informationen liegt. Und nun meine Frage an Dr. Windolph: Wenn eine Auskunftei – die ja ihre Auskünfte verkauft, also auf kommerzieller Basis operiert – auch die Strafverfolgungsbehörden mit Informationen beliefert, glauben Sie, Herr Windolph, dass sich daraus eine gewisse moralische Gegenseitigkeitsverpflichtung ergeben könnte? Würden Sie es nicht auch begrüssen, wenn in den Etats der Behörden für die Auskunftserteilung aus kommerziellen Unternehmen die erforderlichen Mittel bereitgestellt würden, damit wir diese Informationen genau so kaufen können, ohne dadurch eine moralische Verpflichtung einzugehen?

Des weitern haben wir über die Erfahrungen auf dem Gebiet des Informationsaustauschs, die in einigen andern hier vertretenen Ländern gemacht wurden, z.B. den USA, Skandinavien, aber auch Frankreich und Österreich, noch nichts gehört. Vielleicht bietet sich dazu noch die Gelegenheit.

Dr. A. Windolph:

Wenn ich Sie recht verstanden habe, Herr Berk, möchte das Bundeskriminalamt bei einer Auskunftei Abonnent werden? Wir können Ihnen natürlich die kompletten Informationen verkaufen, aber – wir können bei Ihnen keine Informationen kaufen, das ist die Kehrseite. Das würde bedeuten, dass die Auskunfteien trotz der Bezahlung die Gebenden wären. Liegt das im Interesse der Prävention? Hier möchte ich vor allem den Eindruck zerstören, dass eventuelle Kontakte zwischen Kriminalpolizei und Auskunfteien sich am Rande der Legalität vollzögen; das ist nicht der Fall. Eine Auskunftei wird von einem Beamten nie verlangen, dass er mehr sagt als er darf. Wir wollen die Wirtschaftskriminellen eliminieren, nicht die verdienten Männer, die dasselbe Ziel verfolgen, um ihre Ämter bringen. Und auch wir kennen gewisse Hemmungen: Obgleich wir bereit sind, auf gewisse Fragen zu antworten, müssen wir uns davor hüten, diese Tatsache publik werden zu lassen: ein sensationeller Artikel in einer Illustrierten könnte zum Beispiel unserm Ruf als Auskunftei schaden. Habe ich Ihre Frage einigermassen beantwortet?

W. Berk:

Ich danke Ihnen für die klare Auskunft, darauf kam es mir an.

Mr. Frilloux:

Wenn ich die Frage richtig verstanden habe, so wollten Sie wissen, wie weit die Zusammenarbeit zwischen den verschiedenen Wirtschaftspolizeibehörden auf internationaler Ebene geht. Alle hier vertretenen Länder – auch Frankreich – sind Mitglieder der Interpol. Man muss allerdings zugeben, dass die von der Interpol verfolgten Verbrecher nur in sehr seltenen Fällen ins Gebiet der Wirtschaftskriminalität gehören, ausser vielleicht die Betrüger.

Prof. Langen

präzisiert die Frage Herrn Berks nach der Zusammenarbeit von Ermittlungsbehörden einerseits und den privaten Auskunfteien anderseits.

Mr. Frilloux, Paris:

Was die privaten Auskunfteien anbetrifft, so habe ich mit Erstaunen auch im Gespräch mit Herrn Windolph festgestellt, welche Bedeutung diese Institute in den deutschsprachigen Ländern besitzen. In Frankreich kennt man keine grossen Auskunfteien, sondern lediglich kleine lokale Büros, die Nachforschungen und Überwachungen in Scheidungs- und Ehebruchsaffären übernehmen. Dann gibt es ausser vielleicht einer einzigen Firma, die Büros in verschiedenen Städten besitzt, keine Agentur – vor allem nicht auf wirtschaftlichem Gebiet – wo ich ja seit 25 Jahren tätig bin. Es gibt einzig die Informationen der Banken, auf die nicht hundertprozentiger Verlass ist, und die die Banken unter sich tauschen. Wenn man die Zurückhaltung sieht, mit der die Polizei sogar staatlichen Stellen Auskunft gibt, so glaube ich nicht, dass irgendeine Zusammenarbeit mit privaten Stellen stattfindet, jedenfalls nichts, was über eine Gefälligkeitsauskunft um ein Glas Wein hinausgeht, die ein pensionierter Polizist seinen Kollegen im Amt entlocken und dann weitergeben kann, weil er nicht mehr der Geheimhaltepflicht untersteht und sich nicht mehr darum kümmert.

Mr. Crane, London

Es gibt in England viele verschiedene kommerzielle Informationsagenturen; jedermann kann sich bei ihnen abonnieren. Eine andere Frage ist die Gegenseitigkeit: die Polizei darf keine Informationen aus ihren Dossiers geben, und ich kann mir auch nicht vorstellen, dass ihr das jemals gestattet wird. Ich habe erwähnt, dass die wirtschaftskriminalpolizei einen Wirtschaftsgeheimdienst führt, und ich halte es für wesentlich, dass die Polizei solche Geheimdienste organisiert, die Informationen vergleichen und tatsächlich auch mitteilen können, natürlich in den Grenzen, die ihnen von Amts wegen gezogen sind.

W. Ulrich:

Herr Van Doorn, ich glaube, Sie haben mich missverstanden, denn es war niemals meine Absicht, in jedem Kreditsucher einepotentiellen Wirtschaftsverbrecher zu sehen. Ich möchte lediglich die Bankinstitute dazu auffordern, die Unterlagen genau zu prüfen oder gegebenenfalls Augenschein vorzunehmen, also alles Routine-Untersuchungen, die zur Pflicht eines Kreditinstitutes gehören, schon gegenüber den Geldgebern. Ferner möchte ich noch einen Punkt erwähnen, der bisher nicht zur Sprache kam: meines Wissens haben die Strafuntersuchungsbehörden das Recht, die Sorgfaltspflichten bei geschulten Verantwortlichen höher anzusetzen als beim kleinen Mann der Strasse.

Eine Bank hat die Mittel und das Wissen zur Verfügung, um die Kreditwürdigkeit einer Firma zu prüfen; der kleine Mann, der auf ein Inserat hin Obligationen zeichnet, kann das nicht. Aus diesem Grunde ist es die Pflicht jedes Kreditinstituts, die notwendigen Prüfungen vorzunehmen und in diesem Sinne sollten wir alle zusammenarbeiten.

Es folgen nun einige schriftlich eingereichte Fragen:

Karl Heinz, Länderbank Wien:

In den letzten Wochen hat der zweite internationale Kongress für Kreditschutz in Wien stattgefunden, wo unter anderm die Frage erörtert wurde, ob nicht parallel zur "Interpol" eine "Interkredit" geschaffen werden könnte, eine internationale Organisation, die durch Austausch von Informationen und andere Zusammenarbeit fähig wäre, die Maschen des Netzes, durch das Wirtschaftsverbrecher immer wieder entschlüpfen, etwas enger zu ziehen. Ich möchte heute abend die Gelegenheit benützen, Ihnen diesen Gedanken nahe zu legen; mehr ist leider vorerst nicht möglich, da sich einer solchen Zusammenarbeit zweifellos grosse Schwierigkeiten in den Weg stellen. Dr. Egli bestätigte mir bereits, dass er auch für die Schweiz gewisse Hemmnisse voraussieht. Aber der Gedanke verdient Beachtung, und ich möchte die Vertreter der einzelnen Länder bitten, ihn zu prüfen und mit den entsprechenden Organisationen zu diskutieren, damit er Boden gewinnt und vielleicht doch in Zukunft einmal verwirklicht werden kann. Es würde mich interessieren, von den Vertretern der verschiedenen Länder hier zu hören, was sie von einer solchen Organisation auf dem Gebiet des Waren- und Geldkredits halten.

Herr Wenzel, Hamburger Sparkasse:

Wir haben in der Bundesrepublik bereits seit vierzig Jahren eine solche Einrichtung; sie wurde 1948 von Hamburg aus neu aktiviert und umfasst alle Kreditbeträge bis zu 20 000 Mark. In der Bundesrepublik sind es 95 % des sogenannten organisierten Kleinkreditgeschäftes und Teilzahlungsgeschäftes – sofern die Kredite vom seriösen Kreditgewerbe gegeben werden – die über diese Einrichtung laufen. Von der zweiten Mahnung an bis zur Rechtsverfolgung, also Kündigung des Kredites, Lohnzession, Abgabe an die Rechtsabteilung, Einleitung des Offenbarungseids, wird alles dieser "Schufa" gemeldet; sie ist also praktisch eine Drehscheibe oder Clearingstelle von mit Kreditkunden gemachten schlechten Erfahrungen. Diese Einrichtung hat folglich gleichzeitig eine grosse volkswirtschaftliche Bedeutung; sie funktioniert automatisch als Bremse für Leute, die über ihre Verhältnisse leben. Die Erfahrungen, die wir in der Bundesrepublik mit dieser Einrichtung gemacht haben, sind ausgezeichnet und haben uns veranlasst, diese "Drehscheibe" auch zur Einführung des Dispositionskredits zu benützen. Hier einige praktische Beispiele: Wir haben bei der Hamburger Sparkasse 450 000 Girokonten, die alle mit Hilfe der Schufa-Einrichtung überwacht werden. Im Augenblick, wo ein Kunde der Sparkasse bei der deutschen Bank Kredit aufnimmt, löst dies eine Anfrage bei der Schufa aus; wird der Kredit gewährt, so werden wir noch durch eine

Nachmeldung in Kenntnis gesetzt. Erweist sich der Schuldner bei der deutschen Bank als säumiger Zahler, so erhalten wir eine Nachmeldung, tritt er mit einem ungedeckten Scheck in Erscheinung, so wird ebenfalls die Schufa informiert, die heute auf Bundesebene arbeitet und praktisch alle Kunden seriöser Banken oder Sparkassen umfasst, also etwa 18 000 Arbeitnehmer. Aus einer solchen Einrichtung könnte man auch in der Schweiz einen Unterbau schaffen für eine Informationszentrale, das möchte ich Herrn Egli sagen, allerdings nur für Kreditbeträge von unter 20 000 Mark.

Dr. A. Windolph:

Die Schufa ist eine sehr segensreiche Einrichtung – wie Herr Wenzel richtig sagt – für den Kleinkredit. Es geht aber auch um den Lieferantenkredit, um, wie ich ihn nannte, *den reisenden Täter.* Für die Kreditschwindeleien auf internationaler Ebene würde ich eine Organisation wie "Interkredit" sehr begrüssen, ich glaube, dass die deutschen Handelsauskunfteien nach Konsultation unseres Verbandes durchaus bereit wären, sich einer solchen Organisation anzuschliessen.

O. Wenzel:

Die Schufa überwacht und sucht unzuverlässige Zahler mittels eines Karteisystems auf dem Gebiet der Bundesrepublik, über die Ländergrenzen hinweg. Die Schufa arbeitet auch mit der Kriminalpolizei zusammen, indem sie bei Verdacht eines strafbaren Tatbestandes sogar selbst die Behörden informiert.

Dr. Ernst Meier, Rechtsanwalt, Zürich

dankt vor allem Bundesanwalt Walder und Leutnant Ulrich für ihre klare Stellungnahme, die deutlich werden liess, dass in der Praxis das ominöse Bankgeheimnis nicht so undurchdringlich ist, wie es oft heisst.

Aus eigener Praxis muss ich freilich zugeben, dass es auf der unteren Stufe in der Schweiz doch schwierig ist, den Schleier zu zerreissen, doch dafür bestehen gute Gründe: die Auffassung, dass die Ansprüche des Fiskus spoliativen Eingriffen in die Interessen des Einzelnen gleichzusetzen seien, hat zur Ausarbeitung des Bankgeheimnisses geführt, das solche Eingriffe abwehren sollte. Heute möchte ich unter dem Gesichtspunkt der Prävention noch ein paar Bemerkungen zur Handhabung des Bankgeheimnisses machen. Persönlich bin ich der Auffassung, dass die Geheimsphäre des

Einzelnen geschützt werden muss, sie ist ein Teil der Persönlichkeitsrechte und der persönlichen Freiheit, die man nicht unnötig antasten sollte; in diesem Sinne habe ich zum mindesten Bedenken, was Herrn Eglis Vorschlag einer privaten Registratur von Straftätern betrifft, da wir ja schon militärische, politische und polizeiliche Dossiers kennen. Aber anderseits gibt es eine Grenze der Geheimsphäre, vor allem auf dem Gebiet der geschäftlichen Beziehungen, wo man dem professionellen Geheimnisträger zumuten muss, die Karten aufzudecken und die Beziehungen zu seinen Klienten transparent zu halten. Diese Grenze liegt bei der persönlichen Verantwortung des Geheimnisträgers, genau wie im Falle des Arztes, des Priesters, des Rechtsanwalts. Auch der Bankier trägt diese Verantwortung persönlich, wenn er einen ihm Geheimnisse Anvertrauenden deckt. Aber bei der Grossbank, der Versicherung trifft dies nicht zu: dort ist Verantwortung praktisch ein leeres Wort, weil bei Grossorganisationen die Verschachtelung der Information und der beschlussfassenden Glieder es gar nicht erlaubt, eine persönliche Verantwortung eines bestimmten Geheimnisträgers zu konstruieren. Darum möchte ich im Sinne eines Postulates an die Kriminalisten vorschlagen, dass sie darauf achten, dass ihnen bei der Klärung internationaler Delikte keine angeblichen Geheimnisrechte entgegengehalten werden, wofür in den Gesetzen keine Basis zu finden ist und wo nicht eine Einzelperson sowohl die kriminelle wie die zivile Verantwortung trägt.

Prof. Langen

stellt die Frage, wie man praktisch unterscheiden will zwischen der Verantwortlichkeit einer Einzelunternehmung und einer Korporation, da irgend jemand ja auch in einer Korporation die Verantwortung tragen muss, beispielsweise für das Bankgeheimnis. Tatsächlich kann eine Korporation strafrechtlich nicht zur Verantwortung gezogen werden, aber es muss auch dort eine Persönlichkeit vorhanden sein, die belangt werden kann. Prof. Langen kann sich mit Dr. Meier nicht einverstanden erklären.

Dr. E. Meier:

Ich bin der Auffassung, dass das Geheimnisrecht nicht beansprucht werden darf von einer Korporation, gleichgültig, welchem Geschäft sie dient, sondern nur von Einzelpersonen, ob sie nun als Einzelunternehmer oder als Bevollmächtigte einer Grossorganisation tätig sind. Wenn sie als Bankiers Einzeltreuhandfunktionen ausüben oder als Treuhänder eines Fonds, dann steht ihnen das Geheimnisrecht zu; wenn aber die Organisation als Ganzes Geheimnisrechte beansprucht, dann schaffen wir weite Gebiete, die für Strafverfolgung und andere Zwecke nicht mehr überblickt werden können, die nicht mehr transparent sind.

Prof. Langen:

Ich fürchte, dass diese Differenzierung der strafrechtlichen Verantwortlichkeit zu einer Diskriminierung der Korporation führen könnte.

Dr. Meier:

Wie Sie selbst festgestellt haben, ist die Korporation strafrechtlich nicht verantwortlich und auch zivilrechtlich ist eine Verantwortung sehr schwer zu konstruieren. In diesem Zusammenhang verweise ich auf einen in der Schweiz erschienen Artikel, in dem bestritten wird, dass innerhalb der Grossorganisation ein persönliches Einstehen für Wissen und Tun konstruiert werden könne. Daraus ergibt sich meiner Meinung nach, dass eine Haftbarmachung der Grossorganisation fast nicht möglich ist; ich befinde mich übrigens in guter Gesellschaft: Ibsen hat darüber den "Volksfeind" geschrieben, Zanker über die Verantwortungsverwischung in Grosskorporationen. Ich bleibe dabei: Das Recht auf Geheimhaltung sollte gekoppelt sein mit persönlicher Verantwortlichkeit dessen, der dieses Recht beansprucht.

Dr. Schinnerer, Wien

möchte ein paar Bemerkungen zum Verhältnis von Kreditgewährung und Betrug machen:

Woher kommt das plötzliche Interesse an diesem Thema, das an der grossen Zahl von anwesenden Bankfachleuten abzulesen ist? Es hängt wohl damit zusammen, dass das Bankgeschäft sich in den letzten zehn Jahren grundlegend geändert hat und dass wir in der Ausübung des Geschäftes in seinen neuen Formen auf neue Probleme stossen. Wir alle in Europa sind zum Massengeschäft übergegangen, das mit dem individuellen Geschäft des Bankiers nichts mehr zu tun hat; im Massengeschäft herrschen ganz andere Grundsätze. Aber auch im traditionellen Dienstleistungsgewerbe ist das persönliche Verhältnis des einzelnen Bankiers zu seinem Kunden im Schwinden begriffen, der Hausbankier ist nicht mehr das Typische. Der Kunde hat schon aus Konkurrenzgründen sein Konto bei mehreren Banken, die Durchsichtigkeit der Geschäftstätigkeit des Kunden hat wesentlich gelitten. Lässt wohl das grosse Interesse von Seite der Banken, das sich an dieser Tagung manifestiert, auf beachtliche Verluste schliessen, die sie aufgrund von kriminellen Handlungen erleiden? Ich glaube der Zustimmung meiner hier anwesenden Kollegen sicher zu sein, wenn ich international unsere Verluste durchschnittlich auf 1 % im Rahmen des Mengengeschäftes und des traditionellen Dienstleistungsgeschäftes veranschlage; davon ist nicht mehr als 1/2 % auf kriminelle Handlungen zurückzuführen. Da dieser Prozentsatz so niedrig ist, können sich die

Banken nicht über ein gewisses Mass hinaus mit diesen kriminell verursachten Verlusten befassen: Es ist ihnen z.B. unmöglich, die Übereinstimmung der Dokumente mit der Ware festzustellen; der Kunde ist verantwortlich für korrekte Akkreditive, u.a. für ein Qualitätszertifikat. Mit dieser Präzisierung möchte ich nachdrücklich klarstellen, dass das überwiegende Geschäft in keiner Weise durch kriminelle Handlungen gefährdet ist. Einen gegenteiligen Eindruck möchte ich mit meiner Bemerkung auslöschen.

Herr Kammermann:

Ich möchte die Frage aufwerfen, ob sich bei einer Strafrechtsreform nicht die Ausnahme von speziellen Wirtschaftsdelikten aufdrängt. Welche wären diese Ausnahmen?

Prof. Langen

zweifelt daran, dass in diesem Kreise eine so umfangreiche Frage befriedigend behandelt werden kann, jedenfalls im Détail.

B. Köhler:

Dazu wäre zunächst einmal abzuklären: Was ist Wirtschaftskriminalität? Darüber zerbrechen sich die Gelehrten den Kopf, und darüber sind dicke Bücher geschrieben worden. Aber die endgültige Antwort steht noch aus. Man hat noch nicht einmal den ungefähren Umriss davon erarbeitet, was man unter einem Wirtschaftsdelikt zu verstehen hat, und aus diesem Grund ist an eine Strafbestimmung in einer Strafrechtsreform, die in den nächsten fünf bis zehn Jahren zu bewältigen wäre, meines Erachtens gar nicht zu denken. Überlegen Sie, was das Wirtschaftsdelikt, wie wir es verstehen, alles umfasst: Betrug, Untreuetatbestand, unlautern Wettbewerb, Bestechung; diese divergierenden Dinge ergäben zusammengepresst einen Paragraphen, mit dem ich nicht arbeiten möchte.

Mr. Bergqvist:

Eine kurze Bemerkung aus dem vorhin erwähnten Gebiet. Die Kommission, von der ich sprach, beschäftigte sich mit dem Problem der Werkspionage. Sie formulierte den einschlägigen Paragraphen wie folgt: *"Niemand darf sich auf ungehörige Weise Kenntnis von oder Zutritt zu Betriebsgeheimnissen verschaffen; auch Versuche fallen unter das Verbot. Wer aufgrund eines*

Dienstverhältnisses im Rahmen einer Zusammenarbeit durch eine Vertrauensstellung oder aufgrund eines Auftrags Kenntnis oder Zutritt zu einem Betriebsgeheimnis erlangt hat, darf dieses nicht unbefugt verwerten oder andern mitteilen." Ein vergehen gegen diesen Paragraphen sollte mit einer Geldbusse belegt und mit Haft bis zu einem Jahr bestraft werden. Ich halte aber diesen Paragraphen für viel zu ungenau, da beispielsweise allein der Ausdruck "auf ungehörige Weise" auf hundert Arten ausgelegt werden kann, was die Kommission selbst mit einem wahren Katalog von Auslegungsbeispielen bewies. Dies also ein Beispiel für die Definitionsschwierigkeiten auf dem Teilgebiet der Werkspionage.

D. Botz, Mannheim:

Eine Frage an das gesamte Auditorium: Wie sieht es in andern europäischen und aussereuropäischen Staaten mit einer Konzentration der Ermittlungstätigkeit bei Spezialbehörden aus? In der Bundesrepublik haben wir in einigen Ländern sogenannte Schwerpunktstaatsanwaltschaften zur Verfolgung von Wirtschaftskriminalität geschaffen. Das sind Staatsanwaltschaften, die für einen grösseren Bezirk als den normalen Bezirk dieser Staatsanwaltschaften zuständig sind, sie sind mit besonders fachkundigen Staatsanwälten besetzt. Gibt es solche zentralen Ermittlungsbehörden auch in andern Ländern, oder sind solche geplant?

Dr. C. Wunderlin, Staatsanwalt, Basel:

Wir haben in Basel vor längerer Zeit eine Abteilung für Wirtschaftsdelikte geschaffen, doch haben wir allerdings im Gegensatz zu den Schwerpunktstaatsanwaltschaften der Bundesrepublik keine überörtliche Kompetenz, sondern lediglich unser normales begrenztes Zuständigkeitsgebiet. Unser Personalbestand zählt fünf Juristen, das übrige sind Justiz- und Polizeibeamte, worunter auch einige Revisoren. Wir versuchen also ähnlich wie in Deutschland mit spezialisierten Sachbearbeitern die Wirtschaftsdelikte abzuklären. Die Frage der überörtlichen Zusammenfassung ist in der Schweiz schwierig zu lösen, da es in jedem Kanton eine selbständige Strafprozessordnung gibt. Aber die Zusammenarbeit zwischen den verschiedenen kantonalen Behörden spielt sehr gut: die beiden Wirtschaftszentren Basel und Zürich z.B., arbeiten einander in die Hand, und sie haben am meisten mit Wirtschaftsdelikten zu tun. Ich glaube, dass wir auf unsere Weise das Problem der Ermittlung befriedigend lösen, wobei wir natürlich mit dem Personalmangel ebenfalls zu kämpfen haben.

Mr. Frilloux:

In Frankreich gibt es im allgemeinen keine spezialisierten Staatsanwaltschaften, und auch was die örtliche Zuständigkeit betrifft, gibt es keine über die traditionelle Einteilung hinausgehenden Ermittlungsbehörden. Einzig in Paris gibt es eine Abteilung, wo finanzsachverständige Beamte und Untersuchungsrichter sich mit der Strafverfolgung in Wirtschaftsdelikten befassen; obgleich Marseille und Lyon grosse wirtschaftliche und finanzielle Zentren sind, kennt man dort keine fachkundigen Ermittlungsbehörden.

Mr. Crane:

Die Wirtschaftskriminalpolizei der Londoner City arbeitet im ganzen Raum der Grossstadt London und hat Kompetenz im ganzen Land, vorausgesetzt sie wird vom Chef der Provinzpolizei aufgefordert, einzugreifen. Es gibt Wirtschaftskriminalpolizei-Abteilungen in allen grösseren Provinzstädten; in komplizierteren Fällen, wo grosse Unternehmen beteiligt sind, schaltet sich als erste Stufe ein Amt des Handelsministeriums ein, mit eigenen Spezialisten: Bücherrevisoren und sachkundige Anwälte, die eine vorläufige Untersuchung vornehmen. Falls ein Betrug entdeckt wird, werden ein verantwortlicher Rechtsanwalt und ein hauptverantwortlicher beeidigter Revisor ernannt, um die Geschäfte des Unternehmens gründlich zu untersuchen. Gleichzeitig ernennt auch die Wirtschaftskriminalpolizei einen Ermittlungsbeamten, der mit dem Anwalt und dem Revisor zusammenarbeitet. Auf diese Weise sind drei verschiedene Spezialisten mit der Untersuchung eines komplexen Falles beschäftigt, und wir haben gefunden, dass sich auf diese Weise ein schönes Gleichgewicht von Erfahrung und Talenten ergibt. Die Gerichte ihrerseits sind nicht spezialisiert, die Richter beurteilen alle Fälle, ohne Differenzierung in White Collar Crime und andere Verbrechen.

Dr. Tintner:

In Österreich gibt es keine auf Wirtschaftskriminalität spezialisierten Staatsanwaltschaften, ausgenommen in Wien, wo sich beim Landesgericht für Strafsachen eine Wirtschaftsabteilung befindet. Gerade dort herrscht aber leider ständiger Wechsel, weil die begabten Juristen, die man dort mit Vorliebe einsetzt, rasch weiterbefördert werden, was der Abteilung natürlich nicht nützt. Bei der Bundespolizei Wien besteht eine eigene Wirtschaftspolizei: zehn Juristen, Absolventen der Hochschule für Welthandel, vierzig Kriminalbeamte und das nötige Kanzleipersonal bilden diese relativ starke Gruppe. Allerdings müssen wir uns mit dem ganzen Wirtschaftsgebiet, z.B. auch mit Preisfragen beschäftigen, doch stehen wir dafür in ständigem praktischen Kontakt mit der

Wirtschaft, so dass wir immer reichlich Informationen erhalten. Die Amtshandlungen geschehen unter Führung eines Untersuchungsrichters, aber die eigentliche Erhebungstätigkeit ist unsere Aufgabe, deren Ergebnis wir dem Untersuchungsrichter vorlegen. Wir bemühen uns, sowohl kleine als grosse Fälle möglichst rasch zu klären, und es ist uns in der letzten Zeit gelungen, komplizierte Ermittlungen in absehbarer Zeit durchzuführen und dem Gericht zu übergeben. Auch bei uns schafft der Föderalismus gewisse Schranken: Es können aber Beamte der Wiener Wirtschaftspolizei anderen Behörden der neun Bundesländer dienstzugeteilt werden. Wenn in einem Bundesland eine grössere oder schwierigere Amtshandlung anfällt, werden über das Bundesministerium des Innern ein oder zwei Beamte unserer Dienststelle für die Dauer dieser Amtshandlung den Behörden dieses Bundeslandes dienstzugeteilt. Ausserdem haben wir in den letzten Jahren Schulungskurse für Gendarmerie-Kriminalbeamte der Bundesländer in Wien durchgeführt, so dass wir jetzt engen Kontakt mit diesen Behörden haben, was die Zusammenarbeit sehr vereinfacht. Wir haben sogar ein Handbuch verfasst, das von Kriminalbeamten, Polizeibeamten und Gerichtsorganen verwendet wird, da es die strafrechtlichen, die handelsrechtlichen und die zivilrechtlichen einschlägigen Bestimmungen konzentriert darbietet.

(Schluss der allgemeinen und Paneldiskussion)

Professor H. Langen: Schlussfolgerungen

Angesichts der Fülle von Informationen und interessanten Einzelheiten möchte man beinahe verzagen, denn es scheint unmöglich, dies alles zusammenzufassen und dann Schlussfolgerungen daraus zu ziehen. Trotzdem will ich den Versuch wagen, aber ich muss um Nachsicht bitten, wenn ich nicht allen Ansprüchen genügen werde, die Sie aus ihrer fachlichen und spezialisierten Sphäre wahrscheinlich stellen werden. Es ist klar, dass diese Schlussfolgerung auch subjektiv gefärbt ist; auch das ist unvermeidlich.

Es haben sich deutlich zwei Problemkreise herausgeschält, mit denen eigentlich vor Beginn dieser Arbeitstagung schon zu rechnen war: der Problemkreis der Repression und der Problemkreis der Prävention. Beide sind durch gewisse Glieder miteinander verkettet; darauf werde ich im Verlauf meiner Schlussfolgerungen noch zu sprechen kommen. Zunächst möchte ich auf die repressive Arbeit der Ermittlungsbehörden eingehen, nämlich die Verbesserung der Ermittlungsarbeit. Hier stand im Vordergrund der Diskussion eine verstärkte Kooperation der beteiligten Behörden. Vom informations- und systemanalythischen Standpunkt aus theoretisierend umrissen handelt es sich darum, einen Regelkreis herzustellen, der mit Messfühlern, einem Störungsorgan und einem Rückkopplungsorgan ausgestattet ist. Alles dies sollte in einer Organisation der Ermittlungsbehörden vorhanden sein. Bei den Messfühlern taucht sofort das Problem auf, wie weit sie sich erstrecken können in den Bereich der Auskunfteien, der privaten Initiative auf dem Gebiet der Bekämpfung der Wirtschaftskriminalität. Die Steuerung wird mit Schwerpunkt in der Hand der Ermittlungs- und der Polizeibehörden liegen müssen, weil deren Direktion hier ja gesetzlich festgelegt ist. Aber es wird sich – und auch das ist wiederholt zum Ausdruck gekommen – sehr oft die Zweckmässigkeit, wenn nicht Notwendigkeit einer reziproken Zusammenarbeit zwischen privater Initiative und der behördlichen Arbeit ergeben. Wir werden insbesondere auch innerhalb und zwischen den Behörden zu einer derartigen Kooperation zu gelangen versuchen, und zwar zu einer Zusammenarbeit zwischen der Kriminalpolizei, der Staatsanwaltschaft, den Richtern, der Finanzverwaltung und aus der privaten Wirtschaft, zu einer Zusammenarbeit dieser Behörden mit den Banken, vielleicht mit Wirtschaftsprüfern; in einigen Ländern ist den Ermittlungsbehörden bereits eine Wirtschaftsprüfungsabteilung angegliedert, eine andere Möglichkeit bestände in der Einschaltung privater Wirtschaftsprüfer durch die Ermittlungsbehörden. Es hat sich weiter für die Verbesserung der Bekämpfung der Wirtschaftskriminalität, der Repression also, das Problem der zweckmässigen Bestrafung gestellt; ich erinnere an die Frage, die durch die Herren Mergen und Walder aufgeworfen wurde: Ist die Freiheitsstrafe das einzige sichere Mittel, mit dem die Wirtschaftsstraftäter von Rückfällen abgehalten werden können? Ich erinnere auch an die Anregung, die während der Tagung gemacht wurde, dass in einem künftigen Wirtschaftsstrafrecht der Begriff des vorsätzlichen Betruges – der Vorsatz, eventuell Absicht beinhaltet – teilweise durch die Strafbarkeit des fahrlässigen Betruges ergänzt werden könnte; diese Strafvorschrift könnte potentielle Täter zur grösseren Sorgfalt anhalten und so jene Schäden vermeiden, die bei der nötigen Sorgfalt vermeidbar sind. Ferner wurde die Notwendigkeit eines dauernden Kontakts der Ermittlungsbehörden insbesondere mit der Wissenschaft betont: mit der Kriminologie, der Psychologie, der Betriebs- und Volkswirtschaftslehre. Es schien sich besonders herauszuschälen, dass es zweckmässig wäre, den beteiligten und interessierten Wissenschaftlern das Aktenmaterial zur Verfügung zu stellen; natürlich wird sich hieraus wieder die Notwendigkeit ergeben, dabei Verschwiegenheit zu fordern und Verletzung der Verschwiegenheitspflicht unter Strafe zu stellen. Ich möchte aber auch ganz besonders aus meinem subjektiven Standpunkt darauf hinweisen, dass sich die Ermittlungsbehörden bei der Bekämpfung der Wirtschaftskriminalität in steigendem Masse der moderneren Verfahren der Statistik, des Operations Research und der Managementlehre zuwenden sollten. Diese Dinge können hier nur gestreift werden, aber ich glaube, sie werden in Zukunft an Bedeutung immer mehr zunehmen. Mit dem Problem des notwendigen Kontaktes zwischen den Ermittlungsbehörden und der Wissenschaft hängt sehr eng zusammen das Problem der Schulung der Angehörigen der Ermittlungsbehörden. Wir alle müssen uns an ein "Lifelong Learning" gewöhnen, das gilt auch für die Behördenangehörigen auf dem Gebiet der Bekämpfung der Wirtschaftsstraftaten; wir werden zu bestimmten Ausbildungs- und Schulungsplänen kommen müssen. Auch hier dürfte sich im übrigen ein segensreicher Rückkopplungseffekt ergeben zwischen den Ermittlungsbehörden einerseits und den vielleicht aus der Wissenschaft oder der Ausbildung kommenden Dozenten andererseits.

Es hat sich weiter aufgedrängt die Zweckmässigkeit, nein Notwendigkeit einer Kooperation der Behörden mit privaten Stellen, mit Auskunfteien, Schutzvereinigungen, mit Kreditinstituten (die ja ebenfalls Opfer von Wirtschaftsverbrechern sein können, und die daher interessiert sein müssten an einer derartigen Kooperation). Besonders im Vordergrund stand das Problem der Einrichtung einer umfassenden Evidenz- oder Informationszentrale. Ihre Möglichkeiten, ihre Schwierigkeiten, beispielsweise auf dem Gebiet der Finanzierung standen zur Debatte, aber auch ihre Gefahren wurden angeschnitten, Gefahren nämlich einer ausserordentlichen Machtzusammenballung bei einer derartigen Evidenzzentrale, mit der auf der Hand liegenden Gefahr des Missbrauchs insbesondere dann, wenn solche Informations- oder Evidenzzentralen von privater Hand betrieben werden. Es bestehen auch folgende gesetzgeberischen Hindernisse für die Verwirklichung dieser Absichten: Auf dem Gebiet des Strafrechts, der Strafermittlung und des Strafprozesses ist ohne die Sanktion des Gesetzgebers eine Realisierung von Plänen dieser Art nicht möglich. Man möchte fast meinen, dass auch Parlamentarier selbst ab und zu einem derartigen Verbrecher zum Opfer fallen; das könnte die Gesetzgebungsmaschinerie segensreich beeinflussen.

Wenden wir uns nun dem Problem der Prävention zu. Dieses Problem liegt sicherlich ganz besonders in der Abwägung der Interessen der Gesellschaft, insbesondere der Wirtschaft auf der einen Seite und des berechtigten Schutzinteresses der Einzelpersönlichkeit auf der andern Seite. Dieser Gegensatz ist hinreichend während dieser Tagung zum Ausdruck gekommen. Wir sind uns aber bewusst, dass der Wirtschaftskriminelle eine Art Partisan unserer Gesellschafts- und Wirtschaftsverfassung darstellt. Er bedient sich geradezu der legalen Verfahren unserer Wirtschafts- und Gesellschaftsordnung. Er betreibt eine Mimikry, und eine Methode der Bekämpfung der Wirtschaftskriminellen würde natürlich darin bestehen, dass man die Möglichkeiten einer solchen Mimikry angreift und zu zerstören versucht. Aber wir wissen nicht, ob wir mit der Zerstörung dieser Mimikry auch die legalen wirtschaftlichen Aktivitäten mit zerstören, und das ist das Hauptproblem der präventiven Bekämpfung der Wirtschaftskriminalität.

Einige Einzelprobleme schälten sich deutlich heraus. Wir haben bereits in der BRD in den Aktiengesellschaften die gesetzliche Vorschrift einer Gründungsprüfung, wobei dahin gestellt bleibt, ob diese Gründungsprüfung durch sogenannte sachverständige Personen (Buchhaltungssachverständige) durchgeführt werden soll, durch Wirtschaftsprüfer oder Accountants (Revisoren). Der Schwerpunkt einer präventiven Bekämpfung der Wirtschaftskriminalität müsste, wenn sie wirksam sein soll, nicht so sehr auf dem Gebiet der Prüfung zurückliegender Sachverhalte liegen, als vielmehr auf dem Gebiet der Prüfung von Plänen und Projekten. Denn der Wirtschaftskriminelle greift in das Gefüge der Wirtschaft und in das Vermögen der von ihm Geschädigten im allgemeinen dadurch ein, dass er Wirtschaftspläne entwirft und ihre Durchführbarkeit vorspiegelt, obwohl sich oft schon bei einfacher Überlegung die Unmöglichkeit der Realisierung herausstellt – ich erinnere an die mehrfach erwähnte Schweinezucht; oft sind es aber sehr komplizierte und dem Anschein nach seriöse Rentabilitäts-, Wirtschaftlichkeits- und Liquiditätsberechnungen, die dann allerdings einer fachmännischen Prüfung ebenfalls nicht standhalten. Ein Problem wäre, insbesondere für den Beteiligungs- und Gründungsschwindel, die Frage, ob man eine Prüfungspflicht für diese Art von Projekten installieren sollte. Hier drängt sich natürlich die Notwendigkeit der Abwägung von Interessen auf: es muss abgewogen werden der Schutz der Allgemeinheit vor diesen Verbrechen auf der einen Seite, auf der andern Seite muss man unbedingt vermeiden, durch einen zu weit gehenden Eingriff der Ermittlungsbehörden die unternehmerische Initiative zu ersticken. Dann würde man sicherlich das Kind mit dem Bad ausschütten, und ich verrate kein Geheimnis, wenn ich feststelle, dass viele unternehmerischen Projekte riskant aussehen und auch riskant sind und dennoch durchgeführt werden. Es ist oft eine Frage der Persönlichkeit; leider kann man einer Person nicht ansehen, ob es sich bei ihr um einen Verbrecher oder um einen Unternehmer handelt. Vielleicht sollte man, ähnlich wie es in den Parlamenten verschiedener Länder bereits installiert ist, eine Art Hearing-Verfahren einrichten, beispielsweise bei Neugründungen oder bei anreisserischen und unseriös wirkenden Werbemassnahmen gewisser Unternehmungen. Überall steht als gemeinsames Grundproblem der präventiven Bekämpfung der Wirtschaftskriminalität die Interessenabwägung im Vordergrund, nämlich Schutz der Persönlichkeit und Möglichkeit der beruflichen und wirtschaftlichen Entfaltung des Individuums und Schutz der Gesellschaft vor dem Wirtschaftsstraftäter.

Kolibri 360 GmbH
Ferdinand-Jühlke-Straße 7
99095 Erfurt, Deutschland
produktsicherheit@kolibri360.de

Druck:
CPI Druckdienstleistungen GmbH
im Auftrag der
Kolibri 360 GmbH
Ferdinand-Jühlke-Str. 7
99095 Erfurt